コメニウスの生地と推測されている一つである、ニヴニッツの公園に立つコメニウス像

1992 年 3 月　訳者撮影

コメニウス　セレクション

覚醒から光へ

学問、宗教、政治の改善

東信堂

proponimus. Utrum assequamur etiam, Vos judicate, & ut assequi tandem, tandem, tandem, aliquomodo queamus, juvate!

Synopsis Operis Consultatorii.

ConsultatioCatholica habet

- *Introitum:* in quo, Quid proponamus exponitur: Dicitur PANEGERSIA, h.e. *Excitatorium.* Lib. I.
- *Corpus ipsum:* proponens Emendationis Universalis
  - *Fundamentum,* Lucem Universalem: PANAUGIA, Lib. II.
  - *Tentamina particularia:* redigendi scil. in ordinem
    - RES omnes, eatenus confusissimas: PANSOPHIA, III.
    - MENTES omnes, eatenus implicatissimas: PAMPÆDIA, Lib. IV.
    - LINGVAS omnes, eatenus intricatissimas: PANGLOTTIA, Lib. V.
  - *actum completum,* PANORTHOSIA, Lib. VI.
- *Clausulam,* continentem ad res tàm desideratas, & quarum tàm clarè detectas videmus vias, variè iteratos stimulos. Dicetur PANNUTHESIA, *Exhortatorium universale,* Lib. VII.

DE

コメニウスの『熟議』の全体構想

OPERA OMNIA Jan Amos Komenský 19-1（Praha, 2015）より。

訳者はしがき

本書は、コメニウス（1592–1670）の遺稿である『人間に関わる事柄の改善についての総合的熟議 De Rerum Humanarum Emendatione Consultatio Catholica』（以下『人間についての熟議』または『熟議』と省略）全七部作の序文と第一部、第二部の翻訳である。七部の構成は以下の通り。（〔　〕は訳者が補ったもの）

〔序文〕ヨーロッパの光である人々へのあいさつ〔既刊〕
第一部　パンエゲルシア　普遍的覚醒〔堕落している現状の批判〕
第二部　パンアウギア　普遍的光〔改革の可能性を示す〕
第三部　パンソフィア　普遍的知恵〔学問・知識の体系化〕
第四部　パンパイデイア　普遍的教育〔生涯にわたる教育の改善〕〔既刊〕
第五部　パングロッティア　普遍的言語〔新しい言語の創造〕
第六部　パンオルトシア　普遍的改革〔世界会議の提案〕
第七部　パンヌテシア　普遍的勧奨〔事業への励まし〕
〔付録〕用語辞典

訳者は第四部のパンパイデイアを先に東信堂から翻訳・出版し、その際序文も合わせて掲載した。今回の翻訳にあたって序文をあえて再掲したことをお断りしておく。

コメニウスは、教育の理念・教授方法・学校論を論じた『大教授学』や子ども用の絵入り学習本『世界図絵』の著者として教育学の歴史上よく知られた人物である。しかし『熟議』に見られるような広範な分野の改革を目指した学者としての側面は、長らく無視されてきたといってよい。コメニウスの生前に『熟議』はごく一部分が若干部印刷されて回覧されただけで、それもやがて忘れられてしまったのである。草稿の全体が発見されたのは一九三五年、公刊されたのは一九六六年のことであった。それ以降コメニウスはより広い分野の社会改革を目ざした学者として注目されてきたが、日本でのコメニウス像はまだ古いままにとどまっているといわざるをえない。

十七世紀のヨーロッパの大学者といえばイギリスの大法官にして哲学者のフランシス・ベーコン（1561–1626）と近代哲学の父と称されるフランスのルネ・デカルト（1596–1650）といってよいだろう。コメニウスはベーコンの著作から多くを学び、またデカルトとも懇談するなど、両人と同じ十七世紀を生きた人であったが、境遇はまったく違っていた。三十年戦争によって祖国チェコを追われ、自らが属していた小さなプロテスタント教団のリーダーの一人として、各地に亡命している仲間を救援し、祖国復帰のために尽力した生涯だったのである。そのため、世界が戦争をやめて平和になり、すべての人が賢くなるという願望は、教育を普及させるという希望は、誰よりも強かった。彼はパンエゲルシアの第五章でこう断言する、「哲学、政治、宗教の目的は、平和である」と。

訳者は大学院時代にベーコンの学問論を学び、その後コメニウスの著作に親しんだ。とりわけこの『熟議』のスケールの大きさには驚いた。しかし原文がラテン語ということもあり、研究として他人にお見せするような自信はとてもなかった。今回東信堂が出版を引き受けてくれたことにより、改めてコメニウスの著作を本気で読み直そうという決意を固めているところである。まず第四部の『パンパイデイア』を翻訳・公刊できたので、今回は第一部のパンエゲルシアと第二部のパンアウギアを世に問うことにする。残りは条件が許せば公刊したいと念願している。

凡　例

1. 底本

底本としたのは、プラハのチェコスロバキア科学アカデミー（当時）から1966年に出版された De rerum humanarum emendatione consultatio catholica 二巻本である。該当箇所は第一巻の1ページから245ページまでである。

2. 参照した版

プラハで企画されているコメニウス全集 Opera Omnia Jan Amos Komenský 第19巻の1（Praha、2014）を必要に応じて参照した。この本には『熟議』の総序文と第一部と第二部が収録されており、コメニウスが友人に送った草稿や異版本などを参照した校訂版である。

3. 現代語訳

訳出にあたっては以下の現代語訳を参照した。

(1) COMENIUS' S PANEGERSIA or UNIVERSAL AWAKENING, Translated by A. M. O. Dobbie（Warwickshire、1990）.

(2) JOHN AMOS COMENIUS PANAUGIA or UNIVERSAL LIGHT, Translated by A. M. O. Dobbie（Warwickshire、1987）.
(1)と(2)はドビーによる英訳であるが、原文にある小見出しがすべて省略されている。またかなり意訳されている。

(3) Jan Amos Komenský, Obecná porady o nápravě věcí lidských（Praha、1992）.
これはコメニウス生誕400年を記念して出版された『熟議』全体のチェコ語訳である。

(4) Johann Amos Comenius Ausgewählte Schriften zur Reform in Wissenschaft, Religion und Politik, Übersetzt und bearbeitet von Herbert Schönebaum（Leipzig、1924）. この本には、『ナタンのダビデとの秘密の会話』と『民族の幸福』と共に、『熟議』の序文と第一部のドイツ語訳が収録されている。

4. 本文の節と見出しの表記

(1) 原文に掲げられている目次は、内容を説明するように詳しく図示されている。この翻訳の vi-viii 頁に示した目次は、訳者が簡略化したものである。また、各章ごとのタイトルも、訳者が多少修正したことをお断りしておく。

(2) 原文には欄外に詳細な小見出しが付いている。それらはゴチック体で示した。

(3) 小見出しに番号が付けられている場合があり、それらは時に洋数字だったりカッコ付きの洋数字だったり、ローマ数字だったりする。この訳ではできるだけカッコ付きの洋数字に統一した。

(4) 節ごとに付けられた番号は原文の通りである。ただし、第一節には番号が付いていないので補った。

(5) 原文には大文字による強調やイタリックの表記がたくさん使われている。しかしそれらはこの翻訳では再現することができなかった。なお、定本とした版の大文字の部分が校訂版では小文字に修正されている箇所が少なくない。

(6) （　）は原文にあるもの、〔　〕は訳者が補ったものである。

5. 人名・地名の表記

人名や地名をカタカナでどう表記するかは常に悩ましい問題である。アレクサンドロスとするかアレキサンダーとするか、ウェルギリウスかヴェルギリウスか、キケロかキケローかなど微妙な問題があるが、慣例に従った。

6. 聖書からの引用

(1) コメニウスは聖書から頻繁に引用しており、多くの場合引用箇所を本文中に示しているので、この翻訳でもそれにならい本文中に（　）で示した。コメニウスが引用箇所を明示していない場合でも訳者が分かる範囲で明示し、その場合は本文中に〔　〕で示した。聖書の省略書名のあとに章番号と節番号をハイフンでつないで示した。聖書の省略書名は別表の通りである。

(2) コメニウスが使用していると思われる聖書はいわゆる「ウルガタ vulgata」聖書と呼ばれているラテン語の聖書と、当時チェコで使われていた「クラリッツェ zdroju kralicke」聖書だと思われる。訳者はウルガタ聖書に Weber-Gryson, Biblia Sacra Vulgata, Stuttgart, 2007を参照したが、クラリッツェ聖書は参照できなかった。また日本語訳聖書として日本聖書協会出版の「新共同訳」(1987、1997)を参照した。「新共同訳」はヘブライ語、ギリシャ語原典からの翻訳なので、コメニウスが使用したと思われるウルガタ聖書、クラリッツ聖書とは当然ながら微妙な違いが見られる。その場合はコメニウスが述べている通りに訳すようにした。ただし、書名や章節の番号などは「新共同訳」に従った。たとえば、コメニウスが頻繁に引用している Ecclesiastes を「伝道の書」と直訳せず「新共同訳」に倣って「コヘレトの言葉」と訳した。その方が日本の読者が参照する場合に便利だと判断したからである。

7. 聖書省略語（　）内は省略語。なお、コメニウスが引用しているものに限った。

創世記（創世記）
出エジプト記（出エジプト）
レビ記（レビ）
民数記（民数記）
申命記（申命記）
ヨシュア記（ヨシュア）
士師記（士師記）
ルツ記（ルツ記）
サムエル記上（サムエル1）
サムエル記下（サムエル2）
列王記上（列王記1）
列王記下（列王記2）
歴代誌上（歴代誌1）
歴代誌下（歴代誌2）
ヨブ記（ヨブ）
詩篇（詩篇）
箴言（箴言）
コヘレトの言葉（コヘレト）
雅歌（雅歌）
イザヤ書（イザヤ）
エレミヤ書（エレミヤ）
哀歌（哀歌）
エゼキエル書（エゼキエル）
ダニエル書（ダニエル）

ヨエル書（ヨエル
ヨナ書（ヨナ）
ハバクク書（ハバクク）
ゼカリヤ書（ゼカリヤ）
マラキ書（マラキ）
知恵の書（知恵）
シラ書〔集会の書〕（シラ）
マタイによる福音書（マタイ）
マルコによる福音書（マルコ）
ルカによる福音書（ルカ）
ヨハネによる福音書（ヨハネ）
使徒言行録（使徒）
ローマの信徒への手紙（ローマ）
コリントの信徒への手紙一（コリント1）
コリントの信徒への手紙二（コリント2）
ガラテヤの信徒への手紙（ガラテヤ）
エフェソの信徒への手紙（エフェソ）
フィリピの信徒への手紙（フィリピ）
コロサイの信徒への手紙（コロサイ）
テサロニケの信徒への手紙一（テサロニケ1）
テサロニケの信徒への手紙二（テサロニケ2）
テモテへの手紙一（テモテ1）
テモテへの手紙二（テモテ2）
ヘブライ人への手紙（ヘブライ）
ペトロの手紙一（ペトロ1）
ペトロの手紙二（ペトロ2）
ヨハネの手紙一（ヨハネ1）
ヨハネの手紙二（ヨハネ2）
ヨハネの手紙三（ヨハネ3）
ヨハネの黙示録（黙示録）

目次

第二部 パンアウギア 普遍的光 171

訳者解説

1 コメニウスの生きた時代

コメニウスは一五九二年、現在のチェコ共和国の東部モラヴィア地方で生まれ、一六七〇年にオランダのアムステルダムで亡くなりました。一五九二年といえば豊臣秀吉が全国統一を果たした年です。イギリスの大法官にして哲学者のフランシス・ベーコン（1561–1626）よりやや年下、近代哲学の父と称されるフランスのルネ・デカルト（1596–1650）とほぼ同時代人です。

チェコ語ではヤン・アモス・コメンスキーです。人名や地名はできるだけ現地の発音に近づけるのが原則ですが、すでに慣例になっている呼称はそのまま使用するという原則もあります。コメニウスはチェコではヤン・アモス・コメンスキーなのですが、外国では当時のヨーロッパの共通学術語であったラテン語でヨハネス・アモス・コメニウスと呼ばれたし、自らもそう署名していたのですから、ここでもコメニウスと呼ぶようにしました。なお、ヤンは英語ではジョン、フランス語ではジャン、ドイツ語ではヨハンです。最近の英語の文献ではジョン・アモス・コメニウスとヤン・アモス・コメニウスという両方の表記が使われているようです。そしてドイツ語の文献でヨハン・アモス・コメニウスと呼ばれるのはかまわないのですが、日本語の文献で彼をヨハン・アモス・コメニウスと呼ぶのはおかしいということになります。

コメニウスが生きたヨーロッパの十七世紀は、ベーコンやデカルトが登場しそれまでの古いスコラ哲学を打破して新しい考え方が広まった時代でした。イギリスのホッブズ（1588–1679）、フランスのパスカル（1623–1662）、オランダのスピノザ（1632–1677）など、歴史に残る哲学者たちもコメニウスの同時代人といってよいでしょう。十七世紀はまたガリレオ・ガリレイ（1564–1642）に代表されるような科学者が輩出し「科学革命の時代」とも称されています。またイギリスやオランダ、フランスなどが競ってアジアに進出し、富を蓄積し始めたのも十七世紀でした。

2 戦争に明け暮れた危機の時代

しかし同時に、庶民にとっては戦乱にあけくれた時代でもありました。戦争のあとに必ず訪れる疫病と凶作、それに気候の変動が加わり、人口が大幅に減少した時代でもあったのです。世界史上ヨーロッパの十七世紀は「危機の時代」とも呼ばれています（例えば今井宏他『十七世紀危機論争』創文社、1975）。特にコメニウスは、三十年戦争によって故郷を追われ、イギリスやオランダ、スウェーデン、ハンガリーなどの政治状況に翻弄され、困難な生涯を送ったのでした。

三十年戦争は、一六一八年、チェコ国王を兼ねていた神聖ローマ帝国フェルディナント二世の臣下をプロテスタント勢力がプラハ王宮の窓から放り投げた事件から始まりました。チェコのプロテスタント諸侯はフリードリヒ五世を国王に迎え入れ、神聖ローマ皇帝＝カトリック連合軍と、プラハ郊外の白山（山といっても、なだらかな丘陵ですが）で対峙します。日本でいえば関ヶ原の戦いのような大規模戦闘はチェコ軍の完敗に終わりました。それによってコメニウスの運命も大きく変わり、仲間と共にポーランドに亡命せざるをえませんでした。

現在のプラハの中心部はいつも観光客でにぎわっています。旧市庁舎の時計台やティン教会に囲まれた広場でもっとも目立つのは何といってもフス像でしょう。フスは一四一五年に異端の罪で火刑に処せられたチェコ第一の英雄です。コメニウスの所属していた「兄弟教団」はフスの教えを受け継いでいるのです。ところでその広場の地面に目を落とすと、大きな十字形が刻まれているのに気付きます。その数二十七。白山の戦いで敗北し処刑された指導者たちの記念碑なのです。戦争はヨーロッパ各地に拡大、「北のライオン」の異名をとるスウェーデン国王グスタフ・アドルフの参戦と討ち死、チェコ人でありながら皇帝軍の司令官として雇われ、暗殺されて果てるヴァレンシュタインなど、日本の戦国時代と同じように多彩な武将が活躍し、様々なエピソードはドイツの詩人シラーの『三十年戦争史』や『ヴァレンシュタイン』（いずれも岩波文庫に翻訳されています）に描かれています。

エラスムスが「戦争は体験しない者にこそ快し」という小論を書いているのですが（『人類の知的遺産　エラスムス』講談社、一九八四）戦国武将の英雄的な戦いはお話として読むのは痛快であっても、戦闘の被害を受ける庶民にとっては悲惨以外のなにものでもありません。三十年戦争は一六四八年に講和条約が結ばれて一応の終結をみるのですが、コメニウスたちの祖国帰還はかないませんでした。局地的な紛争はその後も続き、コメニウスたちが亡命していたポーランドのレシュノも一六五六年に戦火にみまわれます。コメニウスはパンエゲルシアの中で「四十年間も続いた戦争がヨーロッパを焼き尽くした」と述べています。

3 『人間についての熟議』の課題

そのような中で書かれたのが『人間に関わる事柄についての総合的熟議』です。

コメニウスは誰よりも世界の平和を希求し、自国の独立を願い、人々の幸福を求めて止まなかったのですが、そのためにまず専念したのが教育の改善でした。実際に学校で子どもたちを教え、教科書を執筆し、両親や教師のための手引書を書きました。やがてその志向は、世界全体の総体的な改革の構想へと発展していきます。その構想に、コメニウスはコンスルタティオ・カトリカ（Consultatio Catholica）という題を付けました。

カトリカは「総合的」という意味の形容詞です。ローマのバチカンに本部を置くキリスト教会を「カトリック教会」と呼びますが、あれと同じ単語です。カトリック教会とは「総体的、全世界的、普遍的」な、世界中に普及している教会という意味になるわけです（現実にはカトリック教会以外の教会も世界中にたくさんありますが）。

コンスルタティオには多様な意味が含まれており、なかなか日本語に訳しにくいのです。まずは「良く考える」という意味なのですが、一人でじっと考えるのではなく、誰かといっしょに考えるというニュアンスが強い。自分の考えを相手に聞いてもらい、相手の考えも聞いてみる、というやり取りは、日本語でいえば「相談」です。相談された人（コンサルタント）が自分の考えを相手に伝えるのは「助言」です。けっして結論を押しつけるということではありません。コンスルタティオには熟考、相談、助言などの意味がすべて含まれています。

コメニウスのこの著作について、日本の研究者たちはこれまで「勧告」という訳語をあてていました。「勧告」では決定を無理やり押しつけるというほどではないものの、協議した結論を相手に強く勧めるというニュアンスが強いような気がします。勧告された内容は簡単に拒否できるものではありません。そこで訳者はこれまで「審議」という訳語を当ててきました。「相談」ではごく少人数の狭い問題を扱うようなニュアンスがあるので、ちょっと似つかわしくないと思ったのです。実際国が重要な政策を決定する時は、まず「審議会」に有識者を招集しそこで原案を作り、その後で正式な会議（例えば国会）で結論を得る、という手続きが取られていますので、「審議」がちょうどいいかなと考えていました。しかし、このたびこの翻訳を出版するに際して、東信堂の下田社長から「熟議」という訳語が提案されました。熟議はよく考えて議論するという意味ですから、たしかにぴったりです。しかもどの国語辞典にも掲載されている単語であり新造語ではありません。そこでこの翻訳では「熟議」という言葉を積極的に使用していきますが、本文中では文脈によっては「熟慮」「相談」「助言」などと訳し分けることもお許しください。

4　学問・宗教・政治の改善

さてそれでは何について熟議するのでしょうか。コメニウスは三つの領域、すなわち学問と宗教と政治だと主張しています。学問と政治の重要性は何となく分かるとしても、宗教が人間に関わる三大分野の一つというのは日本人にはしっくりこないかもしれません。しかし歴史を繙けば分かるように、多くの戦争が宗教を主要原因として発生しています。そしてコメニウスが直面していた三十年戦争は、神聖ローマ帝国をめぐるヨーロッパ大国の覇権争いという政治的対立の面と、ローマカトリック教会とプロテスタント教会との宗教戦争という面が絡み合っていたのですから、宗教問題は特に深刻だったのです。すでに大昔からユダヤ教とキリスト教の対立、さらに西欧社会とイスラム社会の対立が何度も繰り広げられてきました。そしてイスラム教内部の対立、キリスト教内部の対立も深刻でした。二十一世紀の現代でも、世界のニュースを見れば宗教上の対立が悲惨な戦争を引き起こしていることは誰にも容易に分かることです。

現代の日本人の日々の暮らしをもっとも支配しているのは何でしょう。お金でしょうか。そうすると経済問題が重要だということになります。たしかに現代の審議会の重要メンバーは学者よりも財界人が多いようです。そして彼らは学者ではなく「有識者」と呼ばれていますね。しかし当時の人々は、誕生の時の名づけから死ぬ時のお葬式に至るまで、宗教のお世話になっていました。日常の様々な行事やお祭りなども宗教行事でした（今の日本ではクリスマスやバレンタインデーなどは消費拡大とか経済効果といった言葉でばかり語られていますが）。人々の平穏な暮らしに宗教が溶け込んでいたのです。ですから、宗教をこの世からなくすことはできません。宗教によって、混乱ではなく平和を確立するにはどうしたらよいか、宗教をきっかけに人々の対立が深まったり争いが起きたりしないようにするにはどうしたらよいか、教会の牧師でもあったコメニウスにとっては重要問題でした。

5 「総序文」の内容

この『熟議』には最初に序文が付けられ、それは「人類」に宛てられています。しかし人類といってもあまりに漠然としていますから「とりわけヨーロッパの学識者、宗教者、権力者へ」宛てられています。先に述べたように、コメニウスにとって「人間に関わる事柄」とは学問と宗教と政治です。そしてそれら三領域の代表が集まって、よく考えてほしい、よく相談してほしい、そのようにコメニウスは訴えています。『熟議』という膨大な著作はそのための提案・原案だといえましょう。

「ヨーロッパの光である人々へのあいさつ」と題された序文では、これから公刊する予定の全七部作の内容が予告されます。ここで「光」と訳した原語は lumen であり、「明るく輝く灯」というような意味です。「有名で光り輝いている人」という意味よりは「暗い世の中を灯となって照らす人々」という意味が込められています。時の権力者に改革をお願いするというのではなく、先頭に立って世の中を明るくする義務・任務をもった人々に訴えるという内容になっているのです。実は各部にも序文が付けられている場合があるので、『熟議』の一番最初に付けられたこの序文をこれから「総序文」と呼ぶようにしましょう（これは相馬伸一さんの発案だと記憶しています）。

「総序文」でコメニウスはまずこれから論ずる問題はアレオパゴスよりも重大だと述べます。アレオパゴスとは古代ギリシャの最高会議が開催された場所（丘）のことで、ギリシャつながりということでしょうか、以下の七部作にはいずれもギリシャ語に由来するタイトルが付けられ、それらのタイトルには共通に Pan という接頭辞が付けられています。pan は「すべて」という意味で、従来「汎」という漢字が当てられていました。例えば「神がすべて」という考えを pantheism といい、「汎神論」と訳されています。しかし「パン」とそのままカタカナ書きにする例も多く、古代ローマの八百万（やおよろず）の神々を祭った神殿の遺跡はパンテオン、昔あったアメリカの巨大航空会社は「パンナム」（パン＋アメリカン、つまり全米）、昔は松下電器といった会社パナソニックの意味は「パン＋ソニック」つまり「全音」です。私もパンとカタカナ表記にすることをご了承ください。

6　全七部のタイトル

第一部はパンエゲルシア。「眠りを覚ます、起こす」という意味のギリシャ語のエゲイロー、その名詞のエゲルシスが元になっています。あえて日本語で表記すれば「汎覚醒」となるでしょうか。

第二部はパンアウギア。アウゲーはギリシャ語で「光」を意味します。ですから日本語では「汎光」となるのですが、何となく語呂が悪いので「汎光明」あるいは「汎啓明」でしょうか。英語の enlightenment、フランス語の Lumière、ドイツ語の Aufklärung はいずれも「啓蒙」と訳されていますが元の意味は「光」です。「光明、啓明、啓蒙」、いずれもこれまで様々なニュアンスが込められている言葉ですので、これもパンアウギアとカタカナ表記にします。

第三部はパンソフィア。ソフィアは英語のフィロソフィー（哲学）に名残をとどめており「知恵」のことです。ただギリシャ語の発音通りにすればソフィアではなくソピアに近いのですが、慣例に従って「パンソフィア」と表記しておきます。

第四部はパンパイデイア。パイデイアはギリシャ語で子どもの教育のことです。この第四部については、先に東信堂から翻訳出版しました。ぜひ合わせてお読みください。

第五部はパングロッティア。ギリシャ語のグロッタは舌、言語、言葉という意味です。新しい言語の創造について提案しています。

第六部はパンオルトシア。ギリシャ語のオルトスは正しい、というのが原義で、英語のオーソリティ（権威）、オーソドックス（正統）などに名残を留めています。ですからここは直訳すれば「正義」あるいは「真正」となるのでしょうが、コメニウス自身がReformatioと言い換えていますので、「改革」という意味で使われているといっていいでしょう。

最後の第七部はパンヌテシア。ギリシャ語のヌーテシアが励ます、忠告するという意味です。「汎勧奨」と訳せるでしょう。

以上の七部をカタカナ表記にすると日本人にはまったく意味が通じなくなってしまうのですが、コメニウスの同時代の人々にとっても表題はいずれもギリシャ語由来の造語ですからやはり耳慣れなかったのではないかと推測されます。この翻訳ではあえてカタカナ書きのままにしておきたいと思います。

その七部作の後にかなりの分量の「辞典」が付けられていますが、未完成のままです。

コメニウスは、学問、宗教、政治の指導者が集まってこれら三領域の改善について熟議しようと呼びかけるのですが、まずはヨーロッパのキリスト教徒が集まろうと言います。ヨーロッパ以外にも人類はたくさんいるわけですし、すでにヨーロッパ以外の情報もコメニウスは少しはもっていたはずなのですが、全世界に広げるのは現実的ではないと判断したのでしょうか、とりあえずヨーロッパです。そしてアジアやアフリカやアメリカの人々にも呼びかけようと勧めています（序十七節）。「総序文」の最後ではキリスト教徒以外の人々の参加も必要だと強調しています。第二部のパンアウギアではユダヤ教とイスラム教徒の和解が重要な問題として取り上げられます。

7　七部の構成

七部作は直線的に配置されているわけではありません。コメニウス自身が目次で示していることなのですが、第一部は序論、第七部が結論です。第三部、第四部、第五部の三つが本論で、第二部が本論のための基礎編、第六部が完結編です。

8　第一部、覚醒

第一部のパンエゲルシア、別名「普遍的な覚醒」は、『熟議』全体の序にあたる部分で、「目覚めよ、そして現実を直視しよう」という呼びかけです。まずは皆に「起きろ」と呼びかけるためには自分が目覚めていなければいけません。コメニウスは自分自身を奮い立たせます。自分は小さな虫けらにすぎず、財力も権力もないけれど、それども何か叫ばずにはいられない、そのようなコメニウス自身の心情が吐露されます。

振り返ってみると、コメニウスの生涯は悲惨の連続でした。幼い時に両親を失い、戦乱で妻子を失い、祖国を追われ、チャンスが訪れたと思うたびに裏切られるばかりだったのです。普通の人なら「神も仏もない」と思われるような状況でも常に神に祈りを捧げてきたのでした。そのようにまず自分自身を鼓舞し、次にすべての人をこの『熟議』に招待します。

何のために集まるのか。学問、宗教、政治の改善のためです。コメニウスは学問については、学識、知識、哲学などと様々な表現を使っていますが、内容は同じことと考えてよいでしょう。この翻訳ではコメニウスの表現通りに訳し分けました。

ところで学問、宗教、政治という人間社会の三大領域は、実は人間の魂の三つの働きに由来しているとコメニウスは言います。人間には他の動物にはみられない理性あるいは知性の働きがあり、それが真理を求め、学問を生み出すというのは分かります。次にほんとうに善いと認識したことを選ぼうという意志の働きがあり、それが宗教の土台となっていると言います。人間の心の働きを知性と意志に大別するのは伝統的な考え方で、ベーコンにもデカルトにも見られるのですが、意志の働きを宗教に結びつけるのはやや特殊のような気がします。知性の働きが知識を産みだすとすれば、意志の働きが善を求めてそれが道徳の土台になるというのが普通の考え方ですから。さらにコメニウスは、善であると選び取ったことを実行に移そうとする「実行の能力」が内在しており、それが政治の土台となっている、と言います。コメニウス自身、この「実行能力」はこれまで哲学者が重視してこなかったと評して、自己の特異性を認めています。古代ギリシャのプラトンも人間の魂の作用を三つに分け、それが社会の人々の役割に対応していると述べているのですが、その分け方とも大きく異なっています。このように、訳者には多少こじつけのようにも思えるのですが、とにかく学問、宗教、政治が人間一人一人にとって本質的に重要な事項なのだとコメニウスは強調してやみません。そしてコメニウスは断言します。「哲学、政治、宗教の目的は平和である」と。

学問・哲学	宗教	政治
学識者・学者・哲学者	宗教家・聖職者・神学者	政治家・権力者・支配者
知性	意志	実行能力
真を求める	善を選ぶ	実行する

なお、一六五七年に公刊された『大教授学』では教育内容は「学識、道徳、敬神」の三領域とされていました。この場合、学識が哲学に、敬神が宗教に対応するのはすぐ分かります。そして道徳が政治に対応すると考えてよいでしょう。どちらも、人間社会のルールを確立することに関係するからです。

9　堕落と改善

ところで現実を直視すれば、学問、宗教、政治は本来の姿からまったく逸脱して堕落しています。コメニウスは堕落している事例をしつこく指摘していきます。堕落しているならどうしようもない、と普通なら落胆してしまうところですが、コメニウスに言わせると堕落しているからこそ改善が必要、熟慮が必要なのだと視点を転換します。ラテン語の改善 emendatio は mendum（欠点、誤り）を脱するというのが原義なのです。コメニウスはパンエゲルシアの第五章、第六章では、本来の原型ではこうなっていたはずだ、でも現状は堕落している、しかしそれは改善の余地がある、いやはり度し難い、こうすれば何とかなる、いや無理ではないか、そのような希望と絶望、楽観と悲観を循環していきます。第六章の最後では「ほとんど四十年間、不幸な戦争によってヨーロッパが焼き払われ…この悪に終わりはない」という絶望で終わります。

第七章では、これまで改善が様々に試みられてきたと振り返ります。そうして少しは改善された、でも結局は失敗に終わった、さらに改善が試みられたが、成功していない、という具合に、悲観論が優勢に見えます。

コメニウスが人間社会の堕落を述べている部分は、聖書の予備知識があるとよりいっそう理解できるでしょう。旧約聖書の創世記では、楽園に誕生したアダムとエバは、神に背いたために楽園を追放されます。アダムの息子のカインは弟のアベルを殺してやはり追放されます。アダムの子孫たちは、ノアの箱舟やバベルの塔、ソドムの町の壊滅といった私たちも聞いたことがある事件で災難に遭遇します。それらはコメニウスによれば神からの警告であり、神は人間の堕落をその都度諌め、そして改善を指し示しているというのです。そして新約聖書の最後の「ヨハネの黙示録」ではこの世が終わり新しい世が始まることが予告されています。

第八章になってようやく、改善が可能だという主張が優勢になってきます。人間は元々は善であるという人間性への信頼と、神様がこのままになさるはずはないという帰依です。人間の中にある善をもとめる心根、それは根絶やしになっているわけではない、ただ本当の善が示され、それを獲得するための方法が示されたなら、希望がもてる、その兆候はあると言うのです。そうして誤りに気づいたら回復の道はあるという確信が生まれてきます。誤りの原因が分かれば、これまでのような失敗はしないだろう、原因が分かったら改善にとりかからざるをえない、そうコメニウスは主張します。

第九章からは改善のための積極的な根拠を述べ始めます。キーワードは、「単一性、単純性、自発性」です。人間にはこれら三つの特徴が内在しており、それらを回復させれば人間が一致統一して改善に取り組むことになるはずだというのです。（単一性は途中から普遍性と言い換えられています。）

第十章は、この偉大な会合を成功させるための形態、規則についての提案です。審議が始まるためには、まず誰かが問題提起をします。それは一人であれこれ考えても解決できないような重大問題に違いありません。自分で解決できることなら相談する必要はないからです。ですからすでに熟議の第一歩から、困難が待ち受けているわけです。そうして大勢の人々が集まって検討が開始されます。そこには当然討論するためのルールが必要になります。どのように議論を進めるのか、そして相談のしっぱなしではなく、どこかでまとまった結論にたどり着かなければ意味がありませんので、どのような状況で終結するのか、それも決めておく必要があります。多数の人が集まって、何もまとまらずに喧嘩別れになるだけでは困ります。共通の目標を掲げて穏やかに熟慮することが必要なのです。

第十一章は、この熟議への参加の呼びかけ、最後の第十二章はこの熟議が成功しますようにという神への祈りです。

10　第二部、光、明かり

全体の序論として位置づけられている第一部パンエゲルシアのすぐ後に、第二部パンアウギアが続きます。コメニウスの構想では、パンソフィア、パンパイデイア、パングロッティアの三つが本論であり、パンアウギアはそれら三つの基礎づけに当たる部分です。

すでに述べたように、パンアウギアとは「普遍的な光」という意味でした。コメニウスはこの第二部で、太陽の光を比喩として、人間の改善の可能性を論じていきます。それはけっして突飛な喩え話ではありません。コメニウス以前にも以後も、光を比喩的に使用する例はたくさんあります。新プラトン主義の創始者とされる三世紀のプロティノスは一者からの光の流出で世界を説明しました。十五世紀のフェチーノにも光の比喩がふんだんに使われています。十八世紀のフランス革命前、哲学者と称される人々の共通のスローガンは「光　ルミエール」（日本語では啓蒙思想と訳されています）でした。哲学者カントのキーワードも「光　アウフクレールング」（『啓蒙とは何か』）でした。日本語でも賢い人を「聡明な人」と言いますし、時代の改善が予期されることを「夜明けは近い」と比喩的に表現します。逆に、悲惨な時代を「暗黒時代」といったり物事がはっきりしないことを「事情に暗い」と表現したりします。

それに何よりも、コメニウスにとっては世界の創造は神の「光あれ」という一言から始まったのでした（旧約聖書の創世記）。そして神は光と闇を分け、次に天空に光るものを造って地を照らさせたのでした。聖書の中には「光」という表現が満ちあふれています。それらは太陽の光という意味だけではなく、比喩的にも使用されています。（「教えは光（箴言6―23）」「あなた方は世の光（マタイ4―14）」「命は人間を照らす光（ヨハネ1―4）」などなど。）また光と闇の対立の比喩も聖書にたくさん出てきます。（例えば「闇の行いを脱ぎ捨てて光の武具を身に着けましょう」ローマ13―12）

なお訳語の問題について細かいことですが一言申し述べておきます。コメニウスはluxという語とlumenという語を慎重に使い分けています。どちらも光という意味で、ルクス（照度）もルーメン（光束）も光の単位として現在も使用されている単語です。太陽や月、ロウソク、ランプ、松明などの源から（もちろん当時は電気はありません）光がやってきて明るく照らすわけですが、太陽や松明は熱をもち、明るさだけではなく暖かさをもたらします。luxは光を総称する時に、lumenは光の明るさを強調する時に使われていると訳者は解釈して、したがってluxを「光」、lumenを「明かり、明るさ、灯火」などとできるかぎり訳し分けることにしました。

もっとも日本語の「光」と「明」はそれほど厳格な区別があるわけではありません。「月の光」も「月明かり」もほとんど同じ、蛍「光」灯は照「明」器具です。しかし「太陽の光」とは言うけれども「太陽の明かり」とはあまり言わない。逆に「ロウソクの光」よりは「ロウソクの明かり」が普通でしょう。でも「蛍の光」とは言うものの「蛍の明かり」とは言いませんし「光ケーブル」も明るくはないという具合に、用例に微妙な差があります。

人工の光を作り出すのは電気がなかった時代はもっぱら「火」でした。火も暖かさと明るさの両方をもたらすわけですが、木を燃やして明るさを得るのは松明や炬火、暖かさを得るのに火を使うのは囲炉裏や暖炉、という具合に用途を使い分けます。

11 『光の道』と『パンアウギア』

コメニウスは光をキーワードにした著作を実はすでに書いていました。それが一六四一年にロンドン滞在中に書かれた『光の道 Via lucis』です。ところがコメニウスは長期滞在のつもりだったロンドンをすぐに離れることになり、出版されないままになっていました。その後一六六〇年にロンドンに学会（ロイヤル・ソサイエティー）が設立されたことを知ると、その学会に捧げるために一六六八年に『光の道』を出版したのでした。パンアウギアはその『光の道』と所々重複しています（パンアウギアの第二章、第十一章、第十二章、第十三章など）。

しかし重複している部分もまったく同じというわけではなく、かなりの補筆・訂正が加えられています。いくつか指摘すると、まず『光の道』では公理 Axima と定理 Theorema の両方の用語が使われていたのに対し、パンアウギアの十一章では「定理」に統一され、定理の数も大幅に増えています。また十二章の問題の数も増えています。特に指摘しておきたいのは、十三章で知性の補助手段の発展を論じたところです。『光の道』では印刷術と航海術で終わっているのですが、パンアウギアではその後に光学の発展が付け加えられているのです。そこでコメニウスは、レンズによる光学の発展はわたしたちの祖先にはまったく知られていなかった神の知恵を明らかにしたと述べています。コメニウス自身が十三章二十五節で述べているように、当時は光学の研究が盛んになっていました。また第九章には望遠鏡と並んで顕微鏡への言及が見られます。コメニウスは当時の光学の最新知識を取り入れようと努めていたのでしょう。なお、デカルトの『方法序説』の本論は『屈折光学』という著書だったことも想起されます。スピノザはレンズ磨きをしていたことも知られています。また、一六五八年に出版されたホッブズの『人間論』にも光学の知見がたくさん含まれています（『哲学原論　自然法および国家法の原理』柏書房、二〇一二）。

12 パンアウギアの概要

さてパンアウギアの第一章でコメニウスは、人間の魂の働きを考察しその改善を図るために、光を例にして説明を進めると提案します。もともとコメニウスは喩え話が大好きでした。『大教授学』では教えるという作用を説明する際には、太陽の作用や鳥の巣作り、樹木の剪定や石工の労働などを喩えにして説明しています。学校の仕組みを印刷術になぞられて説明したりもしています。

第二章では光と闇、明と暗の対立が描かれます。「将来に明るい希望が見いだせず、お先真っ暗」と言えばこれは比喩的表現ですね。さらに光は賢いことの喩えであり、闇は愚かなことの喩えであることはすぐに推測できるでしょう。第三章は、人間の魂の中の知識を作る働き、すなわち知性の光についての考察です。どの人も知性をもっており、真実を知る力があるはずなのですが、愚かな人、憶測に捕らわれている人は、知性が闇に閉ざされているのです。知性を明るく照らしてやらねばなりません。ところで光に対立するのが闇、明に対立するのが暗ですが、影も光に対立します。「かげ」は日本語では二種類、つまり影と陰があります。影は光の当たった物体の形を表します。陰は光の当たらない暗い場所です。英語では shadow と shade ですが、ラテン語の umbra は両者の区別がありません（日本語や英語も特に区別しないでもすんでいるかもしれません）。この翻訳では文脈に応じて影と陰を訳し分けました。

第四章は、どうしたらすべての人の知性に光を灯すことができるのか、その可能性を論じます。ここでコメニウスは光がやってくる源（直訳すれば泉）に三つあると言います。一つは人間の外部に広がっているこの世界・自然界です。そこから光が人間の知性に向かって射し込むのです。第二は人間の心です。心の内部が明るく光っているはずなのです。第三は聖書です。そこから人間に向かって光が発せられているのです。これらの三つをコメニウスは「神の三書」

とも言い換えています。人間が読んで学ぶべき書物のようなものだというのです。神の三書はパンパイデイアでも頻繁に登場します。

13 世界・人間の魂・聖書

第一の泉である世界については第五章で、第二の泉である人間の魂については第六章で、第三の泉である聖書については第七章で、それぞれ詳しく考察されます。

第五章ではこの世界は神によって創造され、人間はその世界を見つめ、理解し、活用する定めになっていることが強調されます。喩えて言えば世界は光がやってくる泉であり、さらに言い換えれば人間が読み解くべき書物でもあるのです。

第六章は、人間の心・魂・精神（この三つはコメニウスにおいてはほとんど同義と考えてよいでしょう）が内部で光り輝いているという説明です。ところで人間の魂には三つの規範が生まれながらに植え付けられているといいます。それらは、生得の観念、生得の衝動、生得の実行能力の三つです。この三つについてはすでに「パンエゲルシア」でも触れられていました。これら三つはすべての人に生まれながらに、しかも共通に内在しているのです。私たちは後に、ジョン・ロックが生得観念を否定し、人間の心は喩えて言えば白紙のようなものだと述べたことを知っています。そしてライプニッツがロックに反論したことも。そのような哲学史の流れの中では、コメニウスは明らかに生得論者です。

そして生得観念の土台になっているのが、数と量と重さ（numerus, mensura, pondus）です。私たちがモノを見た時、一つなのか、二つなのか、たくさんあるのか、という数でモノを判断します。そしてそれは大きいのか小さいのか、四角なのか丸なのか、という形と、どのくらいの大きさかに注目します。量という訳語はそのように形と大きさを含んでいるとご理解下さい。さらにそのモノがぎっしり詰まっていて固いのか、ふわふわ柔らかいのか、空気のように軽いのかと考えます。人間はこのように数と量と重さという三つの物差しを使って事物を認識していくわけですが、これらの詳細はパンソフィアで展開されることになるでしょう。そこでは「重さ」に役に立つかどうかという基準、つまり重要性を含めています。なお、コメニウスはここでも聖書の言葉をよりどころにしています。旧約聖書の知恵の書第十一章では「(神は)すべてを量と数と重さで配置した」という表現が見られます。(新共同訳では「長さや、数や、重さにおいて」と訳されています(知恵11―20)。

第七章は、神の言葉、具体的には神から人間に示された「啓示」が書かれている書、聖書についてです。第一と第二の光の泉については、コメニウスは自信をもって、すべての人間に共通に生得的に内在していると断言するのですが、聖書についてはそうではありません。神がお示しになった言葉を知らない民がこの世界にはたくさんいるからです。キリスト教徒がよりどころとしている聖書(旧約聖書と新約聖書)について、ユダヤ教とイスラム教がどう違うのかをこの第七章でコメニウスは考察します。

14 キリスト教、ユダヤ教、イスラム教

訳者自身、お盆とお彼岸、それに縁者の葬儀の時だけの仏教徒であり、ほとんど信仰心がありません。神の言葉である聖書について、少し復習しておきましょう。

ユダヤ教は紀元前四世紀頃に成立した、唯一絶対の神を信奉するユダヤ人の宗教です。預言者モーセが神の言葉である十戒を民に授けました。コメニウスはここではユダヤ人を「律法の民」と表現しています。

そのユダヤ教を批判して興ったのがキリスト教です。神の子イエスキリストが救世主として人間の姿をして遣わさ

れます。イエスキリストは死刑となり復活します。イエスの弟子たち（使徒）が迫害に耐え、四世紀にローマ帝国の公認の宗教となって以降は世界中に広まります。イエスの言行を記した文書が「福音書」です。

イスラム教は七世紀末に誕生したモハメットを開祖とする宗教です。なお、モハメットはアラビア語の発音に近いムハンマドと表記する方が最近は主流かもしれませんが、この本では伝統的なモハメットと表記することにしました。イスラム教の聖典はコーランです。

三つの宗教とも唯一絶対の神を崇拝しており、その起源は共通です。ユダヤ教の聖典はタナハと呼ばれ、神がこの世界を創造した話から始まり、神の言葉を伝える預言者モーセの言動とその他の預言者の言動が記されています。キリスト教の聖典はユダヤ教のタナハと共通の旧約聖書と、イエスキリストの言行を伝える新約聖書の両方です。ユダヤ教は新約聖書を認めていません。イスラム教の聖典はモハメットが伝えたコーランですが、その中には旧約聖書のモーセやノアの言行、さらにイエスの言葉も含まれています。旧約聖書や新約聖書も神の言葉を伝える「啓典」として認めているのです。要するに旧約聖書の内容は三つの宗教に共通であり、キリスト教の聖典である新約聖書の一部はイスラム教にも認められているということになります。

三つの宗教は共通の起源をもって（エルサレムが聖地という点も共通です）微妙に絡み合いながらもこのような違いがあります。思想的な違いだけではなく、実際に血で血を洗う戦闘を何度も繰り広げてきたことは歴史を振り返ってみれば明白です。いや、歴史的な出来事ではありません。二十一世紀の現代でも宗教戦争は止まないのです。

もちろんコメニウスは敬虔なキリスト教徒なのですが、その立場からユダヤ教とイスラム教と和解をはかろうと考えています。他の二つの宗教についてはその真偽を冷静に検討しようと呼びかけます。パンエゲルシアですべての人を熟議に招待したのですから、それは当然の対応と言えるでしょう。

なお、イスラム教、マホメット、コーランという表記は、それぞれイスラーム、ムハンマド、クルアーンという表記が主流になっています。しかしここではコメニウスの本が十七世紀のものだという点を踏まえて、あえて従来の表記を踏襲しました。

15　感覚・理性・信仰

第八章は、光を見つめる目についてで、これも比喩的な説明です。暗闇の中では見えなかった物も、光が明るく照らせば見えるようになります。しかしいくら光がさんさんと射していても、目をあけていなければ物は見えません。そのように、人間の心の中に光が輝いていても、それを見る目に相当するものがないといけないのです。それをコメニウスはまたしても三つ、すなわち感覚と理性と信仰だと言います。光に照らされた世界あるいは自然界の事物を、人間は感覚器官を通して受け取ります。事物の像は精神に送られそこで第二の光で照らされるのですが、それを見つめる目に相当するのが理性です。感覚が事物を直接受け取るのに対して、理性は間接的に受け取ります。喩えて言えば、直接射し込む光と反射光との違いとも言えます。このあたり、後にジョン・ロックが『人間知性論』で精神内部の力を sensation と reflection に分けたことを彷彿とさせます。

コメニウスはさらに第三の目が働いていると指摘します。それが信仰です。人間の感覚や理性では認識できないことがたくさんある、それを受け入れるのが信仰であり、聖書の中に述べられている様々な神の言葉や奇跡などは、理性的に認識するのではなく、信じるのである、キリスト教徒であるコメニウスはそう主張しています。ただしコメニウスにとって信仰は反理性、非理性ではありません。超理性とでもいいましょうか、理性では理解できない現象がたくさんある、それに対して働くのが信仰だというのです。

世界・事物	感覚
精神・魂	理性
神の言葉・聖書	信仰

光の泉に世界、精神、聖書という三種類があり、それらの光を見つめる目にも感覚、理性、信仰という三種類があるというのがコメニウスの説です。近代の哲学者が考えるのは最初の二つだけです。神の存在と神から与えられる啓示を信じるという信仰と人間の理性の働きをどう考えるかということは、古代から中世の哲学者、神学者の大きなテーマでした。その点ではコメニウスは中世の伝統に立脚しているといってよいでしょう。コメニウスは古いものをひきずっているのでしょうか。しかし別な面から評すれば、世の中には人間の理性で認識できないことがたくさんある、それを無理に認識しようとせず、不可知だと放棄することもなく、信仰の領域に保留しておくという具合に解釈できるのではないでしょうか。いわば理性の及ぶ範囲を限定しておく立場です。

第九章は、目の働きを支える補助手段についてです。コメニウスの比喩的表現はますます盛んになります。目で直接見えない事物を見えるように助ける器具として鏡、望遠鏡、顕微鏡があります。ご存知の通り望遠鏡は十六世紀から十七世紀にかけて開発され、ガリレオは望遠鏡を活用して様々な発見をしたのでした。顕微鏡も同じ時期に開発、改良され、それまでは見えなかった世界を明らかにしたのです。コメニウスは当時としては最新の望遠鏡、顕微鏡を例に引きながら、分析の方法と総合の方法が補助に当たると言います。しかしその二つだけに頼るのではなく、昔からの方法、つまり鏡に映すという方法も有効で、鏡に映った像からもとの姿を類推する、これを類比の方法と呼んでいます。そうしてこれら分析・総合・類比の三つの方法をうまく組み合わせて活用することを勧めています。

第十章のキーワードは「調和」です。音楽では音の調和（日本語では和音といいますが）幾何学では数や線の調和（比例、対称などです）が心地よさを引き起こすように、これまでに述べた事柄がすべて調和していることが必要です。これまで述べてきた、世界・精神・聖書、感覚・理性・信仰、分析・総合・類比という組み合わせが調和する時、道が拓けてくるのです。

16　物理的光の比喩で精神の光を説明する

第十一章ではこれまでの説明を、数学の用語つまり定義、公理、定理、系などの用語を使ってまとめます。これらは古代ギリシャのユークリッド幾何学以来の伝統的用語です。物事を数学の用語を使って説明する方式は、当時はけっして珍しいものではなかったようです。典型は十七世紀のスピノザでしょう。彼の主著『倫理学』のフルタイトルは「幾何学的な順序によって証明されたエチカ」というもので、まず言葉を定義し、そこから次々に定理を引き出していくという叙述形式がとられています。

コメニウスはまず物理的な光の現象を定義しそこから多数の定理を導き、それぞれを人間の心の働きになぞらえて説明を続けていきます。光はまず泉（光源）から光線となって流れ出てきます。そう、「流れ出る」という表現がすでに水の流れからの比喩ですね。光の流出という比喩は哲学史上新プラトン主義によって広まったとされています。光線は透明な物体（物体というのも変ですが気「体」と表現するのですから、とりあえず物体と訳しておきます）を通過し、不透明な物体に当たると屈折したり反射したりします。反射にも正反射と乱反射（拡散反射）があります。周囲が明るくなるのは光が反射することによってです。

ところでここでコメニウスが強調しているのは、光線の正反射では光の進む方向が変化するだけで、周りは明るくならない、拡散すると周囲は明るくなる、ということです。その拡散反射をこの翻訳では「追い散らされた光」と直訳してみました。

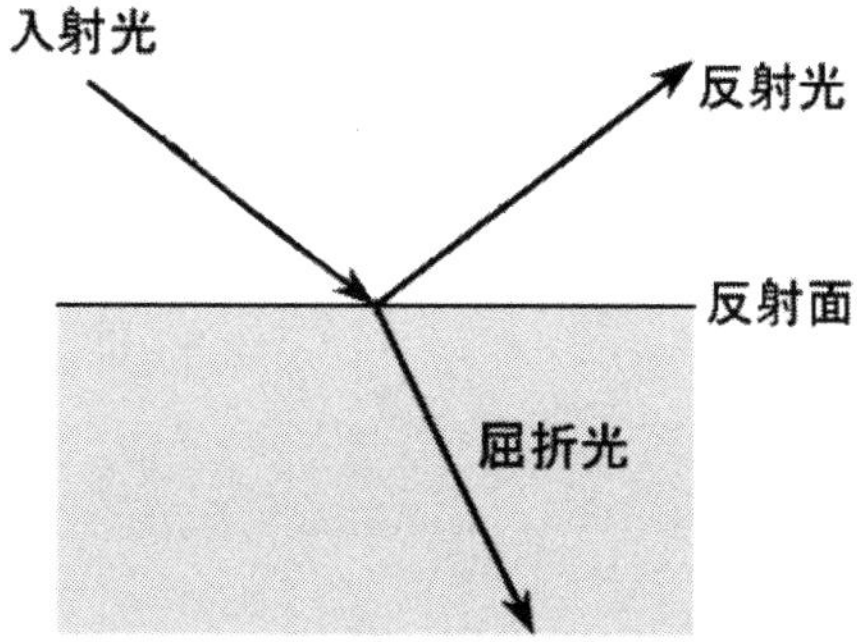

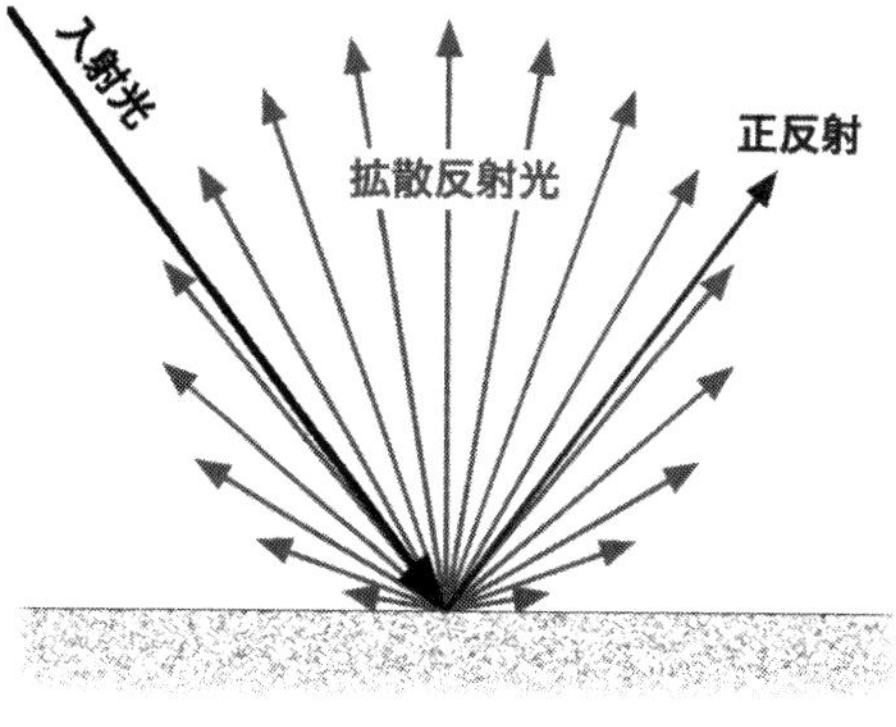

このような光の物理的現象をコメニウスは人間の心が物事を理解していく過程になぞらえます。光の出所は私たちが認識しようと思っている事物そのものです。事物から出た事物の像が光線となって感覚を通過し、精神に届いて明るさを作る、つまり理解されます。光の程度や条件に応じて明るさが異なるように、理解の程度も様々です。よりよ

く理解するにはどうしたらよいか、その説明を光の明るさのヴァリエーションで喩えて説明していくのです。

ところで読者にお願いなのですが、比喩、喩え話はあくまで例えです。「リンゴのようなホッペ」という表現に対して「黄色いリンゴや青いリンゴもあるではないか」と反論するような人は、喩えのもつ妙味を楽しめない人です。訳語が適切でなくて楽しめないというのであればそれは訳者の責任ですが。なお、先に述べたように、この第十一章は『光の道』の第十章の再録なのですが、全体に渡って修正が施されています。『光の道』では「公理」と呼んでいたものをこのパンアウギアでは「定理」と呼び直していますし、定理の数も増えています。人間の精神への類推の説明もかなり詳しくなっています。コメニウスはたえず見直しを行っていたのでしょう。

第十二章は、十一章の考察の結果を、実践に応用することが課題となります。それは二十一個の「問題」にまとめられています。重要ないくつかの命題を「問題」という形で提示するのは、『大教授学』の第十九章や『パンパイデイア』の第二章、第三章、第七章などでも採用されていた方式です。

17 光の増大の歴史的展開

このようにして、光があふれること、つまり人間の精神が明るくなる道筋が示されたわけですが、第十三章でコメニウスは再度、なぜこれまで光が輝かなかったのかを考察します。神の側からの原因、人間の側からの原因、事物の側からの原因をそれぞれ考察した後、人間が知性の光を増大させてきた過程を七段階に区分しています。

第一段階は自分で見て物事を知るという段階。第二は複数の人間が言葉を交わすことによって知識を増大させる段階。第三は人々が集まって教えてもらう、いわば学校が始まる段階です。第四は文字によって知識を伝えあう段階。第五は印刷術の発明によって書物が急速に広まる段階です。第六は航海術によって世界が広まり、知識がよりいっそう拡大し完全になる段階。そして第七は、光学技術の発明（つまり望遠鏡や顕微鏡）によって、これまで見ることができなかった事柄が明らかにされた段階です。前出の『光の道』ではコメニウスは第六の道までしか描いていなかったのですが、パンアウギアではさらに第八の光の道があると言うのです。その道を私たちは見いだし、その道を進んでいこうとコメニウスは呼びかけます。

第十四章は、以下に続く『熟議』の本論にあたる各部の前触れです。次に続く第三部は、事物を本来の正しい秩序に戻すためのパンソフィア、第四部はパンパイデイア、そして第五部はパングロッティア、第六部はパンオルトシアです。それぞれの目的と課題はすでに総序文でも第一部のパンエゲルシアでも述べられていましたが、再び三たび強調されます。

第十五章では、そのために私たちが清らかな心をもち、汚されていない目でもって物事にあたること、特に哲学者、政治家、神学者が合意するよう呼びかけられます。私を含めた現代の読書からすると、婉曲で大げさな表現が多くちょっと読みにくいかもしれません。

最後の第十六章は神への祈りです。第一部パンエゲルシアの最終章と同じく、この章も聖書の言葉の引用で構成されています。

18　総序文、第一部、第二部の出版過程

『パンパイデイア』の解説でも少し触れておいたことなのですが、コメニウスはこの『熟議』の原稿を戦乱ですべて失ってしまいました。その後友人たちに送っておいた下書きなどを取り寄せて修復に努めています。その間の経過が、最近出版されたコメニウス全集（第九巻の1）に述べられていますので、少し整理しておきます（In Consultationem

Catholicam Isagoge Generalis, in Opera Omnia Jan Amos Komenský,19-1, Praha, 2015)。

　コメニウスは一六五六年にレシュノで焼け出されてアムステルダムに向かう途中、ハンブルクに滞在してもう修復作業を開始しました。アムステルダムでは一六五七年に『教授学全集』を出版するのですが、これはすでに出版したものを中心にまとめたという性格が強い（もちろん書き下ろしも含まれていますが）。この時すでに『熟議』の総序文と第一部第二部（つまり今回ここで翻訳した部分）とそれ以外の要約を友人たちに回覧するために若干部印刷したらしいのです。その後『ボヘミア兄弟団の規律』という本の一部として総序文と第一部第二部が一六六〇年頃に印刷・出版されました。つまりコメニウスの生前に二度印刷されたのです。ですから総序文と第一部、第二部の存在と内容は何人かの人々には知られていました。そして七部作になるはずだったということも。

　その後、印刷済みの部分と手稿の部分が、紆余曲折を経てハレのフランケのもとに運ばれました。フランケ（1633–1727）はいわゆるドイツ敬虔主義運動の中心人物で、孤児院を運営していました。フランケは『熟議』の出版の意義を認め、とりあえず総序文と第一部だけを、兄弟団の歴史といっしょに（独立した本としてではなく）一七〇二年に出版したのです。実際、それに基づいてシェーネバウムという人が総序文と第一部をコメニウスの他の著作と共に一九二四年にドイツ語に翻訳しています（Johann Amos Comenius Ausgewählte Schriften zur Reform in Wissenschaft, Religion und Politik, Übersetzt und bearbeitet von Herbert Schönebaum, Leipzig, 1924）。しかし残りの部分は出版されることはなく、存在も忘れられてしまったのです。

　その後、印刷されたものと手稿の他の大部分が、ハレのフランケ孤児院の書庫で発見されました。発見者のチジェフスキ自身が発見は一九三五年と述べており（Die Handschrift der Pampaedia und ihr Schicksal, in Johann Amos Comenius, PAMPAEDIA, Lateinischer Text und deutsche Übersetzung, Herausgegeben von Dmitrij Tschižewskij in Gemeinschaft mit Heinrich Geissler und

Klaus Schaller, (Heidelberg, 1960）, S.490)、一九六六年にプラハで公刊された『熟議』の解説でも一九三五年となっているのですが、コメニウス全集の解説では一九三四年の暮れに発見されたと書かれています。チジェフスキは一九三九年にも書庫の別の場所でさらに手稿を発見し、『熟議』の全体がそろったのでした。ラテン語原文の全体が公刊されたのは一九六六年のことです。その後一九九二年のコメニウス生誕四百年の時に、『熟議』のチェコ語翻訳が出版されました。現在チェコでは『熟議』の校訂版の編集作業が進められているということです。

〔人間についての熟議の総序文〕

人間に関わる事柄の改善についての

総合的熟議

人類へ、とりわけ
ヨーロッパの
学識者、宗教者、権力者へあてて

エレミア　49―7

テマンには、もはや知恵がないのか。息子たちの相談は尽きたのか。彼らの知恵は無益になったのか。

箴言　15―22

相談しなければ思考は分散してしまう。しかし相談する人が多ければ確実になる。

ヨブ　34―2、4

知恵ある者はわたしの言葉を聞き、学識ある者はわたしに耳を傾けよ。

わたしたちは何が善いかを判断し、何が善いかを見分けよう。

ヨーロッパの光である、学識ある人々、敬虔な人々、卓越した人々にあいさつを送ります。

序文の理由

1　アテネには、アレオパゴス[1]では前置きと熱狂なしに話すようにという規則があった。偉大な方々よ、あなた方は私にとってあの偉大なアテネ、偉大なアレオパゴスである！　しかし、私はこの規則に同意しない。まずひとつには、あなた方にアレオパゴスにはなかったような重大な問題が提示されるからである。それについて前もって忠告しないのは誤りと言えよう。また、あなた方の多くはいろいろな事に従事しており、何か特別の理由で刺激されないと十分に耳を傾けてくれないということを私は知っているからである。聞こうという人にこのようなことを言うのは不都合ではない。さらに、偏見に対して、私のためにもまたこの問題のためにも、楯のみならず堅固な壁で防いで今まさに私は進み出そうとしているのだから、どうか、私に前置きを言わせてほしい。

企ての古さ、それと同じく新しさ

2　私たちが着手しようとしていることを見ていただきたい！　人間に関わる事柄の改善について総合的に審議することである。これは、事物の始まり以来これまで、広範なやり方で常に企てられたことである。だから問題そのものに新しいことは何もないが、方法についてはまったく新しい。というのは、人々の精神が麻痺してしまって、自分の悪を感じなかったり嘆かなかったり、善い方向へ変えようと熱望しなかったりということはけっして起きなかった。物事の堕落以来、どの時代、国民、状態でも、心ある人々はむしろ力の限り努力したのである。しかし、これまでどの堕落の改善においても、すべての人が一致協力することはなかった。そこで今や、全世界が善くなりうるように何を勧めるべきかが示されるのである。

心ある人々は常に問題の改善に努めてきた。だが成果はごくわずかだった

3 最初のことについて言えば、すべての知恵ある人々の思考・言葉・行為が古代から執筆されて多数伝えられており、日々ますます登場している、それは明らかだ。それらの努力はみな、その意図について見るならば称賛に値する。だが使用した手段は様々だった。結果について見れば、これまでどれも願望に十分応えていないと判断できる。なぜなら、世界の混乱は相変わらず存続しているからである。個々においては多くのことが神の慈悲で日々すばらしく改善されているとはいえ、人類共同という点では何も変わらなかった。むしろ新たに混沌へと落ち込んでいるのである。

そこで、まだ試みられていない普遍的な道で、同じことが試みられねばならない

4 かくも様々な不条理な破滅的な異常な事柄を、なんとか有効に改善し、そしてついに、ついに、人類から普遍的に除去できるよう試みることを、何が妨げているのだろう。私たちが他人に従って、また逆に他人が私たちに従って、同様のことを試みるのを何が妨げているのだろう。たしかにこの問題はとても重要で、企てが何千回失敗するとしても試みないよりはましである。とりわけ、まだ試みられていない新しい道が何であるかを神がお示しになるとすれば、私たちのこの道がどのようであるかが明らかになるだろう。なぜなら私たちの道は、徹底して普遍的であり、人間の願望の（さらに言えば神ご自身の願望の）最終目的を指し示している。私たちをこの目的へと導くのに適した偽りを知らない確実な手段を探求して、それはすでに神の助けによって見いだされたのだ。そしてこの手段を使用する方法は、とても容易なのである。だから残っているのは、やろうと欲することだけであり、何百年来望まれていた作業のために神の援助を懇願し、着手することだけなのだ。

以下の著作の七つの区分

5 この道をだれの目にもはっきりと示すために、以下の作業を七部からなる著作で順序よく説明しよう。

(1) 普遍的な覚醒

6　私たちはまず最初に、「人間に関わる事柄」ということで理解すべきことは何かを決定しよう。それは人間の事物との交際、人間同士の交際、神との交際である。人間は事物を力強く支配しており、人間同士は理性的に付き合っており、神には永遠に従い、人間の意志が神の意志に従って至高の存在と結びつくよう準備する。人間は創造主の似姿として創造されるよう命じられたのだ。要するに、人間に関わる事柄とは学問、政治、宗教である。これら三つがどのようであるかを示し、神の意図に従ってその原型を考察するなら、あるべき様になっているものは何もなく、すべてが混乱に陥っていると認めざるをえない。それは、私たちの悲惨の感情と、改善への願望とを呼び覚ます（何らかのやりかたが可能ならばだが）。そこでこの第一部はパンエゲルシア、すなわち普遍的な覚醒と名づけられよう。

(2) パンアウギア

7　次に、可能性の道を探究し、人間の混乱の暗闇を効果的に取り除くための単一かつ唯一の道が見いだせること、それはあらゆるものにふり注ぎ広がり力強い精神の光であることを示そう。この部分は、パンアウギア、すなわち普遍的光の道と呼ばれよう。

(3) パンソフィア

8　さらに私たちは、この光に対して、すべての事柄をその光の領域内にどのようにして定着させうるかを探究しよう。そうして、精神の目の前に、どこでも途切れていないすべての事物の連鎖を提示し、存在しているすべての事柄を、存在している順序で、存在している有り様のままに、一目で見れるようにしよう。これはパンタクシア、事物の普遍的な連関ということになろう。これまではパンソフィアという名称で呼ばれていたものである。[2]

(4) パンパイデイア

9 第四部では、人間の精神を、この光の領域内に定着させる方法を追求しよう。そうして誰もが洗練されて、事物のあの構造と天の下にありうるすべてを把握できない人は誰もいないようにするのである。これをパンパイデイア、精神の普遍的教育[3]と呼ぼう。

(5) パングロッティア

10 第五に、全世界のすべての国民、人々、どの言語を話す人々にもこの同じ光が力強く浸透するように、この光を広める方法を追求しよう。これは言語の媒介なしでは行われない。熟議のこの部をパングロッティア、すなわち言語の普遍的な開発[4]と呼ぼう。

(6) パンオルトシア

11 第六に、ここまで論じられたことを手がかりにして、学問、宗教、政治の現状の改善がどうすれば可能かを示そう。神の命令で、光輝く、敬虔な、平和な時代をこの世界にもたらすことができるのかどうか。これをパンオルトシア、すなわち普遍的改革と名づけよう。

(7) 普遍的な励まし

12 最後に、これらすべての可能性と容易性を証明した後で、あなた方学識者、宗教者、世俗の権力者のすべての方々に対して、また世界中のすべてのキリスト教徒に対して、このようにかくも望まれ望まれるべき問題に真剣に着手するようにという励ましがなされる。

かくも重大なことを行う人は、どのような確信のもとに敢行すべきか

13 以上が私たちの著作の主題である。私がこのように説明し始めるとき、マクロビウス[5]の書いたことが心に浮かんだ。「ウェルギリウスは自分の作品の初めにいつもこう述べた。『問題の始まりはほとんど欠点だらけのように私には思われる』と」。私の場合も同様だとすれば（いやさらに大きい）、神が私たちを憐れみ、私たちの力を越えたことを神の力で完成させてくれますように！ 確かにこれは力を越えた事業なのだ。しかし熟慮相談がうまく進めば報酬は大きく、どんな困難も、いわんや不可能の印象も心から消え去るはずだ。「愛は苦労をいとわない」ものである。私たちが神を愛し、隣人を愛し、私たち自身の魂を愛しているのだとしたら、非常に有益なこのことを始めようではないか。『もしあなたが信じることができるなら（とキリストが信仰をためそうとする人に言った）、信ずる者にはどんなこともできる』その人は涙ながらに言った、『信じます。主よ、不信仰な私をお助け下さい』（マルコ9―23）」

おお、主よ、あなたは私たちの信仰が揺らいでいることをご存じです。このような重大なことに対して私たちが無力なことをご存じです！ けれども私たちは、私たちの弱さの中にあなたの力強さがありうることを知らないわけではありません。私たちの弱々しい信仰を助けたまえ、私たちの不確かな力を助けたまえ！ これは私たちの作業ではなく、あなたの慈悲の御業なのです。あなたのか弱い器官である私たちによって、あなたの手があらかじめ予定していたように物事が運びますように！

14 まずキリスト教徒に聞いてもらうように要望するのはなぜか

神が私たちに対して、これらの問題について考え、望み、見出すのに何を与えたかを述べる前に、まずキリスト教界の光明であるあなた方に向かって訴える。どの宗教、民族にせよ知恵ある人々、敬虔な人々、卓越した人々よ、神かけて、あなた方みなが私たちの声をどうか喜んで聞いてほしい。私は、真実で神聖なことを述べ懇願しているのだ。それは以下の理由による。

1 なぜなら、この問題はまずキリスト教徒に関わるから

15 第一に、ここでは共通の救済の事業が問題とされているのだから、共通の支持で行動できるのが一番良いと私は納得しているし、あなた方みなが同じく納得するよう切望する。たしかに、私たちが提案していることはどれもみな、すべての人々、あなた方一人ひとり、もちろん私、死すべき定めの誰にでも、まったくもって関係しているのだ。だからあなた方抜きで、またはあなた方に秘密にして、行動しようと望んだりするだろうか。公共の事柄は公けに行われなければならない。すべての人に等しく関わる事は、すべての人が行い、たしかにすべての人が知るべきだ。かの格言「われわれ抜きでわれわれに関することは何も決められない」[6]は、なにか一つの国民の特典ではない。公的な自由の土台であり、神が全人類に与えた特権である。私たちがこれをあまねく損ない、一方が他方抜きで審議し、決定し、執行するなら、相互の疑い、争い、不和、暴力、抵抗、災いはけっして止まないだろう。そのため私たちは、一方が他方に隠れて協議したり行動したり、個人的に実行したりすることを拒否する。むしろ、すべての人が共同で熟慮し始めようではないか。私たちは手本を示そう。

2 キリスト教の信仰の普及が目指されているから

16 第二に、私たちの意図の主要目的は、キリスト教国家の指導者であるあなた方すべてを、共同の協議に厳粛に招集することだからである。この目的とは、諸国民の光であるキリストを他の国民に知らせることである。キリストは、使徒と後継者に、世界中に行き、すべての被造物に福音を広めるように命じ、そして世の終わりの完成まで共にいると約束した（マタイ28）。このキリスト教世界が、その時使徒がこの命令を実行し、福音を国民から国民へ伝えた証拠

である。しかし彼らの後継者である私たちにおいてはこの熱意が冷めていることを、これまでの不信仰の世界が示している。すでに当時聖クリュソストムス[7]はこの怠慢について、マタイの福音書13のキリストのあの言葉「天の国はパン種に似ている」を説明してこう嘆いた。「十二人が全世界の麦粉を熱心に発酵させたとしたら、私たちの貪欲と怠惰はどれほど大きいことであろうか。私たちの数は無数なのに、残りの国民を改宗させることができない。私たちは何千もの世界を満足させなければならないのに、云々」。この発言は正しく賢明で敬虔なことである。神の慈愛の炎が私たちを燃え立たせるなら、私たちが福音の光によって輝いている、さらに私たち自身が主における光そのものである（使徒が述べたごとく）というだけでは十分と思わないだろう。大地を被っている暗闇を憐れむことだろう。私たちは、どの国民もこの同じ光によって照らされるように望み、祈り、できる限りそう努力するのを止めようとは思わない。しかしこれまでこのことはおろそかにされてきた。闇に対する光の勝利は、正当な方法では得られなかったか、あるいはまずく得られただけだったということは事実が示している。そのため私たちキリスト教徒は、地上の微々たる場しか有しておらず（それとても全部が平静なわけではない）、地上の残りは、キリストと世界の光を知らないかあるいは冒涜している。しかし、人間の文化と見なされるその他のこと、つまり徳行・政治・学芸は、私たちのもとでわずかに繁栄しているものの、他所では未開で野蛮で暗黒の状態である。信仰や、学問・技術や、政治やらを強力に普及させる手段が私たちにはほとんどない。現状に働きかける力がほとんどない。それだから、かくも深く眠り込み、自己と隣人の滅亡にあまりにも無頓着なキリスト教徒を、今こそ何らかの異常な叫びで目覚めさせる時だと考えるべきではないだろうか。テバイのクラテス[8]は、あまねくなおざりにされていた子育てについて両親に警告しようとして、塔を捜してそこから皆に呼びかけて聞かせようとしたのだが、そのような塔は見つからなかった。私たちは、救済がなおざりにされた人類に警告するための、そのような塔を見つけられると思う。なるほどそれはまだ用意されていないが、私たちの熱意と神の協同によって、たやすく用意できる。だから急いで、この塔を建て、そこに登って全世界に呼びかけるべきではないのか。しかしこのような事柄は、多数の目と手を必要とするので、あなた方キリスト教徒全員の前に提示しているのである。「トロヤ人もルティルス人も、何ら差別なく取り扱われる」[9]。私たちは、民族、宗派、党派を、あるいは哲学上、宗教上、政治上の分派を顧みない。統一を勧める人は、分派の熱意を無視する必要がある。そしてこれらすべてはあなた方すべてに、以下のように提示される。あなた方はキリスト教徒なのだから、キリストの王国を引き裂かずに統一し、縮小せずに拡大し、暗くせずに明るくして、忠実に配慮し気づかう義務があるのだ。またあなた方は学識があり知恵があるのだから、未開の野蛮人を神の学芸で(私たちと共に光に与るために)取り囲む根拠を決定することに熟知しているだけでなく、発明を発明によって増加させ、相談を相談によって強めるのに適任でもあるのだ。

3　キリスト教界の名においてその他の人々に提示されるべきだから

17　第三の理由は次のとおりである。私たちは、私たちの信仰の共通の光を（学問の小さな炎の後で）、暗闇の中に座している人に提示しようと準備しているのだが、この灯火そのものを、私たち共通の世界であるヨーロッパの名において提示する必要があるということだ。なぜならすべての人に対する、共同の救済の努力のための公的な招待は、一人や少数や、自分の国や宗教・宗派の名における招待よりもずっと重みがあるはずだから。まず私たち自身の間で、問題全体についての一致が必要だ。私たちヨーロッパ人はいわば一つのいっしょの船に乗っており、アジア人、アフリカ人、アメリカ人、その他が各自の小船に乗っていっしょの世界と世界の災難（無知、迷信、隷属の悲惨など）の同じ大海を漂っているのを観察している。私たちといっしょに船に乗っているキリストがすでに十分私たちを祝福し、私たちの網を神秘の無限の富で一杯にしているとすれば、他の船の仲間に、こちらにやって来て手伝うよう合図を送るよりも良いことが考えられるだろうか。もしも彼らがやってくるなら、神の祝福で満たされた私たちの船を港にうまく運ぶことができるだろう。さらに、私たちを引きつけている知識や学芸などの世俗のものを放棄して、私たち多くの者が、これまで不十分だった認識によって従っていたよりも、もっと純粋な感情によって、神に従うようになるだろう。

4　キリスト教徒はまず他の誰にもまして、戦争の狂気を除去すべきだから

18　第四。このような偉大な試みを、誰よりもまずあなた方に提示する機会を神が与えた。神は怒りの大洪水に身を震わせ、その怒りは今は地上の住人、特にヨーロッパ人に注がれている。「すべての人が互いに剣を手にして対立して、国と国、町と町が戦っている。主がすべてを混乱させたからだ（歴代誌2―15―6）」。なるほどかつて、このような広範な堕落の中エリヤが現れて、「彼は父の心を子に向けさせ、子たちの心を父に向けさせた。主が来て、破滅をもってこの地を撃つことのないようにするためである（マラキ1―24）」。だがそのエリヤとは誰か。彼は神に背く者をどのように改宗させるのか。迫っている呪いをこの地からどうやって防ぐのか。神は、民への怒りの時にエゼキエルにその証拠を示している。「神は、石垣の間に立ち、神の前に立ってこの地を滅ぼさないようにする者を捜したが、見つけられなかった。それゆえ、神は憤りを彼らの上に注ぎ、怒りの火で彼らを滅ぼした（エゼキエル22―30、31）」。だから、誰もがやって来て、神の怒りをそらすやり方を考え、心配すべきなのは明らかである。それには神に嘆願するしかないのではないだろうか。人々が互いに、また神に反して怒るのを止めるように警告するしかないのではないか。父の心が人間の子へ、人間の子の心が天の父へ向くようなやり方によってではないか。また人間の心をお互いに向き

合わせて、このような狂気の後で話し合う時が来ている。これには、オルフェウスのとても甘美な調子のよい竪琴よりも良いやり方があるだろうか。キケロは、地上の平和な時代を予言し祝ってこう述べた。「武器は市民服に譲るべし、戦勝の月桂冠は称賛の言葉に譲るべし[10]」。そこで私たちも、キリスト教の地上を荒廃させた恐ろしい軍神マルスが消え去るようにこう望む。「すべての国民はキリストの相続人となり、平穏に暮し草をはむ一つの群れとなろう（イザヤ11―6）」「民は、剣を鋤に、槍を鎌にする。こうしてどの民も他に対して剣をふりあげず、もはや戦いを学ばない（イザヤ2―4）」。すべての人間の魂を、残虐から柔和へと変えるような竪琴がないとしたら、私たちは何を願ったらいいのか。もしもそれが見出されたとしても、甘美に愛らしく奏で始める手段がないなら、どう願ったらいいのだろう。しかしもっとも甘美な父は、地上に鳴り響く調和の竪琴を、すでにすでに、私たちにもっとも甘美に示しているのである。手を伸ばし、竪琴を取り、指で奏で、甘い響きで耳をうち、魂を柔和にさせる、もしもそういうことを怠るならば、私たちは恩知らずで、神と人間を侮辱する者として罰せられるだろう。神が私たちに光と真理の確実な道を示したからには、私たちは、サマリア人の陣営に対して敵の逃亡と神の解放の慈悲を最初に知らせたあの重い皮膚病患者のように話すのだ。「きょうは良い知らせの日なのに、黙っているのか。夜明けまで待てば、私たちは罰を受けるだろう。さあ、王の宮廷に行って告げよう。そこで彼らは門へ来て、これを門番に告げた（列王紀2―7―9、10）」あなた方学識ある方々は、人類の知恵への門番だ。あなた方神学者は、天の王国の門番だ。あなた方は王の宮廷で次のように告げるために最初に呼び出された。「私たちを憐れむ神は、これまで私たちを包囲している至福の敵である野蛮、無信仰、あらゆる種類の混乱を成功裡に討ち取ることができる道を私たちに示している！」と。

5　キリスト教の胎児が生み出されるとの同じ努力が促進されねばならないから

19　人類に捧げられたこの著作を他に先立ってあえてあなた方に提示する第五の理由は、現代そのものにある。現代は何か驚くべきことが生み出され、より良いものが提示され、とりわけあなた方のもとで至る所で努力が吹き出ているのだ。この世の創造以来私たちのようなこのような時代はほとんどなかった。かの言葉がそれをはっきりと示している。「多くの者がやって来て、知識が増大するだろう（ダニエル12―4）」。なぜなら多くの人々が幸運にも天と地を巡り、日々多くの秘密を発掘し見つけているからだ。個々の事が見事に前進しているとすれば、普遍的なこともそのように試みられる時ではないのか。最近ヨーロッパの私たちの所で、あの微かな調和の光が、『言語の扉』の題で火花となって飛び散り、かくも急速にアジアに広がり、不信仰者の下でさえ偉大な望みを刺激し始めて、同じ文章が求められているほどだとすれば、それを、パウロがマケドニア人の夢を見て、来て助けてくれと解釈したのと同じように解釈することが許されるのではないだろうか。だからあなた方キリスト教徒よ、あなた方の下でも、モーセのように、神の民の導きとしてだけではなく、アロンのように、神の祭祀の祭司長としてだけではなく、あのベツァルエルとオホリアブになっていただきたい。神は彼らを神の霊で満たし、知恵と悟りと知識で満たしてどんな仕事でも何でも作り上げることができるようにしたのだ（出エジプト31―2）。まさにこの調和にみちた普遍的著作を、他の誰よりもまずあなた方が考察し、引き続き努力して、神の栄光の下に提示すべきなのだ（使徒16―9、10）。

6 総合的な改革の希望は、すでにキリスト教徒の間で抱かれ刺激されている

20 第六に、この世の終末が迫っているとすべての人が知っている（神の知恵はこの地上で私たちとともに劇を演じている）。どの派の神学者もすでに、7番目の天使の声の日が近いことを認識し始めている。「そのラッパが鳴り始めると、神がその下僕である預言者たちを通してお告げになった秘密が成就される（黙示録10－7）」。どんな秘密かは、黙示録の11章15節から明らかである。「第7の天使がラッパを吹き鳴らすと、天に大きな声がこう言うのが聞こえた。この世の国は、われらの主とキリストの国となった。主は世々限りなく支配されるであろう」。すべての預言者が預言した神の秘密はこうである。「キリストの国は、天の下のすべての国民に来るであろう」。それはキリスト自身も預言したし（マタイ24－6）、またキリスト以前の旧約の預言者すべて、特に、イザヤ、エゼキエル、ダニエル、ホセア、ゼパニア、ゼカリアが預言した。それらの預言書はみな、天の下の教会と聖者の国の勝利のうちに終わっている。また、聖書の雅歌やその他の歴史書にも同じようなことが見出される。この預言の光は、ますます輝き始めている。そこで、神の判決を調べた人は誰もがみな、すべての民による地上の光輝く改革が、最後の時に取っておかれると知っている。ローマ・カトリック教徒トマソ・カンパネラ[11]ですら、神の国と救世主の国について書いたと言われているのだ。そこで、ある者は神の神託の甘美な素晴らしい希望を抱き、預言と結果の調和から実現の時と程度を追い求めている（各人に与えられた恩寵と、あの預言の光の程度に従ってだ）。また、神が見せていることを、教会の公的な判断に委ねている（預言者の霊は預言者に服従するはずだから（コリント1－14－32）。そのような同じ普遍的再生の道を、人間の理性で調べ、そうしてその道が発見されて、神の教会の公的な判断に委ねる時が来ていると思えるのだ。

7　主要問題について分裂が優勢なところでは、まずそれを止めるべきだから

21　第七の最後の理由、事態の改善についてのこの相談を他の誰にもましてあなた方キリスト教徒にもちかけたのはなぜか。またすべての人がこれらを見、読み、判断するのにふさわしいとかくも厳粛にお願いするのはなぜか。それはあの不幸な分裂が、あなた方を地上の他の民にもまして惨めに切り裂いているからだ（あなた方が事態の改善に最大限努力しているとしてもそうなのだ）。おお、キリスト教徒、神に愛された民よ、あなた方の哲学、神学、政治学に関する争いは、無限で果てしなく、あなた方が自分たちの善を知らないことは明らかだ。ああ！　私たちは無数の意見に分裂しており、そこから生じている憎悪と混乱は度外れで限りない。不誠実者を目の当りにして、お互いに実に激しく怒り狂っているが、どうしてそうなっているのか誰も注目しない。私たちは感覚が麻痺してくると、事態がよく分からずにもうろうとなるものだ。有効な治療法は、これまでどの試みにおいても明らかにされていない。慣れ親しんだ道は解けない迷宮のようで、出口が見えないのだが、その道を捨てて、新しい土台から、一致協調の回復に努めるより他に、良い考えはないように思える。それはつまり神そのものを見習うことだ。神は私たちとの無意味な争いをたちまち除去して罪をすべて無にし、キリストにおいてすべてを見逃してくれた。神は私たちに何も要求しない。ただ、「新田を耕し、いばらの中に種をまかないように気をつけ（エレミア4―3）」「新しい創造物を作る（ガラテヤ6―15）」だけだ。おお、卓越した人々よ！　あなた方の多くの人の多くのすぐれた改善の努力は公的に知られている。しかしまたその大部分は、確証がなく持続せず成果がないということも同じく周知の事実なのだ。もしもその原因を知りたければ、どうかこれを読んでほしい。部分的な努力が共通の善を遅らせているということが分かることだろう。つまり、ある人は学校を改革し、ある人は教会を改革し、またある人は政治を改革するが、結びついているその他の

ことを同時に改革しない（もちろんまずそれぞれの改革は必要だが）ので、大きく前進しなかったり、あるいは以前より大きくずっと危険な新しい断絶が生じたりして、いつもまたすべて元の混沌に陥ってしまうのだ。だから、お願いだからもしよければ新しい協議に耳を傾けてほしい！　すべてを同時に企てるなら、もっとよく前進するかどうか、験してほしいのだ。不確かなことについて争うのでなく、確実で不動のことに従うことによって、ずっと容易に争いを終わらせることができるのではないかと験してほしい。何らかの希望はある。というのは、私たちはもう分裂に疲れている。他を馬鹿馬鹿しいまでに圧迫したり追いつめたりすることに疲れきっている。しかも他を征服したり打ち負かしたりもできない。そこで、よく考えることが残されている。分裂を分裂によって除去するのはおそらく神の意志ではなく、正しい道でもない。統一を統一によって固めること、それができること、やるべきことであり、それがすべてである。というのは、私たちの物事はみな互いに分裂しているが、アダムの中に、人類の両性の根幹の中に、統一の根をもっているからだ。なぜならすべての国民はあの最初の根から自然に出てくる枝であり、それと同じく神の言葉は新しい事実へ向けられている。「あなたがわたしのしもべとなって、ヤコブのもろもろの部族をおこし、イスラエルのうちの残った者を帰らせることは、いとも軽いことである。わたしはあなたを、国々の光となして、わたしの救いを地の果にまでいたらせよう（イザヤ49—6）」また同じく「ひとりの罪によってすべての人が有罪と定められたように、ひとりの正しい行為によって、すべての人が義とされて命を得るのである（ローマ5—18）」。このように私たちはアダムから罪と死を分けもっており、同じくキリストから義と命を共有できるようにと願い、できるかぎり配慮しないといけない。「キリストは父なる神によって地にあるもの天にあるものすべてを和解させた（コロサイ1—20）」。私たちキリスト教徒が和解しないならば、どうやって不信仰者を納得させるというのだろう。

この提案の最高目的

22　保証人である神にとって、これはゴルディオスの結び目[12]よりも解く価値がある事業である。おお、キリスト教界の指導者であるあなた方よ、結び目を解く技で、あるいは断ち切る互いの愛の剣で、この仕事を提示する。あなた方の不幸な不和を、三つの聖なる幸福な協調へと変えねばならない。神の慈悲によって、あなた方の間に普遍的な同意が得られたら、光と真理を、平和と平穏を、そしてそれによる他の世界の真の幸福を、強力な神において用意された道によって、共有するのだ。

これらは、努力すればそれだけ有効になる

23　これがどのような道なのかは、以下の著作で明らかにされよう。そこでは、人間に関わる事柄の普遍的改善のための私たちの願望、忠告、警告が提起される。ある人、ある国民、ある宗教、ある宗派にとって危険が恐るべきかどうかによって、物事が前進したりしなかったりするだろう。前進すれば世界に利益をもたらすが、前進しないとしても、私たちの願望は、神の栄光と人間の共通の救済のために神とこの光の前へと提示されたのである。少なくもそれは、これまではおそらく触れられなかった多くの問題がもっとよく評価される機会となりうるだろう。そこからキリスト教徒の聖なる熱意が高まり、多くの人の救済がたえず促進されることも可能となろう。

力はこれに十分であるか。力がないとしたら意志。それが人間の判断に服さない限りで

24　この願いのための力が十分でないとしたら、どうしようか。神は行いを意志に従って評価する。思慮ある判定者も同じだ。キケロは言う。「まことに第一位を求める人は、第二位または第三位に達しても名誉なり[13]」。（当面の問題では、最善にもっとも近いことが偉大なのだ。）それも弁解には十分でないとしたら、私たちの力やそこから生じる仕事を非難し軽蔑するのも許されよう。だが私たちの提案は人間の判断が下されるような類のものよりはるかに偉大で神聖なのだから、そんなことになってはいけない。すべての人の救済を熟慮するようにと、愛がせきたて、神が命じ、血縁共同体が切望している。自分自身の救済を隣人の救済よりも渇望してはいけないということを、主が実例を示して教えた。主は私たちをたいそう愛して、自身の身をすべて私たちのために捧げた。すべての善は神から私たちへと流れ込んでいるのである。そのように、私たちから神と隣人へと注ぎ返さないといけない。神のもっとも聖なる仕事に際して私たちの中に抵抗が起こらないようにしよう。神に従うことを止め、大都市ニネベに悔い改めの忠告をすることを拒んだヨナには悪いことが起こった（ヨナ3—4）。自分の仕事を民の改宗のために神に捧げたイザヤには良いことが起こった。

25　これらすべては、人間の判断と判決（善い案件の信頼において）に委ねられる

しかし判断（人間の判断も）を避けていると思われないために、あなた方アレオパゴスの方に再び出向いて、すべての思考と熟慮でもって、あなた方高貴な人々の判決に出廷しよう。「私に間違ったことがあれば教えてくれ、そうすれば私は黙ろう。知らないことがあれば教えてくれ（ヨブ6—24）」この案件全体において、私は信頼してあなた方の判決に委ねる。しかしまず検討し、次に判決してほしい。誰か一人が見解を下すのではなく、共同の審査と熟慮で行ってほしい。あなた方のうちの一人とかほんの少数や多くの人にではなく、すべての人が同時に出廷するようお願いする。何人かのではなくすべての人の評価を期待する。神とあなた方の前で私たちが実現しようとしていることの案件については十分信頼しているので、非常に厳しい判決が下されても私たちは何も恐れない。この私たちの信頼と、この私たちの舞台のあなた方に対して、不名誉なことが何も起こらないように努力しよう。つまり私たちは、事物の自然そのもの、事物の管理者である神自身、そして私たちの陪審員であるあなた方を、証人にできないようなこと（大きなことにおいて）は何も述べない。それらがあなた方の固有の感覚に、すべてが好ましく提出されるのだから、自分自身に正直であれば私たちへの同意を拒むことは誰もできないだろう。

26 この判決はアレオパゴスのものより神聖であることが要求される

知恵ある人々よ、あなた方はみな、私にとってはあのアテネ人よりも偉大なアレオパゴスとなろう。そこでは、重要案件を検討するために、一定の数の裁判官が一定の時間にアレスの神殿に集まるのが常だった。しかし私は、あなた方に無数の参加を求める。あなた方は、誰かのためではなく地上の救済のために、見せかけの神の祭壇の前ではなく、真で生きた神の面前で、イエス・キリストの前で判決するのだ。キリストは、戦争と死ではなく平和と生の管理者であり、あなた方に教えを与え、神に代わって人間の事柄を管理するように命じたのだ。だから私に下される判決は、キリストの判決となろう。あなた方がこの案件を注意深く慎重に敬虔に進めるならばである。お願いだから、あなた方に任されているこの仕事を緩慢に処理せず、あのアレオパゴスのようにしてほしい。「アレオパゴスの法廷はいつも開かれていた」とスカリゲル[14]が『時の改善について』第2巻で述べている。真理と潔白のために、隠れ家では行われなかった。だからこの案件を検討するあなた方の法廷も同意も、真で善いことすべてがあなた方の力で誰にも明らかになるまで、同じようにいつも開いているべきだ。判決する際のアレオパゴスの真剣さは、称賛に値した。主要案件についての彼らの宣告はまったく誠実だった。なぜなら明るい日中ではなく暗い夜に案件が審理され、判決を述べる人ではなく述べられた内容だけが考慮されたのである。彼らの判決が実にすぐれていると見なされる所以である。同じように行いたまえ。あなた方の判決が損なわれないように、人物を考慮せずに、いわば闇からやってくる言葉から、案件そのものを注意深く受け止めるようにするのだ。この目的のために、私たちはこれをいわば匿名で提起する。それは人物、身分、国、宗派をまったく考慮すべきではなく、問題そのものを裸のままに、あなた方みなの精神の目の前に置くためである。ここでは全くすべてが共通の救済のために進められること、死すべき定めの人間の先入観には何も委ねられないことを、あなた方は、見て感じることだろう。

この序文の目的

27 心ある人々よ、私はあなた方の感情を呼び覚まし、留まらせようと望んだ。案件を熱心に検討するように呼び覚まそうとした。すべてを検討して全体を正しく執行してからでないと見解を述べないように、留まらせようとした。著作全体を見通したなら全体について判断してもかまわないが、それは各人の光が増大し（増大すると私は請け負う）、またやる気が沸き立つに従って（将来そうなると期待する）、判決を述べてもよいということである。他の国民よりも賢明だったギリシャ人、ローマ人は、公共の案件を論じる弁士に対して寛大で、演説が長くても中断させたりせず、弁士が「以上終わり」と言わないうちは、答えたりしないのが慣わしだった。神と人類のために案件を論じている私たちに、同じように忍耐強く耳を傾けないということがあるだろうか。これが気に入らない人がいるとしたら、私たちは愚者ではなく賢者に話しているのだと証言する。「事をよく聞かないで答える者は、愚かであって混乱をもちこむ」と賢者のなかの賢者ソロモンは言う（箴言18―13）。賢明な人は、他の賢者の忠告「事を聞く前に言葉を返してはいけない。話の途中で判断を語ってはならない（シラ11―8）」に耳を傾けてほしい。

先入観を捨てる要求

28 私はこれを軽率に話しているのではない。私たちヨーロッパ人は哲学、政治学、宗教の憶測で限りなく分裂している。各派は真理が自分にあるとして他をないがしろにし、先入観に捕らわれることに慣れてしまったのを私は知っている。誰かが何かを勧めると（自分に関する審査あるいは他人に関する管理だけなのだが）、ただちに、まるで自由思想家だとか懐疑論者だとか陰謀家だとかと疑われてしまうのだ。邪悪な意図のまったくない純粋な私にそういうことが起こらないようにあらかじめ注意しておく。私は個人に関することは何も言わず、この私たちの著作全体について話そうとしている。人間社会全体について、それが陥っている暗闇、混乱、誤りの塊について語ろうとしている。だから、光、秩序、真理の何がしかを所有していると思っている人、あるいは実際に所有している人は（どこかで所有されていることは確かである。なぜなら、闇が光に、混乱が秩序に、誤りが真に、勝ることを神の永遠の善意はこれまで許さなかったし、また永遠に許さないであろうから）、心安らかに喜び、神を称え、他人が私たちの理性的な進歩によって同じように前進するのを羨むことはないだろう。またすべてを土台から頂点まで調べないうちにこの前進を疑うことはないであろう。正しい要求を拒むことは、不当に拒むのでないかぎりありえないことだ。

29　自らの善を混乱させずに提案し、真理を知らない人を穏やかに取り扱う

また、諸国民の教師パウロは、律法の下にいる人に対しては律法の下にいる人のようになり、律法のない人に対しては律法のない人のようになり、弱い人に対して弱い人になり、そうしてすべての人に対してすべてを行い、告白した。それはすべての利益を得るためである（コリント1―9―20その他）。このパウロを真似るのが恥ずかしいことがあろうか。このように見習う人にどうして疑いをかけることが許されよう。真理の偉大な教師アウグスティヌスは、賢明にもその模範を見習った。マニ教徒のファウストゥスとの会談の際に、両者のどちらも、すでに所有している真理を先取りせず、まだ疑わしいものであるかのように問い、そうして見出され承認された真理に従おうと誓約して、考えが近づくまでになったのである。そのようにして、真理のための友好的な競争が平穏に進んだ。アウグスティヌスはファウストゥスに議論を迫り（もちろん穏やかに、しかし力強く）、ファウストゥスは涙を流し真理に降伏したのである。これを見習おうではないか。ユダヤ教徒、イスラム教徒、異教徒、何かの異端（試煉の火が、彼らがほんとうにそうなのか彼らの考えがどうなのかを明らかにするだろう）に対し、同じような穏やかな気持と思慮深さで迎えようではないか。これを説得したり試みたりする人に対して敵対して非難するというのか。

誰が語っているかではなく、何が語られているかを考慮する

30 もしもこれがある一人のあいまいな考えに由来するとして斥ける人がいるなら、その人は神のやり方に無知である証拠だ。神はほとんどの場合ささやかな道具で成し遂げたのだ。聖なる歴史を読むなら、もっとも大きな事柄の機会に際してすら、もっとも単純な手段が適用されたことが分かるだろう。また、何かを忠告し教えるのに、もっとも賢明でしかももっとも単純な人を使ったのである。ミデヤンのエテロは、日々神自身と親しく話しているモーセに有益な忠告を与えることができた。また捕らわれの少女は、王侯である主人のナアマンにすばらしい忠告を勧めることができた。サマリアへ向かうあの皮膚病の乞食は、王の家族に良い知らせを告げることができた。パウロも、異邦人と思われたが賢明なアテネ人に重要なことを語ることができた。女中のロデは、気が変になっていると言われながらも、使徒ペテロが捕らわれから解放されたと告げることができた。これ以上思い出す必要があろうか。任意の手段で仕事を成就しようとする神を愚弄し、事柄ではなく人物を考慮するのは実に虚しいことである。

千年王国[16]の口実のもとに協議をやめてはいけない

31 しかしここに提案の虚しさ、黄金時代への夢想が表れている、と言う人もいるだろう。答えよう。世界の終末に教会のよりよい状態を、平和な光輝く聖なる時代が来ると期待する人もいれば、悲惨な時代が来てこれまで以上にますます悪くなるしかない（悲惨な世界を終わらせ、永遠の幸福をもたらす人が来るまでは）と恐れている人もいる、それは私も知っている。しかしこのような意見の相違は、事柄の改善についての協議を結びつけることを妨げるような、ましてや廃止するような争いには値しないと私は断言する。なぜなら、あれが正しいにせよこれが正しいにせよ、私たちは改善について考えないといけないのだ。もしも改善された時代が存続するなら、私たちはその根拠を探究し、神の善意に管理してもらうことを妨げない。あるいは主の到来が入口まで迫っているなら、主のために道を準備しよ

う。私たち忠実なキリスト教徒が互いに励まし奮い立つだけでなく、不信仰者の世界にも呼びかけて悔い改める道を示そう。ノアは大洪水の前に破滅を予告してそうした。ロトはソドムの人に対して、モーセとアロンはエジプト人に対して、預言者と使徒はエルサレムの住民に対して、そうした。彼らが私たちに耳を傾けなくても、それでも私たちの心はかの聖なる古人たちのように自由である。要するに、私たちはどちらを向こうとも、改善について考えるべきだと宣告されているのだ。神にあえて逆らう人に災いあれ！

32　以下の著作の根拠

次のことを思い出していただきたい。私たちは熟議について書いており、著作全体でただ相談しているだけなのである。つまり、提案し、そのように判断したら誤らないと思われるのはなぜかを示しているのだ。そこではどの人、どの国民、どの宗派にも、賛成するか反対するかの自由が完全に残されている。その同じやり方で、理性的に示されうる提案が反対されないなら、同意されて確実な真理の共通の結論を得ることだろう。もしも誰かが、反対する別のもっと確実な根拠がないわけではない、問題をより高次の明快さで証明できると言うのなら、私たちはそれに譲ろう。そして証明された真理のための共通の結論が再び得られるだろう。しかし、私たちによっても他の人々によっても、大きな矛盾がありえないとは証明できないなら、私たちはこれまで検討したことを留保し、（当面互いの寛容の下で）神が顕にし明かにしてくれるように嘆願するだろう。また、私たちは著作全体にわたって審議するのだから、独り言よりも話しかける形式が好ましいし、指示よりも忠告が、硬直した哲学的な文体よりも楽しい物語口調の方がよいだろう。そこで私は、一人ひとりが耳を傾けるようにすべての人に話しかける。あなた方学識ある人々に話しかける。あなた方はいわば人類の教師であり、協議をよく知っている人であり、治療法を探求する仲間だ。あなた方神学者は、移り行くはかないことに対する第一級の軽蔑者であり、死に定められた人々を不死へと導く指導者だ。あなた方国王、諸侯、行政官は、いわば人類の養育者であり、よき秩序にだれよりも配慮し再生させる番人だ。

思慮深く守るべき規則

33 （1）どの人も、人間的な誤りを非難されない

この熟議はいわば地上のすべての国民と共に企てられるのだから（著作の最後で、すべての国民にそれぞれの言葉で提示する問題が論じられるだろう）、また、様々な事柄について、特に神の事柄について、またお互いに疎遠でばらばらな意見について論じるのだから、慎重に進めるように提案し、誰も欠点を非難されず、どんな誤りもけなされず、直接間接にとがめられる人が誰もいないようにしよう。間違いたいと思う人は誰もいないし（どうして間違いたいと思うものか）、病気は荒療治よりも食餌療法で穏やかに治るものだし、闇は光がやってくれば戦わずに自発的に消え去る、そのようなことは誰でも知っている。むしろセムとヤフェトの例を見倣おう。彼らは父の恥を（私たちでは父と兄弟の）隠したのだが、ハムは恥を見たくてたまらず、他人に見せて笑った。一方は祝福され、他方は呪いの恐怖をえた（創世記9—21以下）。またパウロは、アテネ人の偶像崇拝と多神教を非難することからではなく、宗教的熱意を称賛することから説教を始めた。またペテロも、キリストを悪意をもって磔にしたユダヤ人を（実際そうだったにもかかわらず）叱らず、無知であのようなことをしたと弁護した（使徒3—17）。またパウロもそうした（同13—27）。キリスト自身も、諸国民に使者を送り、叱責せずに教えるよう命じた（マタイ28）。ところで教えるとは既知のことから未知のことへ導くことである。そして導くとは、暴力ではなく穏やかな、憎しみではなく愛らしい響きのある行為である。導こうとする相手にたいして、叩いたり突いたり踏んだり奪ったりはしない。手をとって穏やかに同伴する。開かれた道を先導し、ついてくるように誘うのだ。

（2）誤りを暴力的に攻撃してはならない

34 経験が教えているのだが、人々はいたずらに互いに反駁し合い、意見の誤りについていたずらに非難し争っている。だからこそ慎重に始めることが必要である。すべての人が和解を願い求めているのだから、争っている時ではないのだ。望ましいのは、真理を集めて結びつけることであり、そして逸脱を穏やかに真理の中心に引き戻すか、または少なくとも真理の共通の中心へ引き戻す道が開かれるまで逸脱を隠しておくことだろう。私たちはこう判断している。無知によって生じる誤りは（誤りはそれ以外では生じない）、開かれた真理の光によって静かに除去されねばならない、また、論争によって生じ増大し強固になった宗派は、慈愛の熱によって穏やかに溶かされて作り直されねばならない、と。それしかありえないからだ。闇は闇を追い出さない。憶測は憶測に、宗派は宗派に、憎悪は憎悪に譲らない。むしろ互いに濃くなり対立が強くなるだけだ。同じようなものは同じようなものである限り常に同じように作用し、対立は対立のままとなるのである。

（3）物事の真理は、どこでも深い根からゆっくりと始まることによって示されねばならない

35 人々は、戦うためではなく考察し比較するために招かれる。分散するより集める方が神意にかなっていると私は確信しているのだから、至る所の心の不一致を一致させねばならない。そのための手本となろうではないか。この私たちの著作で、あなたが全体を考察するにせよ個々の部分を考察するにせよ、不同意による分裂が起きないような所から、あるいは互いの疑念に逆戻りしないような所から始めるように努力しよう。そして常にゆっくりと段階的に進み、衝突するようなことは避けよう。それは、ユダヤ人、トルコ人、異教徒が（ましてや互いに意見が分かれている私たちキリスト教徒も）、衝突せずにこの仕事の検討に着手するために必要である。そして着手した人誰もが、光線によって照らされ、真理の境界によって囲まれたと感じ、恥を恐れてすぐに戻ってしまうようなことにならずに、むしろさらに大きい光を希望して前進せざるをえないようになってほしい。そうして最後には、他の人々と共通の真理と

調和に至ったと分かり、主に歓呼の声を挙げ始めるのだ。これこそ、光と真理の永遠の守護神である神の栄光において、獲得しようと提案していることである。私たちが獲得するかどうか、あなた方に判断してもらいたい。そしていつの日かついに、とうとう、ようやく、獲得できるように、助けたまえ！

総序文の訳注

1 アレオパゴスは古代アテネの最高評議会。「アレスの丘」の意味。ギリシャ神話に登場する神ゼウスの息子である軍神アレスにちなんで名づけられたこの丘で開催された。

2 ここでコメニウスは、これまでPansophiaと呼んでいたものをPantaxiaと呼ぶと宣言しているのだが、本文ではずっとPansophiaのままである。

3 「教育」と訳した原語はCultura。元々は大地を耕すという意味だが、人間の心を耕す意味にも転用される。パンパイデイアでは最も重要な概念であり、この翻訳では「教育」と訳す。

4 「開発」の原語はCultura。ここでは新しい言語を人々に教育するという意味ではなく、新しい言語を作り上げるという意味なので、「開発」と訳した。

5 マクロビウス Ambrosius Theodosius Macrobius は5世紀頃のローマの作家。主要著書はSaturnalia。ウェルギリウス Publius Vergilius Maro は紀元前1世紀のローマの詩人。『アエネーイス』『牧歌』など多数が翻訳されている。

6 原文はNIHIL DE NOBIS SINE NOBIS。私たちに関することは私たち全員で決めるべきだという意味。

7 クリュソストムス Ioannes Chrysostomus は4世紀頃の聖職者。コンスタンチノープル大司教。なお、ラフマニノフとチャイコフスキーが『聖ヨハネス・クリュソストムスの典礼』という曲を作っている。

8 クラテス Crates は紀元前4世紀頃のギリシャの哲学者。テバイは古代ギリシャの都市。

9 『ギリシャ・ラテン引用語辞典』(岩波・一九六三) によればウェルギリウスの言葉のようだが、そこではルティルス Rutilus ではなくテュリウス Tyrius となっている。

10 キケロ Marcus Tullius Cicero (BC106-BC43) は古代ローマの政治家、学者。ギリシャ哲学を採り入れラテン語を大成させた人物として、彼の名文はラテン語の教科書に多数採用された。コメニウスもキケロから頻繁に引用している。この文は『義務について』1―22―77より。

11 カンパネラ Tommaso Campanella (1568-1639) はイタリアの哲学者。主要著書『太陽の都』。

12 ゴルディオスの結び目。絶対ほどけないと言われた結び目、転じて解決不可能な難問のこと。アレクサンドロス大王が一刀両断に断ち切ったとされる。

13 キケロ『弁論家について』1―4。

14 スカリゲル Joseph Justus Scaliger (1540-1609) はフランスの学者。レイデン大学教授。暦の計算で有名。

15 アウグスティヌス Aurelius Augustinus (354-430) はキリスト教を体系化した中世最大の教父。アウグスティヌスは若い頃マニ教の熱烈な信者であり、やがてキリスト教に改宗した。その間の経過が、『告白』第5巻の5章から7章にかけて描かれている。ただしファウストゥスが涙を流したという描写はない。

16 『ヨハネの黙示録』20章に千年後に最後の審判が下されると描かれていることによる、終末論。

人間に関わる事柄の改善についての総合的熟議

第一部
パンエゲルシア

普遍的覚醒

ここでは、人間に関わる事柄とは何か、いかにそれが堕落しているか、その改善について天と地で常にどれほど熟慮されてきたか、そして新しい方法でさらに熟慮すべきことがどれだけ残っているか、ということが説明される。このような共通の事柄のための共同の協議の企てに対して、すべての人間が招待される。

第一章　覚醒するとはどういうことか

私たちが行おうと企てていることは何か。
ここで目覚めなければならないのはなぜか。
どうやって目覚めるのがふさわしいのか。

企てられた仕事の目標

一．私たちの意図は次の通りである。神の恩寵を得てすべての最高善を人類に示し、いかに私たちがこの限界を越え、空虚な無数のやり方で逸脱しているかを証明し、そして古代の簡素・平穏・幸福へと立ち戻るための平坦で好ましい真の道を指し示すことである。

これはどのような問題なのか

二．私たちが着手している仕事は、天の下でこれより偉大なことはないようなものだ。それは、現世と来世の生のための、すべての人間の、人間のすべての事柄の、すべての面での目的と使用に関わることである。

それを感覚を目覚めさせないままに企ててはならない

三．そのような事柄への着手は、感覚を目覚めさせないままだったり、人類の合意が得られなかったり、また神の恩寵の同意を嘆願しないようなことでは、許されまい。そこで私たちは何よりもまず目を覚ますことから始めよう。最初に自分たち自身を目覚めさせ、次に可能なかぎり他のすべての人をいっしょに目覚めさせよう。最後に神に目覚めていただいて慈悲と援助を願おう。

まず私たち自身が目覚めるべきなのはなぜか

四． この問題を他の人々に提示すべき私たちは、まず自分自身を目覚めさせねばならない。自分たちが眠っていたのでは他人を目覚めさせることはできないからだ。このような事柄について夢想を抱いたり、それを他人に語ったりしてはいけない。

他人についてはなぜか

五． それから他の人々を目覚めさせよう。私たちが神の慈悲を目覚めさせるのを手伝い、共通の救いのためにいっしょに寝ずの番をするような人々を、である。だが、それは誰のことか、どのようにすればいいのか。

人々を眠りからさます理由は通常三つある

六． 通常次のような時には人を目覚めさせるものだ。緊急の仕事があるのに人が時ならぬ眠りに襲われている場合。敵の危険が迫っていたり火災が発生したり嵐がやってきた場合。あるいは、あまりに眠りが深くて健康に有害な、例えば昏睡状態などのような命にかかわる眠りの場合。これらすべての理由がここでは妥当し、私たち人類をできるかぎりの方法で眠りから目覚めさせるよう迫っている。

当面の仕事にはそれと同じような理由が当てはまる

七． ところで神の一番高貴な被造物である人間は、きわめて高貴な目的のためにこの世に遣わされたのに、そのほとんどを忘れ、なぜここに遣わされたのかという目的以下のことしか行っていない。ほとんどの人はまったく盲目で鈍感で獣のようだ。この世にやって来たが、どこから来たのか知らない。この世で生きているが、なぜ生きているのか知らない。この世を去ることになるが、どこへ行くのか知らない。この世に存在している間、まじめなことに取り組まず、人生を気晴らしとみなしている。虚しいことを考え、虚しいことを行い、虚しいことを楽しみ、夢のような虚しい希望で膨らんでいる。いつも一つの虚しさからもう一つの虚しさへと落ち込み、ついには自らも虚しくなる。その間に敵であるサタンと死が取り囲み、次々に呑み込もうと狙っている。そのうち神の恐ろしい怒りの嵐が私たちを取り囲む。そうしてこの世を焼く大火災が近づいている。この世で酔ったまま埋もれ、永遠に破滅し、このままでは救われない。だから救われるために、目覚めることのできる人は目覚めないといけないのだ。

目覚ましはどのように行われるのか

八．だがどうやって目覚めさせるのか。通常は次のように行う。浅い眠りの人には呼びかけたり触れたりする。深い眠りの人には叫んだりつねったり揺り動かしたりする。昏睡のような非常に深い眠りの人には、乱暴に叩いたり突いたり焼いたりする。これらを全部まねしよう。まずこの著作の第一部では、私たち自身と他の人々に対して、話しかけ、呼びかけよう。つまり言葉による目覚ましである。続く五つの巻では、すべてをはっきりと証明して、感覚を揺り動かすのだ。そして著作の最終部で、私たちは愛の炎で燃えあがることだろう。

第二章　自分自身の覚醒

最初の、自分自身の覚醒。
神がこの意図の純粋さの証人であり、
この大冒険の援助者であるようにという祈願。

一．わが精神よ目覚めよ、わが心よ奮い立て、わが感覚よ眠りを追い払え！　このような事柄に対してあくびなどするな、夜の思考が昼間の思考にもぐり込まないように、夢が現実に入り込まないようにするのだ。

二．虫けらにすぎないおまえは何をしているのだ？　どこに這っていく？　地上の救済について配慮するのがおまえの企てではないのか？　どこに走っていくのだ、死すべき者よ、力をふりしぼってがんばっているのか？　どうして何の役に立ちそうもない苦痛で自らを苦しめているのだ？　軽率だと非難されて嘲笑やあざ笑いの的になっているのではないか。

三．永遠なる神よ、これまで行われたことはどれもあなたに隠しておくことはできません。あなたを証人として呼び出します。私の心は長いあいだ様々に動揺して苦しんできました。あなたはその証人です。この事柄での私の秘められた衝動やあちこちで明らかにしてきた提案やたえず増大する光によってこれまで徐々に何かが心に染み込んできたと感じてきましたし、今も感じています。それを実現したいのです。それを自分の中に抑えておくべきでしょうか、それとも解き放つべきでしょうか。話した方がいいのでしょうか、黙っていた方がいいのでしょうか。私の中のあなたの力は非常に力強く、私が欲しないことでも捕まえて引っ張って駆り立てるのです。

四．死すべき定めの人間たちに私が警告していることは、夢ではなく正真正銘の現実だということを、神の中の神であるあなたが証言してくださいますように！　あなたは、私たちに願望を抱かせ、その実現の可能性の道があると示してくださったのですから、それは実現させて下さることでしょう。

五．おお主よ、すべての創造主よ、憐れみのお方。あなたなしでは悲惨だと分かって慈悲の泉であるあなたのもとへ避難しようとする人々を、あなたは憐れんでおいでです。あなたはご存知です。私が日々いつまでも嘆き、天に叫んで疲れきってあなたに避難所を求めていることを。世界が自らに反して狂気に満ち、狂暴に荒れ狂っており、それが私を悩ませていることを。しかし同時に、あなたのしもべである私の魂は、あなたがすでに植え付けた慰めに満たされてもいるのです。

六．私の魂は闇に満たされて人間の混乱の深淵を見つめています。しかし光に満たされてもいるのです。その光は上方から私に射し込み、あなたの視野にある永遠の、好ましい光の領域を示しています。あなたに永遠に称賛と祝福がありますように、アーメン。

七．そして主よ、私に関する限りはそれで十分です。私をあなたのもとに運んでくださりさえすれば、天の下に何も求めることはありません。

八．けれども、いまだにあなたの光に関与していない人々のことが気がかりです。ああ、彼らのために役に立ちたいと、命にかけてどれほど欲していることか！

九、というのは私の悲しみは大きく、私の心の苦しみは絶えることがないのです。あなたの被造物が、創造主であるあなたから恐ろしく逸脱しているからです。

十、あなたから滅び逝く者の破滅が、恐怖と苦痛で私の内臓を締めつけています。そして炎のように、私の骨の髄を取り巻いて食い尽くしているのです。

十一、ああ、私の民のため、人類のために、この事態が転換して慈悲の恩寵に到達できさえすれば、私は神が書き記された命の書からモーセと共に消し去られてもかまわないのです！（出エジプト32—32）

十二、同じ血から生まれ、地上の至る所で暮らしている兄弟たちのためなら、パウロと共にキリストから見放されてもよいと思っているのです！（ローマ9—3）

十三、おお、主よ、あなたは完全で唯一の犠牲で私たち全人類を救おうとお望みになったので、どちらの側から差し出された犠牲も受け取らなかったということを私は知っています。けれどもあなたのしもべたちの燃え上がる愛の熱意がお気に召さなかったわけでもないのです。

十四、たしかにあなたは、滅亡が定められていた民を、モーセに慈悲深く委ねました。またパウロを、その時に全イスラエルへ救いの時が再び来るだろうという恩寵の希望によって鼓舞しました。

十五、それですから今あなたは、多くの諸国民の入場とイスラエルの救済のためにあなたに慎んで嘆願しているあなたのしもべである私たちに（私たちの多くはあなたのパウロなのです）、どんな答えをくださるのでしょうか。

十六、あなたは面会を願う者を面前から追い払うのですか。慈悲深いあなたはそんなことはなさらないはずです。

十七、あなたは、あなたのパウロを慰めて、恩寵の時が来る、すべての国民と全イスラエルに非常に明るい輝きが現われる時が来る、とおっしゃいました。私たちにもふさわしい慰めを、長らく待望していた時が来たという慰めを与えて下さい。

十八．あなたはモーセとパウロの両者が、隣人を、かれらが拷問者であったにもかかわらず愛したことをお喜びになりました。おお、人々の救済という私たちの願望を喜んでください。彼らはあなたの名において私たちを憎み、迫害し、打ち倒しているのですが、自分たちが何をしているか分からずにやっているのです。私たちはあなたの御子と共に叫びます。「父よ、彼らをお許しください！　彼らは何をしているか分からないのですから（ルカ23—34）」

十九．ああ、主よ、何と恐ろしいことが行われているのでしょうか。この地上の至るところで、あなたが自身の似姿になれと命じ、あなたと共に永遠に暮らす準備をせよと命じた者によって、恐ろしいことが行われているのです。

二十．あなたの目がこれを見て、目をそむけています。あなたの天使がそれを見て悲しんでいます。そしてあなたの敵である悪魔どもがそれを見て、すべてが滅亡へ向かっていると小躍りしています。そしてあなたはこれに耐えているのでしょうか。

二十一．あなたが目を開けさせた敬虔な人々も、この嫌悪すべき事態を見ているのですが、ただ見るだけで、嘆息し、恐れ、滅亡している人々に対してその滅亡をどのように見つめ、恐れたらよいのかを適切に忠告しないのです。誰もが動揺し、すべてがどうあるべきか、誰もまったく耳を傾けないからです。

二十二．たとえこの人あの人が耳を傾けたとしても、注目していないし、自己の破滅を考慮せず、目眩がしてぐるぐる回っているだけなのです。

二十三．あなたは人間の子に大地を授けたのに、私たちの紛糾を案じようともせずにご自分は天の中に閉じこもってしまったのでしょうか。あなたの威厳あるお声で私たちを恐れさせ、死すべき定めの哀れな人間を誤りから呼び戻さないのでしょうか。

二十四. どうしてあなたは、地上を明るく照らす輝きを持った天使の誰かを遣わさないのでしょう。かくも忌むべきぶ厚い闇に被われた者を、闇の力から解放してくださらないのでしょうか。（黙示録10―1、18―1）

二十五. どうしてあなたは、生きている者に対して死者の誰かを遣わして、そのように死へと突進しないようにと証言させないのでしょうか。そのようなことがかつて拒否されたことは承知しています。あなたはソドムを遣わしたのに役に立たなかったのです。エジプト、倒壊したバビロン、ニネベ、エルサレム、あの大洪水で滅亡した世界等々、それらは何の役にも立ちませんでした。なぜならお笑い草と解されて人々は悔い改めなかったからです。（ルカ16―27）

二十六. 死すべき命をいまだ生きているすべての人が、モーセと愛すべき預言者に耳を傾けねばなりません。でも誰が聞くのでしょう？　誰が尊重するのでしょう？　いったい誰が分かっているのでしょう？（ルカ16―29）

二十七. 主よ、憐れみたまえ、前に開けている道を示してください、無関心のままでいる死すべき人間を昏睡状態から目覚めさせる道を。

二十八. 天と地を、海と陸を新たに揺り動かしてください！　それは諸国民がやって来てあなたの家が栄光で満たされるようにするためです。燃えさかる火が天と地を根絶させてしまうあの狂気の日が来ないうちに。（ハガイ2―7他）

二十九. あなたはそうなさるでしょう。約束なさったのですから。でも、いつ、どうやってなのでしょうか。誰があなたの忠告を知るのでしょう。地上にいる者の道を正すために、あなたが高みから知恵を与えあなたの霊を施し、そうしてかれらがあなたのお喜びになることを教えられ、知恵によって救われないのならば。（知恵9―17、18、19）

三十. 主よ、私たちの主よ、私にはあなたが示した高くそびえる塔が見えているのでしょうか。そこからは、深淵をさ迷い、嵐に投げ出された何千人もの人々に、また沈みいく難破船の哀れな人々に、ことのほか安全な港の非難所を、非常に高いファロスの灯台からのように、指し示すことができるのではないでしょうか。私がその塔に登るのでしょうか。私が暗闇の中で松明を灯すのでしょうか。私がラッパの音を高らかに響かせるのでしょうか。目の見えない人が、できることならば見つめるように、耳の聞こえない人が、できることならば聞くようにと、私がやるべきなのでしょうか。

三十一．慈悲深いお方、あなたのしもべである私に、どうかお答えください。かつてあなたのしもべである預言者に対して発したあなたのお声は、今でも私たちに響いているのでしょうか。「あなたの声をラッパのようにあげよ！高い山に登り、力をふるって声をあげよ！（イザヤ58－1、40－9）」

三十二．私にはあなたの命ずる声が聞こえています、主よ！　それはたしかにあなたのお言葉です。そしてあなたご自身が永遠であるように、あなたの言葉も永遠です。永遠から時の流れを見つめているあなたは、いつも同じことを同じようにお話しになっています。

三十三．主よ、私は勇気を出して従いましょう。私とか誰か別の人にではなく、唯一あなたに従います。あなたのなさることを信頼しているのですから。私はモーセと共にこう言います、「あなたがいっしょに行くなら私も行こう」。また使徒と共にこう言います、「あなたが共に働くなら私は働こう」。（出エジプト34－9、コリント1－15－10、知恵9－14）

三十四．いずれにしても私はほんの塵にすぎません。世界は私を吹き飛ばしてしまうでしょう。私の思考は、他の死すべき人々と同じく臆病で、詭弁で粉砕されてしまうでしょう。私の熱意、私の溜息、私の涙は、邪悪な者たちに笑い飛ばされてしまうことでしょう。

三十五．エホバよ、神よ、私の太陽、盾になってください！　恩寵と栄光を与えてください！　誠実に歩む者から良いことを拒まないでください。（詩編84－12、13）

三十六．全能の主よ、あなたの力を、あなたの無力な道具を通して行使してください。あなたのしもべに見るようにと与えたものを、多くの人、いやすべての人に示すことができるように与えてください。あなたが地上に送ることを決めたあの火が、幸せに灯されますように！（ルカ12―49）

三十七. その火は、あなたの正しい判断に従って私たちを滅ぼしたような、これまでのような狂気の火ではなく、私たちを照らしてあなたの下へと戻す恩寵の火のはずです。

三十八. 私たちはあなたから逸脱したのですが、あなたへ戻る道について熟慮し始めているのです。私たちの協議が、最高に聖なる目標から逸脱するままにしておくというのでしょうか。あなたの名を崇めるために、逸脱を防いでください。私たちの協議を正しく導いてください。「主の企てはとこしえに立つ（詩編33―11）」。

アーメン、アーメン、アーメン。

第三章　ここで何が企てられているのか

人間に関わる事柄の改善についての熟議に私たちすべてが招待されるのはなぜか。ここへすべての人が招集されるのは可能かどうか。そして、熟議のこの道はいかに容易で好ましいものとなるか。

一、人間の本質を共有し、その損失に苦しんでいる仲間であるあなた方に向かって言おう。お願いだから、これまで至る所でどんどん悪化している世界の状態を、いっしょに顧みていっしょに恐れようではないか。私たちは、たえず逆戻りを続けている恐ろしい崩壊のために共に憔悴しきっている。それなら、何らかの方法で可能であるとすれば、力を尽くして相談しようではないか。

自分についてまた自分の事柄について、相談をもちかけたり相談を聞いたりするのを、人間はもともと喜ぶものだ

二、ことを起こすにあたって、皆に関係することは誰にとっても重要だという主張は正当である。自分や自分の事柄について話したり、他人が話すのを聞いたりするのが愉快ではないというほどに自分を嫌っている人がいるだろうか。絶対にそんなことはない。というのはすべての被造物は、自分と自分の事柄を愛し、自分のことをもっと良くしようと努めるように生まれついているからだ。

だからすべての人がここに来てほしい。それが求められている

三．これを読み始めた誰もが、自分を目覚めさせてほしい。ここではあなたのことについても確かに検討されるのだから、耳を、精神を、舌を向けてほしい。あなたが自分のことについて喜んで発言するのと同じく、あなたについての他人の考えを進んで受け入れてほしい。そうしてそれ以外のことについても、共同で協議を始めてほしい。

（1）共同の社会

四．人間社会を作っている私たちは、誰もが社会の規則を守っている。社会全体が自分一人のために良くなることを求める人は誰もいない。身体全体よりも部分を健康にしようとするのは気が変になっているとしか言い様がない。

（2）共通の危険

五．私たちがまず示そうとしている共通の善とは、共通の喜びのことである。やがて検討することになる共通の危険は、共通の気がかりであるはずだ。そして共通の気がかりは共同の協議への刺激となる。

（3）幸福に取り組むべき課題の共通の希望

六．もしもすべての人が、私たちの事柄がどこでどのようにつながっているのかをはっきりと見て取り、かくも不幸で厄介なことから解放されるために、神に呼びかけ、力の限りいっしょに手を取り合うならば、やがてすべての人にとってより良いことが起こりうることだろう。

（4）自然の本質の共通の尊厳

七．共通の救いについてのこの熟議に自分は関わる価値がないと信じるほどに自分を卑しめ軽蔑するような人は誰もいないだろう。他人の相談を聞いたり、自分の相談をもちかけたりすることは価値がないと傲慢に軽蔑する人もいないだろう。

（5）すべての人を共通に憐れむ神

八．私たち皆を憐れむお方である神はすべての人に共通であり、悲惨への関与とそこから生ずる心配や不安も共通である。それと同じく共通の悲惨への憐れみも共通のはずだ。それを除去する熱意も、もしなにがしかがあるとすれば共通であろう。

世界を共同の協議へ招集することは可能か

九．私たちを抑圧しているものはかくの如きであり、なんらかの出口を見つけるよう迫っている。そのためには、世界がこの協議に正当に招集されねばならないし、また神も天から、すべての人といっしょに嘆き悲しんで助けるように、招待されねばならない。

（1）文書の仲介によって

十．そのような招集はかつては不可能と思われていたが、今は違う。なぜなら、私たちが直接面と向かって集まる（そんなことは必要ない）ことはできないかもしれないが、文書を仲介して魂で集まることはできるのだ。それはちょうど太陽が、一方から他方へと地球を毎日通過して、利益を得る機会をすべての人に等しく与えているのと同じだ。

（2）小さな集会によって

十一．それだから、死に定められた者たちよ、私たちのこの機会を活用しようではないか。面と向かって集まれなくても、交流して説明し合うようにしよう。例えばペンが舌の代わりを果たす。そして、面と向かって論じることもまったく妨げられてはいない。自分たちの問題を小さな集会で言葉で論じ、神に呼びかけ、着手することは妨げられていないのだ。

（3）全世界の会議によって

十二． 最後におそらく神が、地上の指導者たちが世界全体会議に集まって、これまでの問題についてあらかじめ共同で検討するようにさせることだろう。

（今や文書で協議を始める時）

十三． さあ、始めよう。この問題について民衆の誰もが（あるいは全民衆の誰かが）この問題を自分ではっきりと理解し、理性的に判断できるように、民衆的に論じよう。

十四． 熟議の規則に賢明に従おう。何を、何によって、どのようにして行なう必要があるかをはっきりと提示し、全部と個々について、すべての人と個々人の自由な判断の余地を残そう。そのようにすれば、熟議はまったく完全で有益となろう。

良き忠告者の役割

十五． もしも何かを尋ねる友人にあなたが忠告してあげる場合、こうするのではないだろうか。第一に、何を目標として想定するのか、そしてなぜその目標を目指さねばならないか。次に、どのような手段によれば、その目標に確実に到達できるのか、その手段を他の手段よりも優れていると選んだのはなぜか。最後に、その与えられた手段を、定められた目的から外れることがありえないように賢明にどのように活用すべきか、そして他の方法よりもその方法で行わねばならないのはなぜか。この三つを正しく説明すれば、良き忠告者のすべての役割を満たし、友人にとって非常に価値ある忠告となるだろう。そして友人にはすべてが明らかになり、残っているのは、自分の願望に応じて自ら問題に取りかかることだけだろう。

この熟議の一定不変の順序

十六． 私たちの熟議の際には神と共にこれと同じことをすっかり模倣しよう。提示の順序は、まず第一に、何を願望すべきと見なすのか、それはなぜか。次に、どのような道によってこの願望の実現が期待できるのか、別の道ではいけないのか。最後に、与えられた手段をどのように活用すればいいのか、そしてそれはなぜか。

改善についての審議事項の概略が、前もって述べられるのはなぜか

十七．なるほどたしかに、未知のあるいはほとんど未知の事柄について判断できる人は誰もいないし、もしそれを前もって推測すれば軽率であり、自分も他人も問題自体も危険に巻き込んでしまう。だから何よりもまず、私たちが論じるであろう問題を、理解しない人が誰もいないように十分明確にするように努めよう。未知の問題を話すのは、耳が聞こえない者に物語を話してやるのと同じことなのだから。

ここで読者は何に注目すべきか

十八．あなたが誰であろうと、この熟議の際にまず忘れてはいけないことが一つある。意味を正しくつかむということだ。次に、以下の三つが考慮されねばならない。

（1）共通の救済にふさわしく願望が正しく定められているかどうか。
（2）願望を確実に達成できる真の手段が示されているかどうか。
（3）そしてその手段の活用が勧められて、正しく適用される希望があるかどうか、あるいはそうは思えないかどうか。

この問題でどのようにして合意を探るべきか

十九．これらすべてが正しく検討され、正しく勧められていると誰もが認識すれば、すべての人がこの問題で同意するだろう。（1）そして私たちはついにいつの日か、この重大問題において幸福に一致することだろう。（2）しかし神がもっと良いことをあちこちで別な人に示すなら、譲歩して協議を改善しよう。その時あらためて幸福になるだろう。（3）けれども私たちは、すべての人が願望しうるものと違う目標が提示されることのないように、できるかぎり注意深く行うだろう。つまり共通の自然の衝動そのものが、この目標に向かえと教えるはずの目標を提示するのだ。また、目的への手段は実行可能である。というのは、その手段は私たちの手のうちにあり、それは誰もが証人として分かっており、神意に従う実行能力によってもそれは確実であるからだ。（4）さらにその手段を活用すべき方法を示そう。それは、真で容易な理性の光あるいは共通観念の光が、誰にも語りかけるような方法だ。私たちはいつでもすべてをそのように説明し、いつでもただこのように提案することによって同意するのだが、結論づけたりはしない。結論が得られるのは、すべての人にとって等しく思えることや、この方法でいつかは普遍的な合意に到達する、あるいは他の道がほとんど残っていないことが明らかな、そういう時だけだ。

招待

二十．そこで、私たちのこの声が届くすべての人々が、出席してほしい。かくも共通の願望の、かくも確実な利用の、そしてかくも好ましい容易な事柄に対して（そのようなことがここで約束されたのをあなた方は聞いているし、やがて自ら明らかになるだろう）、精神の注意を向け、そしてこのような事柄にふさわしい熱意と信頼を携えて出席してほしい。

第四章　人間に関わる事柄とは何か

人間に関わる事柄とは何か。
それはすなわち学問、宗教、政治である。

まず問題の意味を論ずべきなのはなぜか

一．何よりもまず、人間に関わる事柄と私たちが称するのは何かを調べねばならない。それは、ある人はある事を別の人は別の事を理解して、入口で分裂する、つまり理解しないまま始まることのないようにするためである。

人間に関わる事柄の名のもとに多くのことがある

二．世界中で私たちを取り囲んでいるもの、そして私たちに関係し私たちが関係するものは、もちろん多数、いやいわば無数にある。だが、それらのうちのある物は、物体の影のようにただ私たちの付録にすぎず、またある物は助けになるよりも障害物である。そのようなことは私たちを救済から遠ざけると賢者たちは知っているのだが、私たちは不注意で、まるでそれが自分の一部であるかのようにみなしたり、楽しいと思って欺かれてしまうのだ。

固有に自然の崇高さとみなされるもの

三．そこで私たちは、人間の自然本性の崇高さに関係するものだけ、いや関係するすべてが、固有に人間に関わる事柄と呼ぶべきだと考える。なぜなら、獣と共有しているその他のものは、それが獣と共通であるがゆえに私たちに固有のものではない。それが良いものだとしても、より低次の良いものであり、私たちの崇高さの下に置かれるものだ。つまり獣と区別されるもの、いや獣よりも上にあるものが、神の崇高さに高めてくれるのである。

それぞれの事物の目的は、他のものとの最終的相違から識別される

四．ある事物についての最終的で最も根本的判断は、他と異なる特徴から下されるのであり、他と一致している特徴から下されるのではない。鉄製の時計を例にとろう。その姿を観察せずそこから目的と使用を調べない人は、鉄製のものを調べるだろう。斧、小刀、鍵などは鉄製だ。輪で成り立っているもの、水車、車、その他の輪で成り立っているものを単純に調べようとはしない。だが時計の場合、円環状の歯車が秩序づけられて、一つの運動が他に伝わりその運動によって長針と短針の間隔で時が示される。そこからようやく、時計は時をはかる道具であると結論され、それに属することが本質的だと容易に把握されるのだ。

人間についてもそうである

五．人間を他の被造物と比較して、その目的と目的への手段とを把握しようとする人は、同じようにする。まず人間が金属や石、植物や動物と似ているところを調べる（誕生し、大きくなり、育ち、運動し、感じる）のではなく、それらすべてから際立っているところを考察するだろう。そのようにして、人間の特典をはっきりと見ることができよう。

獣より優位なのは、身体や身体的事柄にあるのではない

六．獣に対する私たちの特典は、身体の美しさとか美味しい食料とか享楽にあるのではなく、魂の優位性にある。たしかに、身体の洗練さ、敏捷さ、強さ、生命力、胃袋や感覚の楽しみについては、人間よりずっと優っている動物もいる。だが人間は、身体が奇形だったり、鈍重だったり、虚弱だったり病気だったり死にそうだったりしても、また身体上の利点や楽しみが欠けていても、人間であることを止めない。

優位性は魂にある

七．他の可視的な被造物と違って、人間の魂には生きた神の生きた似姿が内在している。それは、事物の認識すなわち理性、事物の自由裁量すなわち意志、事物への影響力の行使すなわちつまり何にでも広がっていく実行能力、これら三つから成り立っている。存在するものは何でも人間の知性に任されている。善であるものは何でも知性の選択に従属している。可能であるものは何でも実行能力に割り当てられている。

その証拠

（1）知性、真理のたえざる探究者

八．それがそうだということを自分で体験しない人がいるだろうか。他人について観察しない人がいるだろうか。理性の力が及ぶかぎり、すべての人間は、たしかに本来的に知ることを願望している。しかもできるだけ多くを、できることならすべてを知りたいと願望している。そして欺かれずにほんとうに知りたいと願望している。どの人間も知性の錯覚にできるだけ用心している。知らずに、意に反してでなければ間違うことはないのだ。そしてもし間違っていると疑いをかけられたり、他人から誤りを責められたりしたら、不快に感じる。人間の魂は、無知と誤りは自分の自然の崇高さに相応しくないと自覚しているのだ。このように私たちの知性は、自然の衝動によって事物の観念と真理を得ようと努めているのである。

（2）意志、善のたえざる狩人

九．意志は何のために私たちに与えられたのだろうか。意志は何を求めるのか。善である。すべての人間が善くありたいと願い、悪と苦痛と不安に恐れおののき、できるかぎり逃れる。それとは逆に、善いことは何でも、また何かしら穏やかに働きかけるものは、自分のものであることを願い、自分から遠ざけられることには不承不承である。たしかに、ほんとうの善を求め、見せかけの欺きの不正を弁明する。そして際限なしに善くあることを願い、何か無限を渇望して死と破滅を恐れる。このように、様々な善、ほんとうの善、いつまでも続く善、それが人間の意志の固有の対象なのだ。

（3）実行能力、たえざる追求者

十．最後に、事物への力の行使とその追求の快楽がいかに私たちに内在しているかは、偉大な驚くべきたえざる人間の作品が証明している。たしかに、私たちは技術にたけた発明品で世界を満たした。私たちは創造主と競争する虫けらだ。そして今も際限なしに、とりわけ活力ある自然において、まるで新しい世界をいつでも考案し続けている。人間の勤勉心は、不活発はふさわしくないと信じている。そしてたえずあるものから別のものを作り上げ、無限の喜びの誘惑に捕らわれて、終わりを見いださない。このように、現存する事物を統制し、新しいものをほしいままに作ったり作り直したりする。つまり人間の自然本性は事物を力強く支配することを、貪欲に追い求めているのである。

だから人間を構成しているのは三つ、知性、意志、事物を動かす能力

十一．まずここで私たち皆が以下の点で合意すべきだと思う。人間の崇高さの根源は、人間の魂に固有のあの三つである。事物を探究する知性、事物の善を追い求める意志、そして実行能力によって武装され規制されている作業における動因である。そこで、その根からどのような枝が生じ、果実が生み出されるのかを観察することにしよう。

それら三つから、哲学、宗教、政治が生じる

十二．真理への熱望から哲学が生じる。それは知恵への熱意である。善への願望から宗教が生まれる。それは最高善の崇拝と享受である。事物を自由裁量で強力に配置しようとする欲求、最大の努力から、政治が生じる。それは、たえず様々なことを考え出す人間を、自らの課題を妨げずに助け合うような秩序へと戻すことである。

これら三つが、人間の全人生の本業である

十三. 哲学、宗教、政治、これら三つが人間の三つの最高の本業である。その他すべてはたんなる副業にすぎない。このことを何ら疑問の余地がないように十分に示しうると私は希望している。

(1) なぜならこれら三つから、神の似姿が成り立っているから

十四. 第一に、人間は可視的被造物の第一の存在であり、それは人間が神の似姿に従って創造されたからだということは確定している。人間は神に似ており、神の卓越さの一種の生きた模像である。神には称賛すべき卓越性が三つあることを知らない人がいるだろうか。力、それによって神はすべてを作り保持する。知恵、それによってすべてを知り、見、予見し、操る。善意、それによって神ご自身が神聖であり、自らのすべての御業に正義と憐れみを施す。だからこれらの卓越さの生きた特徴が、神の生きた似姿に刻み込まれたのは必然である。もしそうであるなら、それらが今も存在していることも必然である。つまり神がすべてを見、知り、理解する、それと同じように、神の似姿である人間も、自己の知性の鏡に事物の像を置いて、それがどこから来て、すべてがどこへどうやってどのくらい向かうのかを見通す。そして神が善で聖であり、あらゆる不正から純潔であるように、その似姿である人間も、神の善意の競争者として存在し、どこでも自分を純潔に保つ。それは、可視的被造物の中で目に見えて表れている神の美徳を告げるためである。また神が自らの力で欲するままにすべてを治めているように、同じく人間も、下にあるものを有効に支配することを知っているはずである。そうでなければ神の似姿と呼ばれるに値しない。

(2) 人間たらしめているすべては、この三つに帰着する

十五. 人間が交際している、あるいはその可能性があるもののすべてを考察してみると、この同じ三つが見いだされ

ることであろう。そのすべてとは何か。人間の下にあるもの、周囲にあるもの、上にあるもののことだ。下には可視的被造物がいる。たしかに人間はそれらよりも崇高に作られている。周囲には人間が、同じ尊厳の仲間がいる。上にはすべての創造主である神がいる。人間は下位の被造物とどのように交際しているのだろうか。人間に奉仕させるための統治と活用だ。そうするためには、全部と個々がなぜ存在しているのかという目的と、何によってそうなっているのかという理由と、統治して従順に従わせる方法とを、理解しなければ実現できない。そこで知恵が、知恵を追究する哲学が必要なのだ。同じ仲間である人間同士の交際はどうなっているのか。社会の交際だ。それは人間同士が、お互いに相談し、援助し、慰め合って、すべての人間と理性的に、穏やかに、正しく付き合うことを知ることである。ここで政治が必要になってくる。上にいる創造主の神と、人間は（つまり被造物である）どのように交際できるのか。心の底からの服従、崇拝、信頼を抱いてだ。それは、この世と永遠の世で、神とたえず結びつき、神の善意を喜んで享受できるようにするためである。そのために宗教が必要である。

（3）これらは楽園では人間にしっかりと示されていた

十六．これらの三つは、人間の最初の誕生からしっかりと人間に委ねられていたとみなせるかどうか。私たちの父であるアダムは、被造物を観察し、個々に名前をつけ、支配するよう命じられた。これが哲学の始まりであった。やがて彼に援助者、エバが与えられ、地が満ちるまで増殖させるよう命じられた。そこに人間社会の基礎がある。最後に、神に従属していることを知るために、ある果実を遠ざけるよう命じられた。それが宗教の基礎である。

（4）そしてこれまですべての国民に認められる

十七．そしてこれまで地上には知恵、政治、宗教への何らかの熱意を見いだせないような国民、都市、家庭も、また時代もなかったということは確実だと思われる。たしかにその熱意は弱々しくしかも非常に混乱していたものの、しかし無ではなかったのである。そこから何を考えればよいのだろうか。人間が生れたのは何のためで、自らの優秀さはどこにあり、また何のために従事すべきなのかを、自らの魂で感じ取ることだけではないのか。

(5) しかも各々の人間の魂の中にも

十八. もしも各人が魂をのぞくことができるなら（これは誰にでもできることなのだが）、神性のこの三つの特徴、すなわち、知りたい、支配したい、永遠の至福を享受したいということが、人間の自然本性に消しがたく刻まれていることが明らかになるだろう。知るよりもむしろ知らない方を望み、命じるよりもむしろ喜んで仕える方を望み、何らかの宗教を崇めるよりもむしろ何の宗教も崇めないでいたい、すなわち神の好意と永続する至福を享受するよりもむしろない方がよいと思う人は、人間の怪物、でくのぼうであり、非人間に違いない。そのような怪物が時には見いだされるとしても、その人はすぐに罰を受けて、いわば流産し堕落していると他人からあるいは自分自身からまでも憎まれるのである。

(6) それらが欠けている人にすら

十九. たまたま誕生や養育の欠陥によって何も学ばなかった人、奴隷や召使にさせられた人、ほんとうに何の長所も備えていない人がいると、彼らはそれを恥じるのだが、それはむしろ人間の自然に分かちがたく合致しているものは何かの証拠でもある。無知であること、奴隷であること、欠点で汚れていること、神や人間の下で悪く言われていること、そのようなことに人間の自然本性は赤面する。できることなら自己の無知、弱さ、欠点を隠し、それができないなら弁解して、罪を自分から他人へ転嫁したり、自分の不幸な運命を他のせいにする。それすらできない時は、人間の自然の崇高さに明らかに無縁なことを認めるくらいなら、むしろ何でもいいから（もちろん偽りなのだが）着色して弁解する方を選ぶのだ。

(7) これらについてはるかに優れている人々にも

二十．ところで学問、権力、宗教について他人よりもいくぶん多くの分け前にあずかっている人々がいる。彼らは「神様」という名で呼ばれるのを気に入っており、自分でも神のようだと思っている。権力で優り、知恵で優り、神聖さで優ることで人間の本性を満足させ（それが本当にせよ偽りにせよ、人間の魂は神的な特徴を否定するよりもむしろこれらに関して誤る方を望むのだ）、これに匹敵するほどの快楽は他にありえないかのようだ。

(8) 特に、さらに高邁な自然本性によっても

二十一．他人よりも人間の本質に関与している高邁な精神の持ち主がおり、ある人は権力を、ある人は知識を、またある人は神聖さを、程度も限度もほとんど見いだしえないほど熱心に渇望している。それは、権力、学識、神聖さを得るためには、どんな配慮も、費用も、苦労も、徹夜も、生命すらも惜しまないという無数の事例からよく知られている。彼らは自由や栄光のため、また宗教や知識のためには死すらいとわず、命をかけて熱心に取り組むことをためらわない。

(9) これら三つについての永遠の競争心

二十二．これら同じ三つの人間の自然の卓越さにさらに加わるのが、他の事柄には見られないほどの人類の競争心である。獣と共有している事柄（生命、容姿、食物、飲物、快楽など）のために、全国民が争うだろうか。ところが支配、知識、宗教についての競争は世界にあふれている。ある人は他人の上にいなければと思い、またある人は事物をよりよく理解したいと思い、またある人は神にいっそうの感謝を捧げたいと思っている。創造以来、人間に関わる事柄の争いは、政治、哲学、宗教の団体内部に存在した。今もそれと変わらないと思われる。今私たちが考えなければならないのは、永遠の根源つまり偉大な権力、最高の知恵、永遠の善意が私たちの中に置かれたということではないだろ

うか。私たちの欠陥によって、政治、哲学、宗教がまさに危険なまでに敵対しているのは確実だ。しかし、あのたえまない無力な衝突そのものが、天が私たちを引き寄せたり捕らえたり刺激するのはなぜかに注目するようにと、またかくも魅力的で愛すべき私たちの善、すなわち支配、宗教、固有の感覚が、ほんとうに私たちの卓越性であると結論づけるようにと、私たちに強制しているのである。

人間の生のこれら三本の木がどのような果実を産み出すのか

二十三　このように、私たちの魂からいわば三本の大きな木が成長しているのを見てきた。全人類はその影の下で、哲学、宗教、政治の光を浴びている。そこで今度はこれらの木がどのような果実を産み出すのかを見よう。

二十四　木には様々な種類があり、それぞれが様々な果実を結ぶように定められている。それらはどれもりっぱで、甘美で、健康によく、人間の生活に必要なものだ。それぞれの原型を見ればそうなっている。

哲学は知恵を

哲学は精神の照明、つまり知恵を追究する。そのおかげで私たちは出会いうるすべてのものの間を見つめながら進んでいく。

政治は平和を

政治は人間社会の協調を目指している。私たちが一つになって暮らし、好意をもって穏やかに暮らし、互いに損害を与えずに皆が助け合い慰め合って暮らすことを目指している。

宗教は神の好意を

宗教は、神の好意を懇願する。人間が神に固く結びつき、神が人間と永遠に同盟するよう追求する。それは良心の平和を達成し、（この世の生を終えた後には）永遠の至福を神と共有するためである。

結論：これら三つは、人間にとってまさにすべてである

二十五、これらはまさにその通りであって、これら三つの熱意によって三つの活用が追求されていることを疑うことのできる人がいるとは思えない。事柄は明々白々である。人間に関わる事柄の名にまさしく値すべきことは何か、そして私たちがこの熟議全体を通して最も検討すべきことは何か、そこに疑問はない。すなわち学問、宗教、政治である。それらは切り離せないとすべての人間がいつでもどこでも合意している。人間から人間でないものを作ろうと望むのでなければであるが。そしてこの三つに対して、人間のその他すべては、小さい部分が大きい部分に対する関係と同じだ。手段が目的に従属するのと同じ関係である。

要請：もしも別なことを提示できる人は、それを提示してもよい

二十六、こうして私たちは人間に関わる事柄とは何であるかを確定するであろう。すなわち精神の知恵、心の敬虔、生活の平穏である。これらを追求し、維持し、広めるのが、哲学、宗教、政治だ。もしも人間に関わる事柄について別なことを考えて、それをもっと正確に定義し区分することを知っている人がいるなら、共通の善のためにそれを提示してほしい。

第五章　それらがいかに堕落していることか

人間に関わる事柄は堕落している。どういう機会に堕落するのか。

改善は堕落を前提にしている

一、ふつう改善は堕落していなければ行われないものだ。だから私たちが人間に関わる事柄の改善についての熟議を勧めるというからには、堕落を前提にしているのである。これになんら面倒な証明はいらない。本来の場所には何もなくて正しい進路から右や左に遠ざかっている、という不平が公に述べられているのだから。人々は、知恵のかわりに無知や詭弁が、宗教のかわりに無神論や迷信が、政治のかわりに無政府と混乱、暴政と圧政が支配しているのを目撃している。だが私たちは、すべてを最初の根源までたどってみようと決心したので、何よりもまず堕落とは何か、あるいは堕落と称されているのは何かを考察しよう。

堕落とは何か

二、堕落と称されるのは、それ自身の原型ともはや一致せず、その目的に適さないほどに変化してしまったことである。では私たちに関わる事柄の目的とはいったい何なのか。

世界の状態は、その原型を考慮すればどうあるべきだったのか

三．神の意図では、私たちが誕生して入っていくこの世界は、光に満ちた神の学校、敬虔あふれた神の寺院、秩序と正義に満ちた神の王国であるはずだった。しかも学校はただ一つだ。私たち皆の一人の教師がおり、彼の下で同じ練習をしているからだ。その寺院はただ一つだ。私たち皆を創造した一人の神がおり、その他には神をもたないからだ。神の王国はただ一つだ。私たち皆が一つの国民で一つの幹から生じ、私たちの心に同じように刻まれた唯一で同一の権利と法をもつからだ。例外はない。

そして私たちはその中でどうなっているのか

四．これらがすべての人に正しく遵守されれば、必然的に次のようになるはずだった。私たちは皆、最も知恵ある方の監督指導の下で、学者・賢者となる。最高の最も神聖な方の指導と導きの下で善良で神聖な人間となる。最高の正義の方の統制と統治の下で正義の人、思慮深い人となる。そうして私たちは、事物と人間と神と、和平を結ぶはずだった。

哲学、政治、宗教の目的は、平和

五．私たちの精神はあらゆる方面に向かう。それは、何でも知ることを喜び、そして自分に一番役立つと思われるものを選択して、それらを楽しんで享受するためである。ここで事物の認識の目的は、精神が事物と和平を結ぶことである。また人間は他の人間に囲まれていることを知っており、また各人は自分の意図にかなって行動し、他人から混乱させられたり、また自分が他人を混乱させたりすることのないように用心せねばならないと考えている。そうしてすべての交際にあたって、確実な思慮を用いる。これを政治と称しているのだ。だから政治の固有の目的は、人間同士の魂の和平である。けれどもここでも人間は、すべての事物と人間の目的は最高の神意に従属していることに気づいているので、かの最高者がなんらかの理由で私たちを怒らないように、罰しないように、むしろ祝福してくれるように、敬虔な熱意によって神の好意を得ねばならないと考えている。そこで宗教の固有の目的は、良心が神と和平を結ぶことだ。

それらを私たちの中に探してみると、無いことが明らかになる

六. 私たちの知性の観念、意志の衝動、実行能力の力、それらはいわば私たちの崇高さの根源である（これについては四章七節から十一節まで）。そこから知恵、宗教、政治が木や枝のように出てきて（同、十二節から二十三節）、そして果実が生じなければならなかった（同、二十四節）。比べてみると、多方面での堕落に誰もが気づかざるをえないだろう。

私たちの中のすべてが堕落している

七. まことに、ほとんどの人間の知性には観念のかわりに闇が存在し、意志には善への衝動のかわりに悪への刺激があり、大部分の人間の実行能力は衰弱し麻痺している。それらは地上の無用の長物となっているのだ。もしもそれに気づかない人は、この世で愚か者、無信仰者、怠け者を見たことがないという人だ。そんなことを言う人は、目と精神をもたずにこの世で動き回っているのだ。そして無分別者の数が増えていく。

（1）知性の働きは堕落している

八. 周知のように、ほとんどの人は、精神、才能、感覚がまったく麻痺しており、知識のかわりに自らの無知の暗闇を愛している。世界は何も知らないロバで一杯だ。ところが反対に、何でも知りたがる（必要ないものでも）詮索好きな人もいる。彼らは昼も夜も憔悴し悩み、疲れ果て消耗し疲弊し、火に飛び込んで我が身を焼いてしまう。人間の才能に委ねられているものはそれほど多くはないのだから、精神の平和が得られないのは驚くべきことではない。無学の人の精神が深い闇に囲まれているとしたら、真剣なことを考えるべき時に、その人はどちらを向くべきか知るわけがない。それは驚くべきことではない。学者ですら、除去できない際限のない障害や、人間が努力しても解き方が分からない難問に直面しているのだ。そのことで彼らは苦悩し、不安になり、悩み、心配事にせきたてられ、また他人をせきたてている。そうしてついには最高の学者の知恵すら疑って捨ててしまう、「そもそも知ることは可能なのか」と。たしかに、私たちが物事を把握しているのではなく、物事の方が私たちを束縛して捉えているのだ。

(2) 意志の活動は堕落している

九. 「意志の堕落、すっかり歪められた欲求、これに気づかない人がいるだろうか。私は人類を恥じている」とセネカは言い、なぜ恥じているかを説明した〔書簡集76―4〕[1]。すなわち「獣に勝り、神に似ている自分の固有の善、つまり理性と美徳をまったく無視しているからだ。人間は獣と共有している低次の善のみを追いかけ、表面的な善や移ろい行くただの快楽を求め、着実で真の永遠に続く善を後回しにしている」。これでは、人間が自分自身とまた他人と一致しないのは驚くべきことだろうか。人間同士の絶え間のない戦争、殺害、戦い、そして思考、意志、言葉、行動の衝突が至る所で増大しているのは驚くべきことだろうか。まことに、地上のすべて、すべての人間社会は、大なり小なり争いの一種の競技場にほかならない。だから人間は神との平穏な平和を享受できない。誰もが良心にかけて神の法廷で訴えられ、私たちの不正に対して神の怒りが発せられ、神の判決が下されることだろう。

(3) 熱意と努力が堕落している

十. 世界中で汗を流している人間の熱意は通常どのようなものだろうか。財産、名誉、快楽の追求だ。一般にこの三つに人間の幸福の土台が結びついており、世界が努力しているのはそのためだと気づかない人がいるだろうか。だがそれらはいったい何なのだろう。財産、それは確実な心痛。名誉、それは空虚な煙。快楽、それは甘い毒。すべて悪の誘惑だ。もしその通りだとすれば、もっと良い事から個別に、また主要な意図を追求すべきだろう。つまり、まず最初によりいっそう本当の善、つまり知恵、思慮、敬神を主要に求める人は、その後で、名誉、財産、快楽をおまけとして得るだろう。光の中に置かれた物体に影が付き添うようなものだ。それらは解毒剤として付属し、無害であり、快くすら作用するだろう。このことを理解しないかぎり、実体のない影をつかむようなもので、人間は無益なことに捕らわれ、自分自身も無益なものとなってしまう。つまり事物の正当な使用から、事物の泉である神から、そしてついには自分自身から逸脱してしまう。

人間の努力が転倒している

十一．要するに、人間は自己の外に自己を、自己の上に事物を、自己の下に神を求めている。自己の外に自己を求めているというのは、自己の内の神の宝を知らずに、富、知識、快楽を自己の外に追い求めているということだ。全世界が有している以上のものを自己の中にたくさん所有しているというのに。自己の上に事物を求めているということは、支配しなければならないはずの事物に従属し自己を売り渡しているからである。また自己の下に神を求めている。人間は神を探して作り出し、自分が神に依存するのではなく自分たちに神を依存させている。つまり人間が神の意志で行なうのではなく、神を自分の意向で動く従者と見なしている。そのような神は、人間が無分別に考えだしたことを本当だと命じ、無分別に懇願することを善いことだと命じ、無分別に受け取ることを成功だと命じている。これは人間に関わる事柄の堕落の何よりも明らかな証拠ではないだろうか。疑いもなく、堕落はそこから生じた。私たちは事物を引き裂き、党派を好み、正当な手段を（学問、宗教、政治を他人に植え付けるための手段を）適用していない。

永遠の三重性の不幸な分離

十二．どうか次のことを考えてほしい。権力、知識、宗教というあの三つは、人間の中でどこでも結びついて神の似姿をいっしょに仕上げ、人間を完成するはずだったのだが、ほとんどの場合不幸に分離しているのではないか、と。

たしかに権力者は、知恵も宗教もほとんど気にかけない。また賢者も、ああ、神なしで賢くなろうとする者がなんと多いことか！　自分を、ましてや他人を、理性的に治めることなく生きている人がなんと多いことか！　また宗教家も、宗教の修業に没頭して、事物の知識を得たり、他人を良い精神へと教えたり美徳の道へ導いたりといったことに専念しようとしない者も多い。だが、できることを欲し、知ることを欲し、よく欲することを欲し、それなのに、欲するということを知らず、できるということを知らず、知るということを知らない、そのような人は怪物ではないのか。

どの集団も内部で一致していない

十三．これもまた怪物ではないのか。三つのどの一つも、真剣に努力している人々同士の一致がこれまでできていない。哲学、政治、宗教のそれぞれが分派に分裂しているのだ。哲学の学派の数や、個々に分かれ対立している見解と意見は数えきれない。まさに人数分だけ意見があるというわけだ。政治家は、統治形態の基礎について、人間社会が君主政で統治されるのがよいのか、それとも貴族政か民主政かで、これまで一致できなかった。宗教の論争の混沌状況については、それを恐怖なしに見つめることができるだろうか。宗教の対象である神についてすら一致していない。地上には四つの主要な宗教、つまりユダヤ教、キリスト教、イスラム教、異教があるが、それらはどこでもさらに多数の小さな宗派に分裂している。キリスト教は（光栄にも）最も多くの明かりを喜ばしく受けているのに、一番ひどく分裂している。他の宗教のつまずきの石となっており、（自ら解決する力もなく）非常に強力な障害となっているほどだ。

これまで真理の確実な所有者だった人は誰もいない

十四．このような分裂と対立の大混乱の中で、真理はどこかで誰かの下で見いだされたのだろうか。誰もが、哲学、政治、宗教の論争において真理を強く主張する。にもかかわらず、それを他人に見えるように触れられるように説明する人はいないのだ。誰かが真理を示せば論争は止むはずなのに。私たちは皆真理を追究しているのだから、確実に発見され明確に説明されたらそれを拒む人は誰もいないはずなのだが。そのことは神の似姿としての私たちに刻み込まれているのだから、神の真理は、知性がほんとうの真理だと認め、意志がほんとうの善だと認めたら、それを拒むことはできないようにさせている。知性が惑わされて見せかけの真理に、意志も惑わされて見せかけの善に、熱狂的に従っており、真理や善だと思いこんでいるものから引き離されるくらいなら死んだ方がましだと思うほどだ。これが、人間が誤りと悪徳にすら固執する主要な原因である。なんとまあ、誤った人が真理の仮面に被われた誤りに対して、また罪深い人が見せかけの善の悪に対して、敬意を表していることか。どうして真理を真理と、善を善と、ほんとうに認めることができないのだろう。真理と善を喜ぶ人に対して（もし喜ぶならばだが）、真理と善を力強く明示して、それらを見ないではいられず、刺激され確信し引き付けられ捕らわれずにはいないようにする人が、いないものなのだろうか。知っているということの特徴は教えることができるということであり、知らないということの特徴はきちんとは教えることができないということだ。そこで、意見がかくも混乱しているので、真理は誰にも十分には明らかにならないし、十分に光を備えた拒むことのできない真理を所有することは誰もできないだろう。いずれにしても、私たちはこのような恐ろしい欠陥で苦しんでいるのである。

知恵が存在するとしても、書物に閉じこめられている

十五．ところで私たちは学問をどういう手段で人から人へと伝えているのだろうか。かつては知恵は胸の中に収めて運ばれていたが、今では紙に書き留められるようになった。そこで、知恵は書物や図書館に収められて、人間の思考、言葉、行ないの中にはほとんど見いだされなくなった。この不都合によって、書物の多量さと多様さが生じた。つまり死ぬ定めの人間の生命では千分の一も読み通せないほどに多量の書物が存在している。しかも強固な脳でも目まいをおこさざるをえないほど多種多様である。大量の書物の集積は、使用のためよりもむしろ観覧に供され、空虚になっ

ているか混乱しているかだ。誰かがすべての書物を検討しようと決意しても、損害が明らかになるだけである。そこからは、無学の学者の群れ、あるいは学のある狂乱者の群れが生ずる。そうして学があるのは書物であって私たちではない。あるいは私たちに学があるとしてもそれは混乱している。あるいは明らかに学者だとしても強制された学者だ。物事の自然本質ではなく別のもの、物事の証言や説明で一杯になっている。

知恵者が存在するとしても、知恵への熱意は悪用されている

十六．しかしほんとうの学問を得ようと決意している人でも、正当な目標を（その目標とは、もっと良いものを選ぶために真理を追究し、他人にいっそう真でいっそう善いものを明示して、明かりの父である神に奉仕することだ）立てている人はまれである。なにか束の間の目標を立てていることがほとんどだ。多くの人は学ぶために学んでいる。つまり知識欲旺盛な才能の欲望を満たすために学んでいる。またある人は豊かになるために学んでいる。つまり貪欲の心が、最も素晴らしいことから最も虚しいことを作り上げている。さらにある人は、自慢するために学んでいる。つまり空虚な野心を求めている。学識ある人々が、他人以上の才能や学識の名声を得ようとして過剰に貪欲になっているのは明らかだ。このように彼らはお互いに他人を中傷し、叱責し、攻撃し、非難し、そしてむやみやたらに侮辱し合っている。無知な民衆に、軽蔑や嘲笑の醜態をさらしているのだ。私たちが誇っている才能のあの光は、馬鹿げた炎にすぎないように思える。

人間社会の絆である言語はなんと乱れていることか

十七．学問には、いわば精神の通訳としての言語の知識が関係している。神は一人の人間ではなく複数の人間がこの世に存在することを望んだ。人間が野獣のようにばらばらに暮すことを望まず、社会で結びつくことを望んだ。獣のように無言であることを望まず、言葉と理性でもって、神と宗教とその他の良き事柄について、互いに教え合うように望んだ。そこで社会の絆、言語を与えたのである。だが私たちには、最大の社会、最大の団体、つまり地球上に拡がっている人類のための共通の唯一の絆がまったく存在していないのだ。私たちは、地上のどんな住人とも話せる共通の言語をまだ持ち合わせていない。また、人間相互の普遍的な交際もない。私たちは巨大な欠陥に苦しんでいる。そのため、ある一つの地域内や王国内の（大きかろうが小さかろうが）一握りの住民とかろうじて理解し合っているにすぎず、その他の無数の国民とは、獣同士のように交際しているだけなのだ。いつからそうなのだろう。初めはけっしてこうではなかった。なぜなら、人間が一人でいた間は（私たちは皆この一人の末裔だ）、一つの言語しかありえなかったからである。堕落が生じ、それが私たちを引き離し、人間社会をすっかり混乱させ、今も阻害し混乱させている。個々の言語についてみれば、なんと混乱し、不完全で、不明瞭で、野蛮なことか（それは例外なしだ）。だがそれをここで述べるのは適当ではなく、しかるべき場所で明らかにされよう[2]。どの言語も事物の豊かさに対して十分ではなく、どの言語も事物の本質を描いておらず、また全体に理解できるバラバラでない言語は、今のところどんな学者によっても理解されず保持されていない。ここはそういうことを明らかにする場ではない。ただ、言語の不完全さと多種多様な堕落を嘆かざるをえないのだ。

学者の仕事が不完全なのは明らか

十八．学問の一部は学者の著作から成り立っている。それによって、私たちは事物の本質を理解し、それが実際に応用できると分かるのである。それは、数学者や機械学者の、また時には医者の感嘆すべき成果に見られる。しかし、私たちがすでに知っているすべては、まだ無知の深みにあることに比べればごくわずかにすぎないことが、仕事の進展をみればはっきりするであろう（そう私は期待する）。機械職人が自分の技術を、哲学者や政治家や神学者の仕事以上にいっそう入念に完成して多くの人々に提供したのは周知の事実である。つまり職人は約束したことを実行し、自分の技術の実例を常に手元に持っている。ところが学者の技術が進歩していない（人間の精神から闇が、心から無信仰が、国家から混乱が追い払われていない）のは明らかだ。各人がそれぞれ自分の技術で、不本意な真理で満足しているのだ。

宗教の堕落の証拠

十九． さて私たちが宗教の仕事を個別に検討し、多くの人によってどのように論じられているかに注目すれば、恐ろしい堕落の深淵が明らかとなろう。私たちはこれを少し明らかにしよう。

（1）無神論

二十． 神が存在するということは共通の観念であり、すべての人間の心に深く刻み込まれているので、キケロもこう述べている、「神を否定する人は、健全な精神を持っているとは思えない」と[3]。ヘブライの聖なる王と預言者も「神はいないと心から言うなどと、愚者でなければできることではない」と書いている。だがその愚者の大集団が私たちの時代にどこから生じているのだろう。その群は明らかに出現しており、心の中だけではなく口にも筆にも、冒涜の「神はいない」という愚かな声が響き始めているのではないか。堕落は明白で、無神論はあきれるほどに嫌悪すべきほどに強まっている。

（2）エピクロス派[4]

二十一． けれども世界の大部分は、すべてをどこでも包括している神が存在すると信じている。自分はそう信じていると言う。では、その最も聖なる神の目を畏敬する人がごくわずかなのはどうしてなのか。多くの人は（特に、証人がいないと思われる隠れ場では）、まるでけっして復讐の目がないかのように暮らしている。恐るべき堕落の証拠は明白であり、至る所で冒涜の行為が支配している。

（3）偶像崇拝

二十二． 第三に、神はすべての事柄の第一者であり、神から神によって神のためにその他のすべてが存在し、しかも神は唯一者である（理性は、唯一でない第一を認めないから）、ということは共通の観念である。それでは、かくも多くの神々は、かくも多くの偶像は、案出されたかくも多くの神性は、どこから来るのか。秘かに広く蔓延している偶像崇拝の熱狂が、確実な堕落の確実な証拠である。

（4）カイン主義[5]

二十三．神は精神であり聖霊であり、霊魂と精神によって崇拝すべきものだという観念は、どの人間の心にも刻み込まれている。それでは、ほとんどの宗教が外的な儀式の見せかけで神への崇拝を評価しているのはどういうことか。神の永遠の精神が、（かつてのカインのように）精神なしに行われる事柄を、お気に召すとでもいうのだろうか。宗教のかわりに宗教の仮面が崇拝されているのは明らかである。

（5）永遠に対する無配慮

二十四．私たちは皆不滅の魂を与えられていると感じている。しかし、永遠性が依存しているそのことを、ほとんどの人は気づかうことなく疎かにし、永遠の保護者である神に何も関わっていない。これは私たちの心のひどい堕落の状態の証でなくて何であろうか。人間はやがて本来的に未来に運ばれていくのだからなおさら大切なのではないか。人間には過去のことよりも未来のことを前もって知りたいという欲求が内在しているのは明らかだ。というのは、過去のことを語る人を誰も驚かないが、未来を予言する人には神性が吹き込まれていると信じ、崇拝せざるをえない。このように未来を予見する巧みさは誰にも内在している。それでは私たちは、一番未来の、最後の、永遠のあのことに運ばれていないのではないか。堕落は確実だ。神はモーセの前で言う、「ああ、もし彼らに知恵があれば、自分の行く末もわかったであろうに！」と〔申命記32―29〕。

（6）仲介者の欺瞞に対する無関心

二十五． 宗教を先導している人々、または宗教の創始者だった人々を（私たちは分裂に分裂を重ねた宗派に従っている）外観で考察すると、堕落が明らかになるのは一つだけではない。第一に、物事に深く精通していなければ何かを教えることはできないものだ。だから、神との魂の交際である宗教を教えることは、神との親密な結びつきや会話や霊感によって神と親しくなった人でなければ、教えるにふさわしいとは言えない。ところで、かくも種々雑多な宗教を導入した人、またそう思われていた人に、欺かれないようにせねばならない。（様々な、いや対立する宗教が唯一の神から由来することはありえなかったと強く疑われる。）ところで私たちはどうなっているのだろう。無頓着に眠り込んでいる。より真でより善は何かを、識別する人はほとんど存在せず、先を行く者の群に付いて行くだけだ。事実上慣習が宗教の代わりになっているかのようだ。

（7）宗教の反宗教的扱い

二十六． 第二に、どの事柄もその本質にふさわしい普及の方法をもちあわせているものなのだが、なぜ宗教はそうなっていないのだろう。職人は製作することによって手工技術を教える。画家は描くことによって、歌手は歌うことによって教える、等々。学問は教えることによって普及し、支配権は支配によってである。では宗教が宗教的な行為によって普及しないのはどうしてか。神的なことを何も委ねられていない学者が、どうして神的事柄をあまねく押しつけているのか。人々が俗世のことに打ち込み、天について何も希望を持たないでいるのはことのほか不敬神なのではないか。堕落は確実だ。処方だけで病気を治す医者などいない。ところで神学は魂の医療だ。その神学者は処方だけで（つまり神の事柄について演説したり、敬虔であるようにと他人に指図したりするだけで）すべてを達成しようとするのか。どうして彼らは他への模範としてこの地で天の生活を過ごさないのか。堕落は明らかである。

（８）最も神に関わる事柄である宗教は、神にふさわしく防衛されてはいない

二十七．第三に、宗教は最も神に関わる事柄であるから、神にふさわしい方法で普及せざるをえない。神ご自身がそのように実践し、宗教をそのように導いている。ところで神はどうなさっているのだろうか。神はすべての人を招き、誰をも強制しない。すべての人を支え、誰をも破滅させない。将来の判決のために判決を保持している。それでは宗教のために激しく対立している私たちの憎しみ、宗教のためのあの恐ろしい戦争は、堕落の明らかな証拠にほかならないのではないか。宗教が武装するのはどうしてだろう。たしかに宗教も武器を有しておりそれで敵を防いでいるが、それは聖霊の武器でだ。つまり宗教はまったく聖霊的なものであり、神は最も純粋な聖霊にして聖霊の父なのである。

政治の堕落の証拠

（１）自らを統治することを疎かにしている

二十八．さて次に、政治の状態を検討しよう！　政治の土台は自分自身の統治である。なぜなら、正しくなければ何も統治できないし、自分を、いや他人よりまず自分自身を同時に統治する人でなければ他人を統治することはできないからである。神は人間を、すべての下等な被造物を従えるように尊厳ある者に高めた。さらに人間自身も自らの権利の指導者、判定者であり、他人のではなく自己固有の裁量で自己を治める者になるようにと最高に尊厳ある者にした。だから、人間に関わるよき秩序と人間の幸福全体との要がそのことに向けられているのは確実である。他人を統治すべく定められた人が、何よりも自分を賢明に統治しようと欲し、そうできて、そうすることを知っているならば幸いだ。だが自分を統治しようと欲さず、できず、知らないなら、破滅だ。神は、人間が自分を統治することを欲し、それができて、それを知るようにあらかじめ配慮するのを止めなかった。つまり神は、人間に自由への愛を与え、自由を欲するようにさせたのである。（この自由は他の被造物にも萌芽的に見られる。馬は騎手を振り落とし、牛はくびきを振りほどき、小鳥はカゴと餌を見捨てる。別に目的があるわけでもなく、それが権利だからだ。だが人間においては自由への願望はまったく節度がない。多くの人は従うよりは、つまり自分のではなく他人の裁量で動かされるよりは死を望むほどなのだ。）また神は、人間が自分自身を統治できるようにするために、人間に永続的な助言者を与えた。その助言者は、いつもそばにいて人間を助け、いつでも事物に専念し、やるべきことややったことについていつも注意している。理性と良心がそれだ。また神は、人間が自分自身の統治を知るためにと、（自然の衝動から）神の法則を被造物の目の前に置いた。被造物の中に維持されている、神の法則の無数の実例を観察するようにさせたのである。人間は、そのような実例を理性的に洞察して、事物の道を習得し、自己の目的に向かって自分を賢明に導くように励むことができるはずだった。（神はさらに、新しい法則や様々な警告をご自分の言葉でつけ加えた。それについては別な所で論じよう。）

（2）政治の目的は平和と平穏である

二十九．技術の中の最高の技術とは、すべての管理者である人間を統治できることである。人間がこの技術をただ自分自身に対してだけではなく、多くの同じく卓越した仲間に対して及ぼすことが政治だ。もしも私たちがこの技術によって、事物へ刻まれ、心に書き込まれ、耳に響き渡る神聖な規則を遵守するなら、すべての人間社会に秩序、平穏、平和が明々白々になるのだが。秩序と平穏と平和への愛をもって、先導する人は自由に先導し、従う人は自由に従うのだが。

（3）そのかわりにあるのはただ大混乱のみ

三十．けれども私たちは、すべての家、村、町、国で、対立、争い、戦争が語られているのを見いだしている。耳と目のほかに証人は必要ない。すべてに響き渡っている不平、悲嘆を聞くまでもない。なぜなら見よ！　権力者は、臣下との相互の共通の善を、つまり支配者は臣下に、臣下は支配者に従うように神から命じられている。だがそれはどうなっているのか。前者は後者にとって、後者は前者にとって、たえず重荷であり、厄介者であり、耐えがたく、破壊的な存在なのではないか。臣下は、体の上に頭を載せているように肩で権力者を穏やかに担わねばならないのに、しばしば投げ落として踏みつける。それに対して権力者は投げ落とされるのに耐えられず、力で鞭をふるい手綱をいっそう強く引締め、突き棒や拍車、笞、棍棒、剣で駆り立てる。そしてすべてにこのような暴力が満ち満ちている。

至る所での混乱状態の原因

（1）統治者の怠慢

三十一．この原因を検討しよう。人々は統治することを知らず、統治されることを知らない。他人を統治することを知らず、自分を統治することを知らない。他人に統治されることを知らず、自分に統治されることを知らない。第一ほとんどの人間は自分の崇高さを忘れ、魂に隷属し、暴食、美食、その他の下らない、最も価値のない事柄に身を置いている。それらによって統制され、導かれ、引っ張られ、あちこちに引きずられるのを耐えている。人間（すなわち事物の主人に定められた被造物）と称されるに値するのだろうか。愚かで不敬虔な船乗りのようだ。まるで嵐で波だつ海に舵を投げ捨て、自分と自分が運んでいる人々の命を危険にさらしている、このような愚かな船乗りは、本物の船の場合はおそらく見られないだろうが、身体と魂の船の操縦では、ほとんどの人間はかくも気違いじみているのである。

（2）統治者の傲慢

三十二．それとは逆に、自分と自分のものを統治することに満足せず、他人を放縦に統治しようと（つまり思うがままに苦しめようと）急ぐ人がいる。彼らは支配することが許されているかのように、他人を圧迫し、攻撃し、隷属させ、虐待し、やりたい放題だ。彼らは他人を先導する人はなんのために先導するのかに注目しない。世界は自分のためにあるとみなし、人間をまるで獣のように好き勝手に悪用する。服従しない者がいると（なぜなら人間の本質は変形しがたく、自由をすっかり奪われたり、何かを強制されたりすることを望んだりはできない)、彼らを従属させる方法を探しにかかる。それはどんな方法か。暴力、鞭、棍棒、足かせ、牢獄、縛り首、剣などなど。これは秩序にかなったことだろうか。理性的な被造物をこのように導くべきなのだろうか。

(3) 統治者の無能、無知、無気力

三十三. だから堕落は確実なのだ。なぜなら統治できず、統治を知らず、統治する気がない人があまねく人間の統治を行っているからだ。統治できないというのは、弱々しくて女々しくて、権威を身につけていないからだ。統治を知らないというのは、支配の技術に不慣れで無知だからだ。統治する気がないというのは、無気力で軟弱で、別のことを詮索してそれにかかりきりだからだ。しかし、統治するには正当でなければならず、正当であるためには法に基づかなければならず、不動の法に基づかなければ確固とした統治はないのだから、世界のほとんどの国が悪いのは必然である。他人を統治する人が自分を統治せず、法に基づいて統治せず、法を気ままに歪めている。そして彼らは政体の原理に基づいていると称している。このように、統治ではなく享楽にふけっていたサルダナパロス皇帝で満ちあふれている。あるいは法なしに統治したニムロドで、あるいは法の力を狡猾に欺いて実体のない法の支配を行ったマキャベリ派であふれている[6]。

堕落は明白

三十四. このように、人間に関わる事柄で本来の状態のものは何もない。精神、宗教、政治の状態は人類すべてにわたって堕落している。ほとんどの人間(あるところでは全国民すらも)が、神について無知のまま暮らしており、自分を忘れ、人間らしさを知らず、いわば野の家畜のようにまったく獣の生活を送っている。私たちを最も人間たらしめている事柄が、混乱し堕落していないと弁護する人が誰かいるのだろうか。

第六章　堕落の恥辱と損害

人間の堕落の恥辱と損害。

私たちの堕落は恥ずかしいかぎりだ

一．私たちはこの混乱の混沌状態を見通すための目をきちんと持っていないので、この恥辱と損害を嘆く涙も十分ではない。賢者たちは人間的な事柄すべてに満足していない。すべてが虚しく愚かで不敬神で暴力的で、破滅に向かっているからである。

全般的に

二．私たちはこの世に存在しているそのためにではなく、目標に何ら関わらない別なことのために行動しているのだから、虚しいのではないか。目標に反して行動しているのだから（私たち自身と人間社会にとって悪いことばかりしているのだから）愚かなのではないか。そして善意の泉を、最も無価値のことよりもさらに低く見ているのだから、いや明らかに軽蔑しあざ笑い冒涜しているのだから（ああ、ほとんどの人がそうしている！）、不敬神なのではないか。そしてまた、何千ものやり方で互いに打ち倒し合い、引き裂き合い、破壊し合っているのだから、私たちは暴力的なのではないか。

個々について

三. さて、私たちのこのような虚しさ、愚かさ、不敬神、暴力が、いかに恥ずべきで害を及ぼしているか、さらに検討しよう。私たちの卓越さの（つまり学問、宗教、政治の）歪められた状態を全体と個別について見ておこう。

I. 学問の状態

(1) ほとんどの人の精神の鏡は、何も映していない

四. ほとんどの人の精神の状態を考察してみると、良いことが何も入っていなくて空っぽだ。これは恥ずかしいことではないか。私たちは皆全知の神に似せて作られた、事物を映す明るい鏡を持ち合わせているのに、その鏡の中はほとんどの場合、何も輝いていないか、あるいはつまらないこと下らないことばかりで、偉大で美しく霊的で永遠な事柄はまったく何もないのではないだろうか。涙なしにこれを考える人がいるだろうか。知らない、注目しない、問わない、それは何者だ。どこから来てどこに向かうのだ。これは恥辱中の最大の恥辱、畜生のような愚鈍さだ。

(2) あるいは影しか映していない

五. ところで何がしかを知っている、あるいは知っていると思われている人がいて、学問のごく一部あるいは影に満足して、他人を軽蔑しているのはどうなのか。そのような人は、さらに偉大でさらに真実な知識の光へと前進することを怠っているのではないか。創造主は私たちに明るい精神を与えたのだ。ああ、私たちはなぜ光よりも影を喜んでいるのだろうか。

(3) 自分の目を使っている人はほとんどいない

六. これもまた恥ずかしいことなのだが、創造主は自分の感覚と、事物の真理の探究のためのその他の補助手段と

を誰にも備えさせた。ところがほとんどの人間は目を閉じて、理性抜きで盲人のように他人に導かれる方を、自分で自由に歩くよりも好んでいる。一般の学問全体は（ほとんどの学派において）奴隷のようなもので、事物がどうであるのかの観察ではなく、事物についての見知らぬ伝承に基づいている。自分の精神の目を使って、神がどのように世界を統制しているのか、事物がどんな力で生成し存在し維持され滅び、また再生するのか、それらはどこに向かうのか、そのようなことに注目している人は、千人に一人見つかるかどうかだ。そこで、ほとんどの人の知識は、たとえ自分を賢者ソロモンと見なしている人の場合でさえも、知識ではなく憶測であるという状況になっている。

（4）人々は闇の中で狂暴に戦っている

七．しかしもしも私たちがこの欠陥に気づき、謙虚の枠内に留まっているなら、この状況に耐えることもできよう。だが私たちは風に膨らんでいるかのように憶測でもって互いに傲慢になり、相互に悲劇を引き起こしている。それは頻繁に起こる激しい闘争であり、学者の間にも見られるのだ。それをどう考えたらよいのだろうか。目隠し剣士（目を閉じて剣を振り回している）の戦いを見るのは、冗談ならば不愉快でもないだろうが、真剣なら愚かさの極みだ。死に至るならば狂気の沙汰だ。そして私たちが目隠し剣士の憐れな群でないとすれば一体何なのか。私たちは知識の代りに無知のままで、宗教の代りに不信仰のままで、事物の支配の代りに奴隷のままで、激しく戦っているのか。

（5）誰もが事物の代りに偶像で自らを馬鹿にしている

八．何か偽りを心に抱いているのは、言い換えれば、事物ではなく幻影で知性の神的な工場を満たしているのは、人間の自然本性にふさわしいことではない。憶測によって切り離され、美しく形作られた真理の像の代りに奇怪な誤りの偶像を、精神の寺院の中に持ち込むようなことは、ふさわしいことではないのだが、死に定められた人間のほとんどがそうしている。真理はどこでも単一で単純なのだから、一つしかありえないのだ。ある事柄についていくら相違しても、対立する見解がいかに多くても、一つ以外は（一つあるとすればだが）偽りに違いない。ああ、真理を見ることができる人は幸いだ。欺かれる人は哀れだ。自己と事物との、そして自己と神とのほんとうの状態を知らず、人や悪霊の作り話の策略に引きずり回されている、それこそ恥辱中の最大の恥辱でなくて何であろう。

（6）永遠の光である神が真の輝きでまき散らしたものを、私たちが集めようと努めないのなら

九．最後にここで（事物の認識について論じているここで）すべてを結びつけて考察するならば、私たちがお互い同士を知らず、そして私たちの善と悪とを知らないのは恥ずかしいことではないだろうか。たしかに私たちヨーロッパ人は、外国旅行と船旅によって、他者が私たちを知る以上に他者のことを知っている。それでもすべてを知っているわけではないし、何を何のためにすべきだったのかも分かっていない。私たちは、神はどんな所にも必ず存在し、神の賜物を様々な方法で人々、国民、言語の異なる民族、時代にふりまいていることを知っている。それは、私たちがすべてを一つにまとめるよう配慮するなら、地上全体が神の栄光で満たされて、またすべての心も神の光で満たされることを可能にするためなのだ。ところが私たちは、私たちの小さな炎と火花を寄せ集めることを、これまで何と無頓着に疎かにしてきたことだろう！

II．政治の状態

（1）統治をめぐるたえまない争い

十．さて今度は私たち相互の交際、つまり政治がどうなっているか検討しよう。なんとそれは見苦しく不適切で異常な状態になっていることだろう！　狼、熊、虎、竜、その他の野獣は、同類同士は仲良くいっしょに暮している。例外としては雑種の犬だけが時々喧嘩する。ああ、理性的被造物である私たちは、何と至る所で仲たがいをしている

ことか！　獣は、指導者が必要ならば、鶴のように選んだ指導者に従うか、あるいは蜂のように生まれついた指導者に従う。それ以外の統治形態を求めようとはしない。ところが私たちは獣よりも獣的で、至る所で政府を転覆しては作り変え、至る所で秩序を混乱させ、際限のない困難に巻き込まれている。

（2）相互の暴力的の応酬

十一． 動物は各自の元素に従っている。鳥は空に、魚は水に、蛇は地に、野獣は森に、家畜は畑に、という具合に。神がそういう秩序に指定したのだ。そして神は人類にも同じく地球を指定し、それぞれにそれぞれの地域をそれぞれのやり方で分け与え、国民、家族、家庭、各人が決められた所で穏やかに創造主に仕えるようにした。それなのに私たちが至る所で襲撃し合っているのは狂気のさたではないのか。山も川も湖も海も半球ですらどれもお互いに安全に利用できないとは。同じ本質の仲間を略奪し、粉砕し、破滅させるとは、まるで別の世界からやって来た別の誰かのようだ。

（3）戦争が世界を荒廃させている

十二． 特に恥ずべきなのは、不幸なことに今や慣習になってしまった戦争への快楽である。それについてある偉大な人が正当にもこう述べている[7]。「私はいつも驚いている。これがいかに人間を狂気に陥れているかと。人間はかくも熱心に、かくも苦労して、かくも危険に、互いに破滅へ陥っている。人生全体で戦う以外にいったいなにがあるというのだろう。概して獣は戦わない。ただ野獣だけが、しかも同種内部ではなく別種の獣とだけ争う。自分の武器で戦うが、私たちのように悪魔に考案された機械は使わない。また好き勝手な理由で争うのではなく、繁殖や食物のためである。ところが私たちの戦争はほとんどが、野心、怒り、欲望、その他同様の心の病から発生している。それに獣は何千もをまとめて壊滅させたりはしないのに、私たちはそうしているのだ。」

Ⅲ．宗教の状態

(1) 無神論

十三．次に宗教の仕事におけるきわめてひどい恥辱について簡単に触れておこう。考えるのも汚らわしいことに、恐れる相手はいないと言って神意を認めず畏敬の念をまったくもたない怪物のような人間がいるのだ。そのような人は、自分の不死性や不死性の保護者を認めず、同じく不死性の希望を拒否し自分を意識的に望んで獣の一員に加えている。自分の善はすべて胃の中の食べ物にあり、善を煙のように虚しい野心に費やしている。おそらくどの時代、どの国民、どの宗派にもそのような者が何人かはいたとはいえ、今ではキリスト教界の光の中にも増加し、キリスト教の名による不名誉に結びついている。たしかに、美しい服にも虫がつくし、優美な体にも醜いイボができる。光の中に闇が生じ、それによって光の代わりに暗黒が好まれる。それは驚くべきことではないけれども、恥ずべきことには違いない。

(2) エピクロス派

十四．また恥すべきことにほとんどの人は、神意を口では否定しないものの行動では否定する、つまり神意や、神の意向、神との祝福された結び付きを気にかけようとは考えない。自分を作った方は誰なのか、何のために作られたのか、なぜ憐れんでくださるのか、何が差し出されているのか、作ってくれた方に気に入られるには何をすべきなのか、そんなことを知らず、注目もしない。それは純粋の無神論ではないとしても、明らかにエピクロス主義だ。しかしほとんどの人がそういうことを気にかけず、そのようなことに無知のまま軽蔑して、ささいな栄誉を得ようと励んでいる。

（3）私たち内部のひどい無頓着状態

十五．配慮されるべき事柄が、どのように配慮されているのだろうか。ほとんどおざなり状態で物事の重大さに十分対応していない。宗教ほど危険な状態で扱われているものは他にない。永遠の生と死の希望と恐怖を量りにかけるのが宗教だというのに。それなのにほとんどの人は関心をもたず、先を行く群れに付いて行くだけで、行くべきところに向かわない。次のように言う人が何人いることだろう、「私は安全な道を進んでいるのだろうか。何かに欺かれてはいまいか。何か違ってはいないだろうか」と[8]。単一の世界、その中の単一の人類は、実に単一の神から生ずることができた。神が単一なら神を崇める意志も一つである。私たち皆はどうしてこの意志に従わないのか。かくも多数の神性はどこから生じたのか。多種多様に対立している、神意を崇める儀式はどこから生じたのか。至る所で欺瞞が巣くっているのは当然である。いや、どこにも例外は一つある。でもそれはどこにあるのか。私は祝福されたあの唯一の単一の真の宗教を保有しているのだろうか。もちろん私はそう希望している。そして他の人も正しい道に足を踏み入れるよう希望している。そしてどこに真理がありどこに誤りがあるかを見定めねばならない。だがそれぞれの人が何を保有しているのかが分からなければ、真偽を識別することも判断することもできない。そこで私は、もし何かもっと善いことが見いだされるならそれに従う用意がある。善いことが見いだせないなら依然として自己の道を保持し、神がはっきりと認識させてくれるやり方で熱心に神に従おう。すべての人がほんとうに真の神を崇めようとするなら、神の助けで見つかるだろう。嘆かわしい不協和音は消え去るだろう。だが今はそのようなことを誰も求めていない。むしろ誕生の運命やその他の偶然によって提供された宗教に固執している。私たちは、川、海、山、言語、慣習によって互いにはっきりと隔てられた状態にあるが、宗教も同様だ。単一の神の学校、神の王国、神の寺院の中で分裂しているのはまったく恥ずべきことだ。

（4）外部の人に対する狂気

十六．次に検討するのは、私たちを神に似た者にするはずの宗教は、宗教にふさわしい寛大なものだったかどうかということだ。私たちは、自分たちと異なる宗教の他人を甘受できないのではないだろうか。宗教について喜んだり怒ったりする人は、喜ばせる相手を静かに好意的に受け入れるが、怒らせる相手に対しても忍耐強く耐えてほしい。つまり、稲妻を持たないわけではないのだが、（栄光を得ることが良いことだと見なしているならば）〔相手に怒りの〕稲妻を落としたりはしないのである。ところが私たちは何もしてない相手に稲妻を落とすのを止めていないのだ。

（5）キリスト教間の恥辱は最大

十七．特に恥ずべきなのは、キリスト教徒ほど激しく対立し宗教的憎悪でかくも激しく争っている人はほとんどいないということである。しかもキリスト教徒は神の啓示による確固とした宗教を有していると信じこんでいる。けれども私たちは、光が物体を明るく照らせば照らすほど、物体が落とす影が濃くなることを知らないわけではない。高く評価された事柄ほど、それを望む情熱は激しく沸き立つものだ。だから最善の中の最善と信じている神への情熱は、最も激しく沸き立ちうるし、当然沸き立たねばならないものだ。そこから必然的に導かれることは、知識がある、あるいは知識があると思われる所では、実際に知識があろうがなかろうが、たくさんの情熱が生じるということだ。だがそのような理由によって、熱意のあの過剰が、つまり私たちを互いに駆り立てている狂気が弁解されることにはならない。

私たちの不協和音は、神の目や耳にはどのように響いているのだろうか

十八．学問、政治、宗教の状態の堕落が恥ずべきなのはかくの如くであり、さらに言うべきことがある。誰もがこう考えることだろう。「自己愛ゆえの過ちを不本意ながらも認めるとしても（愛は盲目）、私たちの醜さがこのようであるとは考えていません。神の目は太陽よりも何千倍も明るいのに、何もご覧にならず何もお聞きにならないという

ことがあるのでしょうか」と。私たちの学者が様々に対立し、政治家が様々に一致せず、神学者が様々に不和である限り、神の耳には別な調和が聞こえているのではないか。つまり、私たちが耳にするような、羊のメーメー、牡牛のモーモー、豚のブーブー、ロバのヒーヒー、蛇のシューシュー、そのような群れの鳴き声がいっしょになって響いているのではないか。ああ、私たちはなんと悲惨なことか、永遠の調和から外れているのだ。

私たちの堕落の損害

（1）私たちの悲惨が感覚を奪い取っている

十九．だが私たちのもとにある混乱が単に恥ずかしいというだけではなく、そこに介在する多様な損害と破滅が、まったく正当にも私たちを恐怖へと陥れている。第一に私たちはまさに悲惨な状態に陥っている。誰もが真理から誤りへ、自由から隷属へ、光と命の泉である神から闇と死へと落ち込んでいる。肉体の目が見えず耳が見えず口が利けず足が動かないなら、それはそれで災難であるが、精神が見えず心が聞こえない人なら、すべては千倍も不自由で無力でばらばらで混乱する。実に私たちの物の大部分はかくのごとしであり、本来の状態のものはほとんどない。

（2）麻痺させている

二十．ほとんどの人が、自己の悪に気づかず、よい方向へ向かおうとしないという状況になっている。光の方へ目を開けようと望まず、闇の中にいる方が良いと信じている。神へ向けて心を高めようと望まず、神なしでいる方が良いと思っている。秩序だてて魂を用いることを望まず、強制と束縛の中にいる方が良いと想像している。ああ！　多くの人々は、悲惨に押しつぶされ、悲しみと嘆きのうちに不本意な生活を送っている。それなのに良いことを渇望しない。多くの人は自己の悪を少しも感じず、重荷の中で歓喜し、自分の十字架を崇拝し、自分の罰を笑っている。

（3）感覚が転倒している

二十一. さらに悪いことに、人々は良いことが差し出されても抵抗するほどに、頑固に強情に苦しんでいる。ある種の転倒が、悪事においてすら勝利しようとする努力が、国や宗派の全体ではないとしても、何人かの本性には実に明白である。真理を嘘で、宗教を偽善で、潔白を暴力で抑えつけようとする人々に対してはどうすればいいのだろう。

（4）これまでに生じた悪はどれも強力に広がっている

二十二. 要するに、人類に生じた悪はどれもすぐにどこでも根をはり、不毛な毒麦のように強力に枝を出し、簡単にはあるいはどうやっても根絶できなくなっている。私たち全員の祖先である最初の人間アダムは、許されないことに手を伸ばし、神に従わず、神の命令を踏み越え始めた。彼はすぐに罰せられた。悪が罰せられないことが実例とならないようにするためである。ところが私たちはさらに熱心に悪事をし続けている。世界中が同じような子孫であふれている。カインは偽善で神を欺き始めて罰せられた。それでも全世界は偽善と殺人であふれている。古い時代、人々は飲み食い騒ぎ、放蕩し、神を気にかけなくなった。彼らは大洪水で罰せられ滅亡したが、しかしそのような事例はなくならず、現在の世界の住人もそれを実に熱心に真似している。ノアは酒におぼれ始めて恥ずべき物笑いと醜聞の種になり、そのため困惑したのだが、それでも私たちは悪事を止めていない。すべてが酔っ払いと恥さらしであふれている。大洪水後の民は、天に向かって塔を建て始めた。つまり自分の脳の発明で神への道を探そうとしたのである。民は混乱しバラバラになった。私たちはそのように地上でちりぢりにならないようにバベルの塔を建てるのを止めた。それでも私たちは神に対してまたは自分たち同士に対して陰謀を企て続けているだけではなく（つまり私たちはそこから様々な植民地を作りだしており、同時に私たちが大きなバビロンのようになってしまい、正気に返らないかぎり、永遠にばらばらのままだ）、自分たちの間に様々な小型のバビロンが見いだせるのだ。実に世界中は混乱であふれている。ニムロドは人間を狩り捕り、国民に対して君主政を打ち立てたが、主はそれを倒し、それに続く別のものも倒した。それでも私たちは一方が他方の上に立って征服するのを止めていない。

特に学問の分野の混乱の損害

二十三．被害が増大している。この堕落が私たちにはね返って、私たち自身を破滅させている。少なくとも外面上は、人類の学問は他に比べればそれほど荒廃してはいない。政治と宗教の争いから戦争と流血が引き起こされたのを見てきたが、知恵の競争にはそのような事態はこれまで生じなかった。けれども学問の混乱にも破滅がないわけではない。学者が互いに激しく争えば無学の者はぼう然とする。学者が道を踏み外すと他の人々は目を回す。人は学者の意向に左右されるのだ。だが盲人の導き手が盲人なら、どういうことになるのだろう。真理について争うと真理はどうなるのだろう。論争が激しいと真理は失われるというのは、古来から言われてきた真実である。他人から勝利を得ようとすれば、詭弁を弄しがちになる。真理がどうなるかは重要ではなく、ただ敗れなければよいのだ。だが真の見解を擁護する人は、ふつう無知に対して激しく罵倒するものだから、それによって相手に憎しみを抱かせ、真理に抵抗させる結果にならざるをえないのである。

言語の混乱の損害

二十四．言語の混乱から主要な損害が生じている。つまり、私たちが共通の絆をもたないかぎり、身体同様魂も隔てられたままなのだ。互いに通じ合わないかぎり（私たちが一つの唇の一つの国民であればそうできるのだが）、私たちも多くの国民も、私たちの善と悪に無知のままだ。そこから、悪を嘆かず、助け合わず、善を分け与え共有する力もないという状態になっている。

そして政治の損害

二十五．特に目につくのは、統治者の競争心が人類に損失を引き起こしていることである。思い出すまでもない、あの最も忌むべき破滅的な戦争が、人類にどれだけ大きな災難をもたらしていることか。おお、神よ！　ほとんど四十年間、ヨーロッパを不幸に焼き尽くした現在のこの戦争を眺めれば、それはまったく明らかとなろう[9]。戦争によって多くの都市が壊滅し、多くの地域が荒廃し、人々は打ち倒され、繁栄していた国は破壊され、王国全体は廃虚となった。しかもこの狂気はまだ終わっていない。生き残った者はこれを完遂しようと熱心に励んでいる。この悪に限度や終わりがあるのだろうか。

また宗教にも損害が

二十六．そして宗教者の競争心はどうなっているのか。狂信的で物事を際限もなく紛糾させる人は多いが、神と人間の間の平和を保証し仲介すべき人々が、まさにそうなのだ。さらにいっそう災いなことに、宗教者自身がもつれにもつれた論争を果てしなく作りだして、学者の才能と無学者の良心とを際限なく疲れさせている。そして楽園で楽しみに満たされていたはずの魂を、苦悩と苦痛で満たしている。多くの人はこの世の生活にうんざりしきっており、あの世の生活も不確実で、どこに向かったらいいのか知らない。このようなことに対してはどうしたらいいのか。どこに、誰に、真の着実な慰めを求めたらいいのだろう。このような悲惨に対しては生まれるよりも生まれなかった方がましだったのではないか。そして死の深淵に落ちて、この先どこに行くか知らない方がましなのではないか。

悲惨の終わりは生の終わりによってもけっして望めない

二十七．異教徒の中には、人生の災難に対して、死に逝くことが慰めだと望んだ人もいた。だが永遠の災難に対してこれは何の力にもならない。死による終わりに期待などできない。ではどうするのか。私たちは運命に嘆き悲しんでいる。現在と未来の生と死のかくも多くの恐怖に対して、恐れることなく立ち向かえる着実な何かが発見されない限り、悲惨だ。おお、神よ、神よ、神よ、憐れみたまえ！

第七章　改善についてのこれまでの熟慮

人間に関わる事柄の改善については、堕落の始まり以来今日まで熟慮されてきた。

一．熟慮するとはどういうことか。三つの方法で行われる

熟慮するとは、新しい事柄の正しい確立、堕落した事柄の再建、失われた事柄の回復、これらについて考えようと人間が企てる時に行うことだと言われている。それは、（1）各人が自分の魂で、あるいは（2）友人との相互の会話で、または（3）ある事柄そのものに即して、悪を避け善を得ようと試みることである。

二．人間に関わる事柄の改善については常に熟慮されてきた。神の面からも人間の面からも

人間に関わる事柄の改善についてはこの三つ、つまり、思考、会話、企ての努力によって、神と人間に関して、常に継続して、様々に、飽くことなく熟慮されてきたのである。神は人間に関わる事柄の崩壊をけっして見過ごさなかったし、人間は何についても自らを疎かにはしなかった。滅びた人類の再生に際して神が行ったことおよび行っていることについては（神は堕落の最初から、私たちの誤りを改善しようとすべての道を探り、神の摂理のすべての御業をそこへ傾注しているはずだ）、別の個所に留保することにして、今は人間自身が自分の問題の改善のために試み努力したこと

を調べてみよう。

三．どんな時代にも、知恵ある人々の努力が変わらず存在した

私はこう判断する。人間に関わる事柄の始まり以来生きてきた、知恵ある人々、敬虔な人々、思慮深い人々の、思考を調べ、話に耳を傾け、著書を読み、行いを考察することができるなら、それらは人類の病の探究と病に対する治療の様々な探究に他ならなかったことがすぐに分かるだろう。もっともすぐ明らかになるように、その結果は願望に比べればいつもわずかだったのだが。

四．その他の大衆も（何をしているか自覚していないものの）やはり何かしら行っている

その他の群衆がかつて行ったこと、今も行っていることも、自分たちの問題の改善のための絶えざる努力に他ならない。もっとも何をしているのか理解していないのではあるが。というのは、どの人間も何かを知ることを願望している。知るために日々知識を増大させようと、つまり日々何かを聞き、見、触れ、行動し、何か新しいことを工夫しようと努めている。無為無策でいるのは誰にもほとんど不可能だ。自由を得るためあるいは自由を守るためには、何でも試みるのが普通なのではないか。奴隷は隷属状態を振り払う機会を得るのに何と熱心なことか！　また良心のためには誰もが何でも行うものだ。良心を平和に保とうとして、神に従って非常に穏やかに良心を保護する人もいれば、罵倒する相手から守るために力まかせに良心に訴える人もいる。さらに、死すべき定めの人間の誰もが、自分の運命に満足して暮らしていないのはどうしてか。自分を善くする何かをいつも誰もが探しているのはどうしてか。他人の判断では幸福と見えるほどありあまる財産を持っているのに、常に何かが足りないと感じ、もっと増やそうとかもっと良く変えようと考えることを止めない人もいる。また人間の本質にあまり関係ない財産、名誉、快楽などを追いかけている人は、自分は善を追いかけていると納得して、それらが自分を高めてくれると希望している。そしてそれらを渇望し、さらによい状態への願望を抱いている。

事柄の改善のためという明らかな名目で行われた一覧

五．そのような大衆による日常の事柄や個人的に行われたことはともかくとして、賢者によって公けに表明され試みられた、事柄の改善の意図を検討しよう。まず知恵を求める熱意、次に宗教、最後に政治の思慮について検討する。それに加えて、一つでも治療の効果が見いだされたか、良い方向に前進したかということも調べよう。

Ⅰ．哲学の分野での努力

（1）知恵への熱意、つまり哲学では

六．知恵への熱意における最初の試みはこういうことだった。何人かの才能に優れた人々は、事物の観察にすっかり没頭し、生涯をかけて事物の自然を探究し、自己と他人のために認識の明るさを増大させることにだけ専念した。それに哲学、つまり知恵を愛するという名がつけられた。そのおかげで人間の才能はずっと前進し、多くの知識、技術が考え出された。

（2）理論を作りだす哲学者の習性

七．だがそれはどこでも事物の核心に浸透するわけではなかった。後のものが前の時代と異なって観察されたり、同じ時代のものでもこれとあれが違って見えたりして、そこから新しい仮説が生まれ、あれやこれやの試みがなされ、より良いものを作り出そうという努力が続けられた。そうしてすべてが誤りのない形式と規範にまとめられ、前よりも良いものが発明された。しかし自分の理論を放棄するのを不名誉と恥じる人がいたり、新しい発見のどれも確実ではないと思われたりすると、哲学の様々な分家が生まれ分派に分かれて、自分たちが気に入る理論を擁護するように

なった。それが、事柄の真理をより鋭く探究する機会ともなったが、逆に真理について論争して疑いを抱き、ついには様々な誤りに陥ったりする機会ともなったのである。

(3) 理論についての議論

八. そこで、すべての人に同じやり方で問題を提示するような明るい光がどこにも現れず、人間の不一致が魂を悩ませるようになると、理論や真理や蓋然性についての争いが引き起こされた。それが議論の起こりであり、どの時代もすべての学者が必死に取り組んでいるものである。たしかに、あれこれの真理を引き出す効果がないわけではないが、取り組む価値はない。というのは、そのような議論は、最も確実な証拠によっても問題は理解されないということを明らかにするだけだからだ。もし問題が理解されるものなら、見えるようにはっきりと示されるはずだ。そしてあのお決まりの論争の激しさ、口論、叫び声、憎悪は何を示しているのだろう。たしかに目が見える人は、盲人にたいして怒らずむしろ同情するのが普通だ。つまりあの格闘競技のような議論は、認識の明かりを増大させるには不適切なのだ。

(4) 同僚同士の穏やかな探究

九. 同僚との研究で、見解を穏やかに比較する方を選んだ哲学者の取り決めは柔軟なものだった。そのような同僚の団体は、古代人の下では慣例となっており、家長の共同体、エジプトの司祭の団体、バラモン、マギ、ドルイド、ラビなどの団体に見られた。また今日も存在している。イタリアの月の学会、フランスのバラ協会、スペインの照明学会、ドイツの果実の学会など、その他にもいくつかある[10]。

(5) 公的専門職と学校

十. また、いっそう公共の利益になるようにと公的学校を開く相談を始めた人もいた。そこに大勢集まって、任意の問題について知恵を様々に開陳する人の論述を聴講し、それによって魂が知識の明るさに触れることは誰にとっても自由とされた。これはたしかに多くの人にとって大変な前進だった。そこでセネカは、「哲学者は人類の教師と呼ばれるべきだ」と述べたのである[11]。

(6) 公けに執筆された書物

十一．また、学問の明かりがそこに不在の人にも広まるようにと、書物を執筆してすばらしい記憶に値する事柄を記録しようという計画が始まった。図書館に保管して要求に応じて閲覧させたり、あるいは多数書き写して誰にでも共有できるようにした。こうして知恵の熱意が様々な国民や言語の民に拡大する機会を与えた。

(7) 書物をもっと速く書き写す印刷術

十二．この計画は印刷術の発明によってさらに強力に促進された。信じられない速さと優美さで書物を複製できる技術によって、誰もが簡単に、意のままに自分に教えて知らないことがほとんどない状態になったのである。この技術のおかげで、古代から私たちに伝えられた遺産のどれもが、光の下に引き出された。また、私たちの時代の才能が生み出したものも（古代よりも豊かさは劣るが）、国民から国民へと簡単に伝えられている。もしもただ、この神の賜物の悪用が一つもなくて、恩知らずということにならねば良かったのだが。というのは野心や貪欲のために、書物が（良いも悪いも）不必要に増加し、洪水のように氾濫して学校と才能を困惑させているのだ。以前は書物への飢餓感はたいそう大きかったが、今や食傷気味となっている。そして書物を題名で買い集めるような怠慢な人も出現している。どんな場合も役に立つ必要な書物を見つけられると信じるだけで、魂に事物の知識を備えるということに配慮していないのだ。そしてこの時代は、博学なのは書物であって人物ではないということになっている。古代人は知恵を胸の中に携えていたのに、私たちは紙の中に持ち運んでいることになる。

（8）新しい書物を書いたり読んだりする飽くことのない情熱は、学問が不完全な証拠である

十三、このような様々な努力がいかに多くても、まだすべての知恵が古代から私たちに引き出されているわけではない。それはこの世紀に、たゆまず勤勉に書物を書く人がおり、新しい書物を読みたいと熱望する人がいる証拠となりうる。このようなことはこれまでのどんな時代にもなかった。そして最近の書物で、これまで知られていなかった多くの事柄があらわにされたことは認められねばならない。そこで、書き手も読み手も、これまで存在していた数では不十分であり、探せばもっと良いこと、適切なことがまだ残っている、と公的に認められたのではないだろうか。あれこれの学問に関して隠れた知識をもっているという自慢については、私は黙して語るまい。人々がそのような知識を本当にもっているにせよ、虚しく自慢しているだけにせよ、学問の状態は事物にとっても不満足で、人間の貪欲さにとっても不満足だという証拠は一般によく知られている。

（9）また教授学者の新しい努力も同様

十四、これらすべての最後に登場するのは、私たちの時代に少なからぬ数で至る所に現れた教授学者の一団である。彼らはたいそう苦労しながら次のような道を考案し説明しようと努力した。すなわち、未開の精神から無知を取り除き、学校の誤りを正し、学校教育の拷問を軽減するにはどうしたらいいか、それに対してより完全で着実な学問を、少ない苦労で、教える人にも学ぶ人にも嫌悪感を抱かせずに、準備しなければならない、と。この目標に到達するために、ある人はある根拠を考え、別の人は別の根拠を考え、才能と勤勉さも違えば成果も違っていた。どの人の試みもすべてが称賛に値したが、誤りの根本的除去はまだ誰も有効に見つけていない。なぜなら世界はこれまでとほとんど同じ闇と野蛮の中にあり、いつも同じように苦労している。たくさんの知恵の財宝も知恵を注ぎ込む漏斗も、大部分の人の下では使用されていないままだ。

II. これまで宗教では何が試みられたか

(1) 公的な聖なる集会

十五. 宗教の状態の改善のための試みもまた様々であった。第一に、古代から、祝祭の日に聖なる集会をもつ慣習をすでにどの国民も受け入れているのが観察できる。そこでは集まった大衆に、神への崇拝を献身的に示すように、言葉と実例で教えるのである。だが逆に、そのようなことをまったく止めてしまった国民もあり、堅持している場合でも永遠の威厳者にふさわしいことはほとんど行われていない。

(2) 様々な聖なる儀式

十六. だが聖なる事柄の優美さがなくならないようにと、人間を聖なる集会に誘い関心を維持させるように、神についての多種多様な聖なる儀式が制定された（人間についての儀式すら発明された）。それらは感覚を捕え、人間の行うべきことへと魂を刺激した。だがそのような儀式は廃れてしまったものもあるし、迷信に堕してしまったものもある。それは私たちが別の場合に眺め、非難している通りである。

(3) 様々な聖なる教団

十七. このように儀式ではすべての人を宗教的精神へ引き寄せることができず、人間と儀式の混乱が魂の純粋な熱意をかきたてるよりもむしろ混乱させた。そこで、どの国にも時代にも起こったことというのは、とりわけ敬虔で神に献身する人々が、独自の教団もしくは団体に結びつくことだった。そこでは彼らは厳格な規則や儀式、修行により真剣に献身的に神に仕え、互いに義務を負い模範となって励まし合ったのである。

(4) 様々な宗派

十八. けれども、宗教の状態全体が堕落したように思われ、その改善の希望がまったくないとして、教会の集会から分離し、独自の集会と独自の宗教を設立する事例が、ユダヤ教、キリスト教、イスラム教のもとで見られた。そうして教会分裂がおき、宗派、異端が生まれた。神にできるだけ純粋に仕えようという願望は人間の魂には止めどがなく、また、いっそう真でいっそう善なることをもっと見たい、それを他人に示したい、また示してくれる人に従いたいという欲求には打ち勝ちがたい。

(5) 宗教への無頓着

十九. かつてローマ人は、どんな神々や女神の宗教でも、どこかの国に見られるものなら自分の国に受け入れた。それが何であれ、真の神の礼拝から逸脱することはありえないと思ったのである。そうして彼らはすべての神々にそれぞれ寺院を建て、ついにはすべての神のためにパンテオン〔すべての神々〕と呼ばれる一つの寺院を建てた。ちょうどアテネ人が「未知の神」に祭壇を建てたのと同じである。だがそれは真の神と偶像との混同、純粋な宗教と偽の宗教との混同であった。真の神は一つしかありえず、真の宗教は一つしかありえない。真理が一つしかありえないのだから。

(6) 宗教の不寛容

二十. 何人かの人は反対の道を進もうとした。唯一の宗教つまり自分の宗教以外は許さなかったのである。自分たちが従っている神を崇める道のみが正当だと信じたので（だがそう信じない人がいるだろうか）、その唯一の神を広めて、その他のいわば嫌悪すべき神を滅ぼすなら、神への崇拝を果たすことになると考えたのである。この情熱のゆえに、今やほとんどの人が、自分と相違したあらゆる宗教を根絶できると切望するほどに、熱中し興奮しているのが見られる。機会と力が許すならば進んで実際にそうしようと思っているのだ。だがこの情熱は知識に基づくものではない。すべてを耐える神はこのような見本によって導いたりはしない。

（7）すべての宗教の否認

二十一．最後に、宗教のかくも多くの混乱のために恐怖に捕われ、良心の平穏を、宗教を否定することによって、つまり神意を否認することで得ようとする人が見いだされた。そのような人々は、永遠に不安にならざるをえないような元が取り除かれたら魂にとってまだましなのではないか験そうとしている。これは愚行の極みであるが、しかしその同じ泉から別のことつまり神意の感覚も流れ出ているのだ。人々は神の恐怖から逃れようとしている。

これらすべてはどこに向かうのか

二十二．そこで、神との交際を崇め良心を平穏に保つためには、どんな試みも残っていないように思われる。ともかくもある前進の証拠がある。つまり、以前は非常に強力だった狂気、多神教（多くの神々の崇拝）が、今は神のおかげで除去されたのである。今地上には多くの住民が住んでいるが、私たちは天と地の創造主である一つの神を崇拝しており、誰を崇拝すべきか知らない者はほんのわずかしか残っていない。これらの人々をも永遠の光が照らしますように！　そして他の人も、視界に明るく輝く方に従い、私たちもその方をありのままに見て、その方が喜ばれるように従うことになるだろう。

III．共同生活の平和のために何が試みられたか

（1）社会の設立

二十三．さて、人類の平和と協調の維持のために、何が試みられたか、その試みがいかに多様であったか、そして成果はどうだったのかを検討しよう。最初の手段は社会の設立であった。そこでは多くの肢体が一つの体に合体して、一つの頭によって秩序よく統制されているようなものだ。そのような社会の最初が、一つの家庭の中の家族であった。次に一つの村に多くの家族が、一つの都市に多くの村々が、さらに一つの地方に多くの都市が集まって社会をつくり、さらに一つの王国ができた。このような従属関係が、すべての事柄におけるよき秩序の基礎である。けれどもそれだけでその他の絆がないままならば、逸脱を抑制するには十分ではない。

(2) 法律の絆

二十四． そこで、人間に法律が持ち込まれて、各人が自分の立場で自分の任務を知り、指示に従い規則に基づいて暮すのが慣例となった。これは外面的に秩序を維持するには不適当な手段ではないとしても、内面の不安を取り除く力をほとんどもたない。なぜなら、人間の自然本性は生まれながらの自由を覚えており、法律によって拘束されるほど耐えがたいことはないからである。私たちは(むしろ)いつでも禁じられたことを得ようとし、拒まれたことを欲する。自発的であることを欲しているからだ。

(3) 非難を逸らす

二十五． そこで、賢者、哲学者、詩人が権力の補助となった。彼らは、理性的な動物が導かれるのではなく獣のような衝動で動かされるのを欲するとすれば恥ずべきことだと非難した。デオゲネスは昼間にアテネでランプを灯して人々の雑踏の中を徘徊し、人間を探していると言った[12]。獣のような状態の大衆を狼狽させて、何らかの認識を促そうとしたのである。ヘラクレイトスは、人間がいつまでも愚かであるのをいつも嘆き悲しみ涙を流していた。デモクリトスは逆に、どんな人を見ても笑い、誰も彼もうわべだけで嘲笑に値すると証言した。その他の人も同じような意味のことを行った。特に、喜劇詩人、悲劇詩人、諷刺詩人は、ある時は人間の自然本性を誉め称えその本質を書き綴り、またある時はそれを辛辣に非難し、悪人の恐ろしい最期を予言したりして、公演につめかけた民衆に美徳と悪徳の見本を、賞と罰を、見せたのである。だが混乱は、不平や嘆きや嘲笑では（治療手段がないなら）除去されないことを問題自体が教えたのである。大部分の人々は、自分たちの愚かさを、かの賢者たちの嘆きと笑いといっしょになって笑いとばしている。

（4）実践哲学すなわち道徳哲学

二十六． そこで、苦しんでいる人間の自然本性を、良く相談して助けようという探求がおこった。そこから哲学の研究（事物の目的を追求し、目的に合わせて手段をたてる）が生まれた。哲学はたいそう持ち上げられて、魂の薬、人生の指導者、美徳の探求者、悪徳の駆逐者、至福への光、また人間を神と同等にするものなどと称賛されたものの、あまり役に立たず、大部分の人はその声すらも聞き分けず事柄を理解しなかった。

（5）違反者に定められた罰

二十七． そこで法の違反者には罰が定められ、処罰された。罰がなければ悪が野放図になって抑制されず、人間社会がどこでも存立できないからである。それでも悪意と暴力を阻止することも、ましてや除去することもできない。牢獄、さらし台、磔棒、それと同じような犯罪者と犯罪を抑制する道具がけっして無用の長物になってはいないことは証明ずみだ。

（6）様々な統治形態の試み

二十八． このようにすべてがぐらついており、統治形態の試みも様々である。ある時は一人に国全体の支配をゆだね、ある時は複数の選ばれた人に、またある時は全員無差別に支配権を託したのである。だがそれら個々の政体（君主政、貴族政、民主政）にはどれも不都合な点があり、秩序の制約をそれぞれのやり方で解決していると見受けられた。つまりどれにも何らかの暴力が混じっているのである。そこで人間の精神に内在している自由への愛が屈服することはありえず、自由が至る所で包囲され抑制されている（一人あるいは複数の人に委ねられた権力が悪用されている）と感じて、与えられた体制の終結を要求しないわけにいかないのだ。

（7）同盟の行使

二十九．お互いの安全を確保するために、同盟を結ぶことが始まった。最初は、確かな法に基づいて王が臣下と、また逆に臣下が王と同盟したのである。次に隣接の都市、地方、国が同盟した。だが同盟が損なわれたと一方が感じ、不平を述べたり抗議したりしても問題が改善できないなら、戦争によって不正に対して報復し、自らの自由を回復しようと努めるのである。

（8）一人の長の下での権力の回復

三十．対立の治療法として、あまり暴力的でない試みもあった。つまり、対立の機会を防ぐために、ひとつの王権の下に多くの国土が再集結するのである。そうして、小さな国の結合が、一人の長の下に世界中の国々がまとまるまで行われる。だがこれは、多くの君主国や国民によって何度も試みられたにもかかわらず、まだこれまで十分な成果をあげていない。一人の人間がすべてを満足させるのは不可能だからだ。君主国の状態ですら、多くの人に管理を委任しなければならない。だがそのような人は、仕えるよりも支配したいという野望をもち、自分の主君に反抗して国から追い出したり（これは一度ならず起こったことだ）、あるいは金めあての雇われ仕事のようにおざなりにして、物欲と情欲にふけっている。そこで国民はがまんできず不満たらたらで、ついに騒乱、暴動、戦争、国の荒廃がおこり、その荒廃からまたもや新しい、だがいっそう小さな王国が生まれるのである。

にもかかわらず戦争の原因は常に存在し続ける

三十一．王国と共和国の衝突の結果はこういうことだ。世界は流血の洪水や恐ろしい荒廃をすでに何度も被っているのに、戦争の原因は存在し続けている。一方が他方の自由を侵害し、逆に他方は自分の自由を守るために警戒し、実にささいなきっかけで争いと殺戮になる。それを止めないかぎり、戦争は存続し続けるのだ。

むしろ混乱は日々どんどん増大している

三十二．このように、宗教で何千もの試みが、政治で何千もの試みが、学問ないし知識の分野で何千もの試みが行われたものの、誰もが満足する成果は何も見いだされていないのが分かるのである。大部分の人は自分のものを称賛しそれを気に入っているが、それらは実にどれも良心の咎めのないものはなく、自らの状態に危険のないものもない。互いの側に奇怪でないものがあるのだろうか。たしかに、治療薬だけでは目立った成果は何もなかった。それだけではなく、薬そのもので悪は増長したのである。宗派は互いに相手を絶滅させようとするが、消滅せずに増大している。敵を征服しようとするが、根絶するどころか根づかせている。多くの人が学問に走り寄ってくると、ますます紛糾する。このように、まず病気に苦しみ、次に治療薬で苦しみ、そして今は両方に苦しんでいる。私たちは病気にも治療薬にも耐えることができない。

それは医学の事例で明らか

三十三．これまで得られた治療薬は、病気を強めただけだったということは、事例から明らかであろう。医学は人間の知識の遅れた分野ではない。医学がどのように進歩しどんな成果があったかを検討してみよう。古代人の病気の唯一の治療法は生活の節制であった。人々が次第に節制から享楽へと外れて不節制へと逸脱すると、あれやこれやの病気が吹き出てきた。人々がそのために探して見つけた治療法は、最初は粗野なものだったがそれで十分だった。次に、病気と共に医術が、医術と共に病気が、お互いに果てしなく増加した。なぜなら医術はできるだけ病気に抵抗するが、逆に病気も医術に抵抗するからである。医術は人間の体にたえず様々に働きかけ、体に潜んでいる病気の種をたえず誘い出し刺激する（そんなことをしなければほとんど表にでてこないのに）。そして人間はといえば、医学が病からの避難所だと信頼し、あらゆる不節制へと転落し、自分の中の毒の力を呼び覚まし、どこまでも健康の崩壊を引き起こす。そうしてついに医学のどんな力も屈服するのである。医学を知らず利用しない人は非常に幸せだ。利用する必要がなければ節制して予防するのだから。

法学の事例でも

三十四． 正義を統制する問題でも事情は同じだ。法と法解釈はたいそう発達していて、現実に適用すると限度を越えて難しく、不安定で、危険で、あまねく歪んでいるほどだ。すべてに無知で、ただ自然の権利の命令にすべてを処理させる方がましだと思われるほどになっている。統治の見本はあまり文明化されていない国民に見られる。それは野蛮人の特徴だとみなす人も中にはいるだろうが、彼らは介在する争いをお互いに公平に正しく決着させ、争いごとは少なく、自分のものを静かに保有しているのだ。

哲学の事例でも

三十五． 知恵への熱意である哲学も、同じように判断される。哲学は拡大し、何千もの小部分に分裂し、どんな小さな問題についても（普通の哲学はこれまで大きな問題を無視してきた）意見を提示し、些細な難解な問題で錯綜しているので、その問題に入り込む人はめまいに（感覚のめまいかあるいは幻想のめまいに）襲われずにいることは不可能なほどになっている。果てしない憶測によって果てしなく動揺し、知識の光のかわりに憶測の煙の如きものを有しているくらいなら、ほとんど知らない方がましだろう。

最後に神学の事例

三十六． 宗教の礼拝、神学についても、真理と称するものは、神と神の事柄についての憶測、無限の混沌に他ならない。地上に見られる多数の宗教を互いに比較したり、それぞれの宗教を個別に考察したりしても混沌しかない。すべての宗教を調べようと欲しても、その数を誰も数えられない。一つの宗教を究めようとしてもできるだろうか。そのうちの最も粗野な宗教は闇の深淵にすぎず、その空虚さは神と神の事柄についての最も奇怪な考えよりもさらに恐ろしい。それに対して、最も崇めるべきと見なされたいと欲している宗教では、神学が何千もに分裂した問題、疑念、論争、終わりのない災いと争いを抱えており、どんな才能の人も些細なことすべてを把握できず、良心の咎めに耐えるには不十分だ（その難問に取り組もうとすればするほど、さらに難問が発生する）。このように、どこまでも続く断崖に打ちつけられ、精神がいつまでも苦悩で責められると、次のような推測に至るのは不当とは言えなくなる。分派的で争い好きな宗教を知らずに、神意と精神とのただ一つの静かな隠れた交際を崇める方がずっとましだ、と。

第八章　改善の努力を止めてはならない

人間に関わる事柄の改善についてさらに熟慮すべきなのだろうか。それはどのように切迫しているのだろうか。

一．悪に屈してはならない。なぜなら、

私たちの悪は非常に強力になってしまい、治療の余地がもはやほとんど残っていないと思われるほどで（試された薬が致命的なものになったからには）、もう痛みも感じないのだろうか。私たちはすべてから手を引くべきだろうか。とんでもない！　病気が治らないのに医療を止めるのはふさわしくない。むしろ熱心に、多種多様に追求し続けるべきだ。次の詩人の言葉のように。

病が様々なのだから、医術を様々に変えよう。
悪が何千種もあればその救済も何千種もあろう[13]。

（１）病は時と共に衰えるから

勢力が衰えつつある病に出会った医者は幸いだ。初めは強力な治療薬でも手に負えず治らなかったのに、後になると弱い薬で治ることがある。だから、私たちのかくも長引く悪に対して、時の経過が何らかの助けにならないかどう

か、誰が知ろう。たしかにある種の若い時の病気にとっては、年を取ること自体が治療薬となるものだ。

（2）私たちの善の根は腐っているとはいえ、まだ根絶されてはいない

二．人間に関わる事柄は堕落しているとはいえ、まだ根絶されてはいない。なぜなら、誤り、欠陥、混乱の酵母の下でさえ、神の御業の塊が残っているからである。知りたいという願望、神を崇める感覚、穏やかな行動への愛、これらは存在している。これらを再建したり新たに創造したりする必要はなく、修復して自己の範囲内に戻し、神の助けを得てはみ出さないようにすればよいのである。善への衝動が衰えている、真理の観念が曇っている、実行の能力が弱っている、そんなことは妨げにならない。このようなことはどれも、堕落の中にあっても本来の力を発揮しており、さ迷いつつも目標を探し、堕落を神の御業の助けで凌ごうとしている。だから人間はどうして悪事を犯すのだろう。いや、何がしかの善の外見の下でなければ犯さないのだ。偽りが大好きなのだろうか。いや、真理の外見をしているから好きになるだけなのだ。やるべきことを避けているのだろうか。いや決して。不可能とか困難とか無益とかの外見の下でしか避けることはない。それだから、ほんとうの真理、ほんとうの善、ほんとうの可能性、容易性、有用性を、ほんとうに見るために、仮面をはぎ取ろう。今は見ていないので欺かれている人は、見れば欺かれないと喜ぶだろう。そして個々の能力がそのほんとうの対象を喜んで追いかけることだろう。

（3）それは迷っているとはいえ、内部で今もなお強力に活動している

三．人間には、以上のような能力がないのではなく、強力に存在しているということがここで明らかにされる。それらの能力の活用方法を知らないかぎり、それらは何もしないでおとなしくているよりはむしろ、私たちを無限の誤り、欠陥、無分別へ、そうして災いへと駆り立てるのである。つまり人間は、まったく何も考えないよりは誤ることを好み、何も求めないよりは悪を選ぶことを好み、鈍感であるよりは悪事を行う方を好むのだ。そこで、ほんとうの

真理、善、容易性が、食料を切望している探求者に差し出されるように取り計らえば、改善を促す活動の希望があるのではないだろうか。たしかに希望があるのだ。知性に他ならぬほんとうの対象が示されたら、共通観念がちゃんと居合わせて、その対象に同意するはずだ。意志に他ならぬほんとうの善が示されたら、共通衝動がちゃんと居合わせて、善に突進してつかみ取るはずだ。実行能力に他ならぬ正当な活動内容が示されたら、調和への愛が、その内容を奇怪にではなく美しく作用させるべきだと誰に対してもすぐに勧めるはずだ。なぜなら実際、人間の自然本性は何かを成就することを求めており、真で善で可能な何かを他人が獲得するのを見ると、自分は獲得できないと絶望し、嫉妬し嘆き疲れ果てる。つまり誰でも自分の回りにあり自分に関係することを知るのがうれしいのだ。自分自身と自分のものを治め、すべてを自分の指図で成功させるのがうれしいのだ。慈悲深い神がいて、この世と永遠において、神の好意により幸せであるのがうれしいのだ。悪いことがあるくらいなら自分が存在しない方がましなのだ。そうして、他人が享受しているものを自分が持っていないと分かると、歯ぎしりし、苦しみ、悲しみ、絶望に陥るのである。

四．人間に、自己のほんとうの善がほんとうに示されさえすれば

そこで、人間に自己の善すべてを示すことができるならば、それに向かわない、いや魅了されないということはありえないだろう。そして何らかの善の一部に魅了されたら、善の全体を得たいと思わないだろうか。（火は火花よりも作用が大きく、海は滴より、山は土塊より素晴らしいのは当然である。）今は人間は自分の善のすべてに気づいていない。なぜなら目的、特に最終目的に気づいていないからだ。ほんとうの善と見せかけの善とを区別していないからだ。善の段階にも注目せず、善とより良い善と最も良い善との間で選択することを知らないからだ。そして、気づいている人の場合も、得ようと努力している範囲内で気づいているにすぎない。だから、すべてを見て、誤らずに見て、劣ったものではなく良いものを選ぶなら、希望がもてるのである。

そしてそのためのほんとうの手段が示されさえすれば

五． そこで、人間に自分のすべての善を得るための十分な手段を適切に示すなら、祈願を悲惨に貶めているあの多くの逸脱を確実になくすことができよう。なぜなら人間のどの誤りもほとんど結びついており、どの手段を目的に適応させたらいいのか分からないのだ。そこで、あれやこれやを当てはめたり当てはめなかったり、まずく当てはめたり、一定しなかったりして、目的と祈願から逸脱しているのだ。

習慣によって悪に結びつけられている実行能力が解放されさえすれば

六． さらに、もしも人間のすべての実行能力が妨害から解放され、自分が欲していることや知っていることが実行可能なのだと知るなら、自己の最高目的に向かって進んでいく希望がもてる。そうしてその結果、共通の衝動と共通の観念が秩序立てられて、（精神の面前で）体系化されれば、事柄の別の様相が現れてきて、魂と意志と行動の一致が期待できるだろう。

同じ泉から同じ小川が流れ出る

七． その一致は次のようにおこる。共通の衝動が、すべての人が何を欲すべきかを、意志の不和がおきないように、私たちに教えるはずだ。共通の観念が、どのように事物を基礎から理解しなければいけないかを、知性に対立しないように、私たちに与えてくれるはずだ。共通の実行能力が、どんな行動がふさわしいかを、熱意にそむかないように私たちに示してくれるはずだ。そのようにして共通の泉から、私たち皆が賢くなり、愛し合い、行動するならば、唯一の、真の、善の、全般的な、誰にとっても十分な、哲学、宗教、政治をもつことができるであろう。

それは、これを読んでいる誰にとっても事例で証明される

八． これを読んでいるあなたにお願いしたい。自分で験してほしい。あなたが哲学すれば、事物の原因を通して真理が得られると思うのではないだろうか。ぼんやりするのではなく、どこにでも入り込んで、存在しているものをあるがままに見通し、なぜそうなのかの原因をほんとうに知りたいと思うのではないか。また宗教が崇拝すべきものだとすれば、偽りの神よりも真の神を選ぶのではないか。何の役にも立たない偽りの神よりも、あなたを怒るような神を崇拝するよりも、真の神を崇拝するのではないか。そして統治すべきだとすれば、確実な威厳を、混乱ではなく平穏を望むのではないか。もしもそういう願望があなたの中に見いだせるなら、人類を自分に基づいて評価してほしい。共通の幸福のために共通の祈願を確実に結びつけてほしい。なぜならあなたは自分が善くありたいと望んでいるということを知っており、それは健全な精神の誰もが望まざるをえないことだ。あなた一人の願望は、すべての人の中にもあると気づいてほしいのだ。

九.　すべての人が求めている

だがその他の人を見回してほしい。すべての人が共通の善を共通に熱望し努力しているのが見えることだろう。もっとも彼らは、求めていることが得られるということを、まだ知らない。私たちの中に残っている神の輝きの火花は、非常に明るい魂から輝き出ており、混乱の闇を追い払おうと一所懸命努めている。それらの火花が炎へと結びついて、明るいほんとうの知識の光が、ほんとうの美徳の光が、ほんとうの力の光が、ついに昇ってくると希望するのを誰が妨げるというのだろう。

十.　光輝く哲学を

非常に多くの人々が光を求めており、次から次へと様々な知識のランプを灯しており、私たちはすでに、いわば尽きることなく灯された、十分な真理の光で燃え上がる松明を有しているのだ。ただ、すべての松明を結びつけ、すべての光から一つの光を作り出すような方法を見つけねばならない。それは実に大きな明かりとなるだろう。

完全な宗教を

十一． ある人々は何らかの完全な宗教を求め、その目的のためにいろいろなことを次々と考案している。もしも神が、すべての人がほんとうの宗教が分かるように与えてくれたなら（神はすべての人によって喜んで崇拝され、祝福をすべての人に注ぐはずだ）、誰もがその宗教を受け入れざるを得ないだろう。もしも真で唯一で完全な、神を崇拝する根拠が分かれば、すべての人がその宗教に気づくことだろう。

平穏な政治を

十二． そして世界は平和と平穏を求めている。求めて疲れ果て消耗している。というのは、すべての戦争は、まったく平和のために行われているに他ならないからだ。自分のために平定された君主国、王国、支配を得ようとする側は、他者を戦争で屈服させる。盤石に守られた自由を得ようとする側は、防衛する。攻める方も守る方も、力と武器がなければ自分の領土は守れないと信じているかぎり、戦争が起こる。そこで神が寛大な道によって、真の確実で安全ですべての人に共通の平和を示したらどうだろうか。誰もがその平和を抱きしめるのがよいと判断してくれると、私たちは期待するのではないか。確かに、すべての人間が自分自身の王となり、諸王は王の中の王になり、神に代わって賢明に穏やかに強力に世界を管理するようになると期待するであろう。

至る所で有力な分派間の憎悪が、希望を増大させている

十三． いつかは世界が調和へと戻るだろうという希望を増大させているのは、宗教、哲学、政治における分派が互いに抱いているあの野蛮な憎悪そのものなのである。というのは、憎悪は、統一、真理、善意への愛から流れ出てくるものなのではないか。統一はすべての存在の原理である。統一は部分の合体によって生じ、結びついて同じものが保存される。だから、統一がほんとうであるなら、統一は自分にとって良いことだと感じる。そうして、不統一からは分裂とさらに堕落が引き起こされるから、不安と苦痛が生じる。そこで、統一が破られると思われると、自分たちといっしょに行動しない人は憎むに値するとみなされる。私たちは物事を同じ方法で理解しない限り、知性や意志や熱意の点でお互いに離れてしまい、それが恐怖と恐れ、憎悪と苦痛の原因となる。実にどの自然も苦痛から逃れるものだし、愛を喜ぶのだから、ほんとうの統一の（そしてさらに真理と平和の）、ほんとうの基礎が見つかれば、喜んでそれに突進し、相互の憎悪を相互の愛へと喜んで変えると期待できる。今のところ残されているのは、神による平和な探求の提案を、人から人へと呼びかけて実現させることだけだ。「私たちは何が正しいかを見分け、何が善いかを識別しよう！（ヨブ34―4）」

十四．統一を回復させようとする世界中の熱意

そして、意志を（事物との、人間相互との、神との）調和へと戻すために人間の自然本性そのものは失われていないと思われるので、意志が自発的に向かう方に向かって行動しようといつの日か人間を説得できることは疑いないのではないか。とりわけ私たちが行うのは事物の自然そのものによって行われるのだと説得することは可能だろう。世界は本来一つであり、道徳的にもそうなっているのではないか。なるほどたしかに、ヨーロッパはアジアから、アジアはアフリカから、アフリカはアメリカから、ある国や地域は別の国や地域から、山や谷、川や海によって、互いに交流できないように隔てられている。しかし、共通の母である大地はすべての人々を乗せて養っている。大気と風がすべてに吹き渡って活気づけている。同一の天がすべてを覆っている。同一の太陽が星と共にすべてを取り巻き交互に回って照らしている。誰もが共通の住み家を利用し、共通の精気で温められている。そのようなことは明白であろう。それだから私たちは皆一つの世界の同胞であり、同一の法の下に一つの共和国に集まることを妨げるものがあるのだろうか。かつては、死に定められた存在である人間は野原に散らばって生活しており、互いの交際から切り離されていた。誰もが自分の目で善と見えたことを行っていた。つまり誰もが自分の任意の作り事を考え、自分の慣用

語で自分の家族と話し、自分が欲することを行っていた。そうして人々の思い描く作り事、話す言葉、行う作業はバラバラであった。だがやがて人々は町や都市に住み始め、社会に結びつき、法によって結びつき始めると、これまであちこちに分散していた多くのものが集まり始めた。家族は都市に、都市は国に、小さい国は大きい国になった。そこで、世界のあの唯一の創造主、主人である神が、日々世界を神自身のために開放し、どこからでも行けるようにするのを止めてはいないのだから、同一の知識、法、宗教のほんとうの同一の絆に私たち皆がきちんと結びつき、よく秩序づけられた一つの集合体を形成すると希望するのも禁じられてはいないのではないか。たしかに、分散しているものが多数でも、それを集めることは可能であり、最大のものへと集めることは禁じられていないのだ。

人間の自然本性の同一性も

十五． 人間の自然本性は、どの土地のどの気候に住んでいても、誰もが一つで同じだ。感覚、理性の働き、意志と欲求、実行能力、これらを誰もが同じに備えている。事物と事物の外観、活動と受動も同じだ。神が同じだ。秩序を維持するために、従いそして指導するということを、誰もが慣習として受け入れている。そうして誰もが同じことを、つまり最善を願う。実際すべての誤りは、すべての真理をすべての人にはっきりと十分に示すことを私たちが知れば、すべての人から退けられるだろう。偽りの宗教は、私たちがほんとうの宗教を示すことを知れば、退けられるだろう。圧制と暴力はすべて、ほんとうの自由のほんとうの味をすべての人に与えることができれば、退けられるだろう。そうして後に残るのは、私たち皆が欲すること、できることを、知ればよいということだけである。

すべてがようやく良い結末に向かっているという神の摂理の考察

十六． 神の善意を考察すると、物事がやがてもっとよい状態になるという希望が高まる。神はサタンのためにではなく神ご自身のために人類を創造した。だから神は欺瞞にいつまでも耐えることはできないだろう。そして知恵はと言えば、それは神の御業を徐々に完成し、無縁なものを破壊するのを喜ぶのである。このように神は、自己の知恵の御業を私たちの中で完成させ、サタンの策略を破壊して私たちが恐れないようにさせてくれるだろう。そして神は最高善なのだから、最高目的のない悪を許すことを望まないだろう。つまり悪い機会からも常に何らかの善が生じて、最善にまで高まるのである。このように神は、自分の被造物である人間によってひどく始められた物語を（たしかに神によって賢明に始められたのに、被造物の不合理な行動によって混乱させられている）、最善の急展開へと導くために、すべてを統制することだろう。だから私たちは、かくも不幸な現世の物語が幸福な急展開へ向かうと信頼しよう！

もうすでによい方向へ変化している時代の努力

十七．たしかに、すべてが明らかにある大きな変換に向かっている。地上が作られて以来、事柄の改善に向けてかくも多くの人の情熱が存在して、あまねく成功を収めたことはなかった。だが別の希望を抱いてはいけないのだろうか。秘密の建築士である神の摂理は、様々な人によって、注意深く部分的に努力がなされるように配慮しているのだが、それがようやく目の前に現れてきたと希望してはいけないのだろうか。なるほど現実の建築士は、作業員に自分の企ての根拠を打ち明けないのが普通だが、それでも部分的な外観から、未来の作業の偉大さが判断できるものである。そこでもしも私たちが、最も賢明なる神は（何も無駄に行うことはありえないのだから）、公的利用の時にだけ公的精神を喚起するのだと考えるとすれば、そして教会の救いのための敬虔な努力と神の栄光の増大と、そしてそれらの出産を助ける神の手があれば、私たちが誤ることはないだろう。

だから時代の再生のこの作業を、熱心に推進せねばならない

十八．そこで、私たちに希望があるとすれば、来たるべき善への道を探そうではないか！　そして人類共通の善を推進して、神の善意の従者となろう。実際、私たちの中に神意への何らかの敬意があるとすれば、それを私たちに説得するよりも強制すべきだ。神の栄光についてよく考えるように要求し、それをできるかぎり止めないように強制するのだ。もしもそうならないのなら、私たちには天と地、天使と人間、そして神ご自身が証人としているのに、私たちの父の心を不安で悲しませている、そのような哀れな被造物だということになる。だから進もう。サタンによる足枷を粉砕し、自由の道を目指そう。私たちはその自由を要求するために作られたのだから。その方法と道を捜し出そう。真理を示してくれるように神に慎ましく祈ろう。

けれどもまず難問を取り除かねばならない

一．そのような試みは人間に許されているのだろうか

十九．しかしまず、良心に潜んでいる（これまで私たちの中にもあった）よくある厄介な問題の除去が必要である。人間に関わる事柄を普遍的に改善するというこの提案は、人間の力を越えたものではないのか。神のみに委ねられるべきことが、人間によって無謀にも試みられているのではないか。このことを検討せねばならない。もしもこのような冒険は私たちの良心によって禁じられてはいないということが明らかなら、問題にいっそう自信をもって取りかかり、神の従者として働くことになろう。私たちがそのように行い、また神の知恵が指し示し神の全能が明らかにする道を通って、このような願望の目的に向かって容易にすばやく前進することは、神の善意にかなうことではないのだろうか。

回答。許されている

（1）なぜなら、自分の事柄への権利と力は誰にもあるから

二十．私たちには健全な良心で改善の道を探すことが許されている、いや良心によってそう義務づけられている。

それは以下のことから明らかだ。第一に、各人の力に服している事柄に自分の権利を行使すること（自分の物を自分の使用に合わせること、堕落しているものがあれば改善すること、必要なことに改造すること）は、自然の権利に従って誰にでも許されている。私たちの事は私たちのものなのだ。下級のもの（土、石、金属、植物、動物）が私たちの支配下にあるだけではなく、創造主が私たちに寛大に与えてくれたもの、つまり真理のための知性、善のための意志、すべてを追求することを熱望する実行能力、それらも私たちの支配下に置かれているのである。私たちのものはすべて、私たちに与えられ、私たちの監視下に任されている、と私は言っているのだ。もしも私たちが忠実に監視せずに堕落させてしまったなら、改善するのは権利であり天命である。神は改善を妨げないばかりか、私たちが神の賜物を拡散させずにおいて、いつかまた集め恭しく保持するのを見れば、祝賀するのだ。

（2）自分が失ったものを捜すことは誰にも禁じられていないから

二十一．第二に、自分が失ったものを捜すことは、自然の権利によって誰にも許されている。失ったものとは、事物の秩序、魂の合意、良心の平穏である。多くの人々は神すらも、そして自分自身やすべてのものを失った。そこで、失われたものを捜すのを禁じることができる人がいるだろうか。神は事物を私たちのために創造し、私たちを私たちに結びつけ、神ご自身を私たちに与えた。そして神は、ご自身の好意を後悔してはいない。神は本質的に善であり、不変であり、命令を変えたりせず、与えたものを取り返さない。また、求め、頼み、叩く人がいれば、誰にも何も拒まない。だから、失われた善を捜そう！　私たちの罪のために取り上げられてしまったものを頼もう！　隠されたものが私たちに開かれるように叩こう！　この道を行けば、私たちは確実に神に出会い、神のものが私たちに差し出され、私たちのものに戻されることだろう！

（3）誤りに気づいた者には、戻ることを考える力が本来備わっているから

二十二、次のことを考えるべきだ。道に迷った人は誰でも、道を戻ることを（いわんや戻ることを考えることを）禁じられてはいない。いやむしろ戻る義務がある。道に迷い込むことになった用件が重大であればあるほど、いっそう戻らねばならない。入り込んだ所が荒野であればなおさら危険だ。そして私たちは皆、事物の光から、魂の導き手である神から、随行者である天使から、そして私たち自身の協調から、恐ろしく迷ってしまい、肉体と魂の危険な深淵に恐ろしくも墜落してしまった。そこで、私たちが戻ることについて考えを巡らすことを、誰よりも情け深い神が禁ずるなどということがどうしてありえよう。神は私たちに同情して呼びかけ、危険を示し、戻るよう命じ、戻るのに尻込みしている者を様々に叱って忠告するのを止めない。（人生の災難は私たちの誤りを警告する神の手にほかならないのだ。）そこで、誤りに冒涜を加えるようなことは望まず、神は私たちの救済を欲し、願い、差し出しているのだということだけを考えるようにして、戻るようにとムチをふるって呼びかけている方の所へ、急いで戻ろう。

（4）望むことが許されているなら、得ようと努めることも許されているから

二十三、さらに、望み求めることが許されていることは何でも、どうして起こるのかというその同じ根拠を理解することが許されているし、理解できるように探究することも許されている。なぜなら、神は私たちに何も不合理なことを命じていないし、同じく何か不合理なことを被ることも求めていないし、ましてや欲してもいないからである。実に、普遍的光のおかげで普遍的効果が得られると期待されるのだが、その兆候はすでに今でも私たちの中にあることは確かであり、またその根拠を理解せねばならないことも確かである。つまり物事に結びついている根拠を理解することが禁じられていないことも確かなのだ。例えば、私たちは皆すでに、誰に対しても真と善とを教え、誤りと悪を改めるよう教え、その確実な機会を知るように義務づけられている。そこで、すべての人がすべての人に対してす

べての機会に、真と善とを明らかに示し、誤りと悪とを力強く止めさせることのできる方法を捜すことが禁じられているはずがない。私たちキリスト教徒はすでに今でも、各人が自らのためにキリストの王国を拡大し悪魔の国を破壊する義務を負っている。だから、そのための同じ道を私たちといっしょに捜すように人々を説得しなければならないのではないか。私たちは、すべての人と共に平和を追求する義務を負っている。では他のすべての人々に可能なかぎり平和の道を示すべきではないのか。真理を闇から救い出し矛盾から防衛することに、これまで自由な才能の人々が喜んで専念していたとしたら、真理を救い出し、守り、すべてに注ぐよう専念することが、今やどうして許されないことがあろうか。神の良き平和が（神は真理であり、真理を知らないことを望む者は誰もいない）許されるとしたら、真理をすべての人の面前に置く道を捜すべきではないのか。これらの道は相互に結びついており、分けることはできない。

(5) 神が人間に与えるものは、頼み、求め、叩く人に与えるのだから

二十四. 要約しよう。私たちの外に存在し生成することは、私たちの配慮なしで生じている（ヨブ記38―4、12、21その他）。だが私たちが利用するように定められたものは、私たちなしで起こったり配置されたりはしない。例えば、母胎の中での私たちの最初の形成は私たちなしで起こるように見える。だが私たちの精気の協力なしでは起こらないのだ。その精気とは、両親から私たちに移され、肉の塊の中で動き、居場所を形成しているものである。子どもが産まれる時は、神と母親が必要だ。だが胎児自身が協力して、出口を捜し見つけねばならない。そしてまた産婆と立会人は何もしないわけにはいかない。さらに子どもを大きく成長させるためには、身体と魂について必要とされることがたくさんあり、人間の助けで行われることは明らかである。なぜなら生命そのものはともかくも神の賜物であるが、食料のおかげで生き続けられるからだ（食料の調達と準備のためには私たちの手が必要だし、消化のためには内臓器官の働きが必要なのだから）。病人の健康を回復させるのは神であるが、医者と薬の助けがいる。神は創造された人間に対

して、幸福な状態の維持に必要なものを何でも、人間に関係なく用意したが、やがて人間が自分で維持するように命じた。神はノアに破滅から逃れる手段、箱舟を指し示したが、ノアが自分で建造する必要があった。神はイスラエル人を紅海を通して導いたが、彼ら自身も夜通し急がねばならなかった。神は約束の地へ導いたが、その地を自分で敵から防がねばならなかった。神はダビデに国を与えたが、彼はその獲得のためにあらかじめ多くのことを行い、苦しまねばならなかった。神は地上に福音を贈ったが、使徒を任命し、国民の改宗のための神にふさわしい道具となるために、使徒たちは招集され修行し備え教えを受ける必要があった。そこで彼らは神の協力者と呼ばれているのである（コリント1―3―9）。だから、普遍的な福音の最後の予告と諸国民の改宗には協力者が必要だろう。偉大な王は自分の息子に大きな婚礼を用意し、そのために、民を招待するために出かける者だけでなく、家で宴会を準備し客を迎える者も必要とするのである。

（6）私たちの協力なしに再生が成し遂げられるのは神にとって通常ではないから

二十五．神は教会の最後の普及を出産と呼んだけれども（イザヤ66―7、8、9）、その補助手段を取り除きはしないだろう。そして出産、つまり新しい光で包まれたその胎児は私たち自身であり、いまや再生の時に臨んでいると私たちが感じているならば、神のために努力しよう！　もしも私たちが再生すべき者の従者であるなら、熱心に産婆役を務め、腹帯、ユリカゴ、食料、繃帯を用意しよう。そのようにして神の意志を満たすだろう。神は絶対的な力に従って世界の最初の時代に完全な知恵を与えることができたのだから、新しく産まれた子どもにその知恵を与えることができるはずなのだが、あれやこれやを行うのではなく、知恵の順序正しい進行に従うのだ。知恵は段階的に前進し、飛躍を認めないのだから。そこから帰結することは、一人一人の人間は、神が知恵を与えなければ知恵を受け取ることができないが、年齢が進むにつれて知恵が増えることを望むなら、勤勉に思慮深く行わねばならず、眠りを覚まされるまで怠惰で不精に待っていてはいけないということだ。そのように、人類が現在の成熟した年代に成熟した知恵を身につけるべきだとすれば、そのために何の配慮もいらないとは夢にも思わないだろう。手段が（何かしらは）あるのに奇跡を期待するのは神を試す不遜な行為だ。

三、これらは私たちの力を超えていないだろうか

二十六、こう言う人がいるかもしれない。「すべての人々を改宗させる努力は、全能の神のなせる御業であり、弱い人間のすることではない」と。答えよう。すべてにおいてすべてを為すのは神であり、神なしではどんな被造物も無であるように、神なしではどんな被造物も誤り、倒れ、滅びるしかない。だが周知のように、神は最初の創造以来、被造物の中で自ら直接には何も行なわず、すべてを被造物自身に行なわせている。特にどの被造物も自分で自分を統治しているのは周知の事実だ。つまり神はどの被造物にも、自分への愛と、自己保存の熱意と、目差すものを獲得する巧みさとを与えたのである。たしかに、神は動物に食物を与えているが、それを自分で捜して手に入れねばならない。小鳥に巣を与えるが、巣を作るのは鳥自身だ。キツネに穴を与えるが、キツネの本性に与えた巧みさによって作らせるのだ、等々。それだから、人間の精神に賢さを備えさせ、何にでも興味を持つようにさせ、とりわけ自分自身の救いについては配慮を怠らないようにと神が命じたのに、自らに配慮するのを軽んじて神を蔑むようなことは人間にふさわしいことだろうか。ふつう人間について神の摂理が行使されるのは、神に信頼された人間が手段を使用し、神を信頼して手段を使用する時だけだ。病人は「主よ、私を治してください」と祈ることが許されている。そして（神を試そうとしなければ）薬の使用が許される、いや必要である。「私たちにパンを与えたまえ」と頼むことは許される。そしてパンを得るために働くことが許される、というより（神を試さなければ）働くことが必要である。要するに、次

のことはどちらも明らかだ。人間は神なしでは何もできない、そして神は人間の働きなしでは人間のために何も為そうと欲しない。それは先にも述べた通りだ。だから私たちは神の忠告を疎んじてはならず、救済に必要な事柄のために熱心に祈り、働かねばならないのだ。

三、これは私たちに委ねられた配慮の領域外のことではないだろうか

二十七、さらにこう言う人がいるかもしれない。「自分自身の救いに関してはその通りで、各自が自分を配慮せねばならない。しかし世界の救済を気づかうのは私たちが望むことではなく、もっと高次の配慮を必要とする」と。たしかに格言にあるように「各人は自分のために、神はすべてのために」だ。答えよう。この格言は慎み深く用いられていると思われ、十分敬虔に用いられてはおらず、意を尽くしていない。むしろ、神がすべてを配慮しているならば、私たちもそうせねばならない。私たちは神の似姿なのだから。これを読んでいるあなた、鏡のところへ行ってみなさい。あなた自身がそのままに、あなたの像が見えるだろう。あなたが行なうのと同じことを鏡の像も行なうだろう。あなたが赤面したら像もそうする。青ざめたら像もそうだ。あなたが像を見つめると像があなたを見つめる。そっぽを向くと像もあなたからそむける。笑えば笑う。泣けば泣く。何かを手に取れば像もそうする。置けば像もそうする、等々。これは、あなたは生きた神の生きた似姿であると教える教訓だ。おお、人間よ！　神が善であるとあなたは分かっているのか。それならあなたも善であるように努めるのだ。神の善意の知らせが分かるか。同じようであれ。神の善へ関与するための招待に気づいているか。同じように行いたまえ。被造物から破滅を遠ざけるために、神が何も行わないわけではないと分かるか。あなたも同じことを行なわねばならないと信じるのだ。さもなくばあなたは神の似姿ではなく、像の残骸だと考えなさい。まさにやるべきことは、神はすべての人間の改善と、改善による救済を求めてい

るのだから、私たちもまた敬虔に真剣に、それを見いだすまで止めることなく捜し続けようではないか。

Ⅳ．これらを試みることは不遜、傲慢ではないだろうか

二十八．「全世界を改革する知恵を授かっている人は誰もいない」と言う人がいるかもしれない。答えよう。公けに執筆している人は皆それを行っているのだ、と。ただ私たちは適用方法が彼らと違っている。例えば、論理学、物理学、歴史学等々を執筆する人は、何のために書いているのか。精神を明るく照らすためにか。確かにそうだ。だがどの精神を？　誰の精神もだ。なぜなら、そのようなことを知ることは、知りたいと欲するなら誰にとってもふさわしいことだからだ。人間の精神は同じ形をしている。ひとつの精神を知ればすべての精神が分かる。つまり何かを賢明に書いている人は、実の所すべての人のために書いているのである。私たちは、適用の方法を除けば、他人より何も優っているわけではない。私たちが追求すべきだと思っているのは、なによりも根拠・理由である。神が人類共通の善に定め、示しているその根拠、そして賢者たちによってあらわにされ共通のものになっている根拠である。これが不遜なことなのだろうか。

Ⅴ．これまでの努力のように、虚しくなる恐れがひそんでいないだろうか

答、それはない。成功しなかった原因がもう知られているから

二十九．神の慈愛が期待でき、良き成功の希望が近づきつつある（私たちが一所懸命やればだが）。今やついに（人間の誤りに対してこれまで試された治療法がほとんど成功しなかったのはなぜかという）原因が、神の善意によって明らかにされつつある。私たちが原因をほんとうに知ったなら、最初の治療法をほんとうに手にしたことになるだろう。ちょうど医者が、病気のほんとうの根源が分かれば、ほんとうの治療法で病気を除去できると確信するようなものである。それだから、私たちも誤りの治療法が見いだせると確信しないわけにはいかない。世界中に存在する誤り、昔のすべての時代の誤り、それらの除去に役立つ治療法を見いだして、もう誤らないように学んだとしたら、確信がもてる。たしかに私たちはどこで迷ったのかがもう分かっている。同時に、どこに戻るべきかも分かっている。これまでどの手段の試みが無益だったのかが分かっている。同時に、まだ試されていない、これまでと反対の治療法を見つけねばならない。そうしてついにいつか、誤りの根源にたどりつくのは必然だ。

三十．医者は、病気のより真の原因を把握したら、事態に新たに取りかかる

たしかに医者は、自分や他人の誤りを通してさえも前進するものである。あれやこれやの方法では治療が進まないと見るや、別の、反対の治療法すら試してみる。そうしてしばしば、最も健康によい処方を見つけ、それでもって絶望的な病気と闘うのだ。これらを私たちの提案の際にも神と共に期待することは許されているのだから、何か素晴らしいことに、良き結果をもたらすという大きな希望に、耳を傾けるのは好ましいことだ。

第九章　改善の新たな試み

人間に関わる事柄の改善が試みられるべきだとすれば、まだ試みられていないまったく総合的な道で、すなわち単一性、単純性、自発性の道に沿って試みられねばならない。

まだ試みられていない改善の道は三つ
（1単一性　2単純性　3自発性）

一．神は、人間と人間に関わるすべての事柄が調和を回復するために、まだ試みられていない道、だが容易で好ましく開かれた三つの道を示している。すなわち単一の道、単純な道、自発的な道である。私たちがこれらを正しく解明し、そして正しく設定するならば、私たち皆と私たちの事柄すべてが、あの望まれた調和の終点に到達しないことはありえないように思われる。ちょうど皆が進む共通の道を行けば、他の人々が向かう同じ所にたどり着かないことはありえないのと同じことだ。

その道は神から私たちに示されたが、私たちは真剣に試みなかった

二．ここで新奇なあるいは驚くべき道が吹聴されていると邪推する人は間違っている。その道は人類と同じく古い。

神はその道をいつでも人間に示し、いつも私たちの面前で使っている。だが人間はほとんど注目せず、十分はっきりと見分けず、決してその道に入り込まずに脇道に散らばってしまった。そこで、もっとよく検討してみよう。まず個別に、次に関連づけて。

単一、単一性とは何か

三. 単一と称するのは、すべての部分が相互に結びついており、全体の運動ですべての部分が動くようにまとまっていることだ。ちょうど天の太陽が、無数の光線で輝いていても一つであるようなことだ。すべての光線が太陽に結びつき、すべてが同時に世界に光を提供している。この単一性と対立するのが多様性である。多様性のもとでは事物は分離され、関係せず、相互に動いたり引き合ったり刺激し合ったりはしない。ちょうど火が、様々な場所に分散し互いに関与しないようなことだ。

単純、単純性とは何か

四. 単純と称するのは、内部が多数の部分から合成されているのではなく、どこでも同じであり、自己充足し一定不変なことである。太陽の輝きがそうであり、自分の源から発して消えることがない。それに対して合成とは、多くのものが混じっており、似ておらず変化し不定であることだ。例えば火の炎は、材木の樹脂やその他の材料によって維持されており、自身で充足せずに燃料を外に求め、そのうち分散する、つまり消えてしまう。

自発的、自発性とは何か

五. 自発的とは、自分で、つまり自由に、それ固有の傾向で起こったり引き起こされたりすることである。ちょうど炎が高く舞い上がると、周囲に光線を放つようなものだ。強制はこれと対立する。強制は自分自身ではなく、他の無縁な運動から為されたり為したりするよう駆り立てられることだ。ちょうど高く放り投げられた石のようなものだ。

単一性、単純性、自発性に戻るとは、どういうことか

六．さて、当面の提案で、単一性、単純性、自発性の道ということで何を理解すべきか、幾分かは明らかにできる。その意味はこうである。私たちは、陥っている多様性から単一性へと戻らねばならない。つまり、際限なく分裂している無数の部分的努力から、共通の救済のための単一の共通の配慮へと戻らねばならない。同様に私たちは、私たちを巻き込んでいる様々な混乱から、私たちと事物のために創造された単純性へと戻らねばならない。そして、私たちの所であふれている暴力から、持って生まれた自由へと戻らねばならない。なぜなら、確かに私たちのものがすべて単純なら、難問や罠もない。すべてが快く自ら心を引きつけ、恐ろしい化け物など何もない。そしてすべてが共同の利用に充てられ、すべての人が賢明に参加できるようになる。私たちの事柄の様相がそれとまったく異なっているということに気づかない人がいるだろうか。

ここで最も重要な三点に注目せねばならない

七．だがもっと詳しい説明が必要だ。第一に、あの単一性、あの単純性、あの自発性を、神は私たちと事物の中にどのように据えたのか。そして進むべき方向を継続的な事例でもってどのように示しているのか（8—18節）。第二に、この道をどのようにして見失い、どうしていまだに戻っていないのか（19—21節）。第三に、事柄のよりよい状態を望むなら、どのようにして戻るべきか（22節—最後）。

Ｉ．神はこれら三つを私たちの中にどのように据えたのか

八．単一性とそこから由来する統一と共同は、神性の像である。なぜなら神はひとつにしてすべてであり、すべてでありしかもひとつである。本質においてひとつであり、美徳の点ですべてである。神はすべての根源、原型、美徳

を自らの中に一つにして含んでいる。それらを外に広げ、多様に拡大しても、すべてをひとつの秩序に結びつけた。世界全体でその全体に関わらず従わないものが何もないようにしたのである。しかし今は世界の機構が顧みられていない。そこで、事物の創始者が人間同士をどのように結びつけたのかを考察しよう！

私たちの中に据えられた統一の三つの基礎

九．神は、人間の間の統一と共同の不動の普遍的基礎を据えるために次のように行った。一つにして同じ物質からすべてを形成したのである。神はすべての人に、神の像の同じ小像を刻み込んだ。

(1) 住まいの単一性

神はすべて人のために共通の住まいであるこの世界を創造した。すべての人に共通の舗装路である大地を敷いた。共通の住まいの上に、共通の屋根である天を建てた。生活維持のための同じ手段である大地の収穫を与えた。適当な活動に取り組むために、すべての人に同じ光を与えている。その光を共通に見えるように天に掲げて、毎日すべての人に同時に昇らせている。いっしょに働くようにさせるためだ。また同時に沈ませて皆がいっしょに休養するようにさせている。

(2) 根幹の単一性

十．もっと重要なことを考察しよう。神は、一人一人の天使をそれぞれ神から出て神のために存在するよう創造したのと同じように、すべての人間を同時に創造することができたはずなのに、一人をあたかも根幹のように創造し、その後他の人間を幹の枝のように、一つの根から発芽するように命じたのである。それは、すべての人間の強固な統一と共同についての神の意志の最も明白な証拠である。なぜならこのようにして私たちは、実に天使たち同士よりも相互に緊密に結びついているからだ。天使たちは天の楽園で別々の植物のようにそれぞれが自分の根に支えられて離れて立っている。だが私たちは、一つの同じ木の枝のように一つの根で皆が支えられ、そこから生命とその他のすべてを汲み取っているのだ。なぜなら、あの最初の人間に造られた同じ自然本性から、私たち誰もが全本質を損なわれずに共有しているのだから。ちょうど木の枝や葉や一枚一枚の花びらが、木全体の本質を共有しているのと同じである。血の同一性、本質の同一性が、完全な統一と共同を必然なものとしている。

（3）離れたものを結びつけねばならない理由は明らか

十一．私たちの創造主は、私たちを地表に散らばらせて、山、森、川、海で隔てたが、自由に開かれた移動の余地を至る所に残した。すでに半球の反対側へも（航海のおかげで）到達したのをはっきりと見ている。そして私たちは時代の違いによっても互いに隔てられているが（神は人々が次から次へと劇場に登場してはまたひっそりと戻るのを望んだ）、それでも互いに交流する道は開かれている。つまり書物のおかげで、私たちは必要なことすべてを後世に伝えることができるのだ。そして後世の人々はまるで私たちと一緒に生きているかのように、私たちの書物を調べ、役に立つように変え、さらに自分たちの書物と私たちの書物を後世へと伝えることができるのである。見よ、このように、ひとつでありすべてである神は、神の似姿である私たち皆がひとつであることを望んでいる。次に単純性の検討に進もう！

単純性の基礎は神にある

十二．単純性は、正当にも神の足跡と称された。なぜなら、神は最も単純でありどんな部分からも構成されていない（神は純粋な力、純粋な知恵、純粋な善である）。それと同じく神の御業も、神と私たちに関して最も単純だからである。神に関して言えば、神は考え、欲し、行動する際に何らかの困難や障害や苦労や骨折りなしに行う。あるがままにすべてを、無駄なく単純に洞察して見つめる。欲するものすべてを、単純な意志でためらわずに欲する。行うことすべてを、道具の補助なしに単純な指図で行う。神自身が、目、手、口、心、すべてだからだ。私たちに関して言えば、神の御業は単純である。神は（永遠から予定された原型に従って）事物にいったん刻み込んだ形を、取り払うことも変えることもしない。そこで、牛、ワシ、イルカ、りんご、バラ、鉄、金などの本質は、今でも初めから同じであり、ここでもあそこでも同じである。なぜなら、事物は様々な種類や段階で区別されているとはいえ、その区分のまま留まり維持されている。人間の精神は、神の御業において不確定なことや不確実なことを何も見いださない。時にそのようなことを案出するとしても、そのことによって欺いているのは、神と神の御業ではなく自分自身なのである。

十三．単純性は、神の似姿である私たちの中に移されている　そして人間自身もまた神の御業であり、最後のつまり最も完全な作品なのだから、人間には神の単純性の足跡があるだけではなく、像も存在しているのは確実である。つまり人間は、他に依存することができるだけ少なく、自分だけで（神に従って）十分であるように造られているのだ。神は何かを知るために他人の目、耳、舌を、つまり他人の知らせや話を必要とせず、自らすべてを見る。人間も、自分の中に知性の目をもち、その知性ですべてを観察し、観察して判断し、他の判断にまったく依存しないですむように造られたというのがまったく本当だと思われる。同じく、神は何かを欲するのに他人の勧めを必要としないし、他人の指図や命令はなおさら必要としない。神は自身とすべてに対して重りであり、欲する方向にまったく自発的に傾くからである。人間も、欲することを自由に欲し、強制されるのを欲せず、自分の傾向と衝動を自らの中にもち、意志を対象へ引き付ける理性的自然の重りのようなものを与えられているというのが本当だと思われる。さらに、神は自分の御業を生じさせるために全能の力を内にもち、外的補助を必要としない。それと同じように、人間にも内的力が与えられており、その力でもって自己の自然にふさわしいことを作り出す。つまり理解し欲することを実行すると思われる。

私たちの魂の単純性は、三つの重要事項、つまりすべてのことを理解し、意欲し、実行するのに十分

十四 さて、私たちの魂（私たちはそれゆえに人間なのだ）の構造を検討し、魂が何を備えているかを見いだそう。私たちの魂は三つの能力から成り立っている。理解し、欲し、実行する能力である。理解する能力というのが精神であり、事物を映す内的鏡である。感覚の経路によって運ばれてきたものは何でも、精神の中に据えられて輝く。欲する能力というのは意志そのものであり、行動を内部で目撃して自発的に事物に向かわせたり離れさせたりする能力である。実行の能力とは人間の力そのものであり、理解し欲することを実行する。これら三つの能力には無限の容量がある。精神は無限なことを考え、意志は無限なことを欲求し、実行能力は無限なことを（次から次へと）作り上げることができるし、またいつもそうしているのだ。神が、神の無限性の三つの特徴（全知、全意志、全能）を、私たちの魂にも刻み込んだのは明らかである！　だが同時に、単純性の同じ特徴も刻み込んだのだ。見よ、精神のひとつの鏡ですべてに対して十分である。いや、付いている装飾物が単純で少ないほど、いっそう良質で純粋なのだ。また、ひとつの意志で、現在と永遠で出会いうる願望しうるものすべてに対して十分である。さらに、関与しているものが分離せずに単純であるほど、いっそう良い。また自然の実行能力も、行動しうるすべてに対して十分である。それも単純で純粋であるほどいっそう良い。人間の目、耳、手、その他すべてを、どうしたらもっと良く作りあげて配置できるかなどと考えるような人はいるはずがない。

これらに付け加えられている規範。共通の観念、共通の衝動、共通の実行能力

十五 ところで、魂には次のような傑出した力が備わっているということを、まだ十分に検討していなかった。魂には、知性、意志、活動を有害な誤りから予防する、規範ないしは指針が付け加えられているのである。つまり、真理を追求する知性が偽りによって、善に従う意志が悪によって、作業に向かう実行の力が誤りによって、覆い隠されることのないように、そして、正当な概念、愛好、効果の代わりに、概念、愛好、効果の怪物が生じることのないようにしているのだ。たしかに私たちの精神には、自らの内にある種の生得の指針あるいは生得の光があり、それらに従って考えたことをどれもできるだけ速く決定し、真を偽から識別している。それらはどの人間にも内在しているので、共通観念と呼ばれる。また意志にも、自分の指針あるいは秤が、いわばある種の生得の錘があり、善が提示されるとその秤にてらして意志がすぐに駆け寄ったり、悪を避けたりしている。これもまたどの人間にも内在しているので、共通衝動と呼ばれる。さらに実行の力にも、活動にうまく適した実行の器官があり、それによって理解し欲することを何でも巧みに実行できるのである。そしてこれもまたどの人間にも内在しているので、共通能力と呼ばれるに値する。

これら三つはすべての人に同じように内在しているので、すべてに対して十分である。注意せよ

十六．これらの三つは、すべての真なる思考の、すべての善への欲求の、すべての効果ある行為の、基礎である。その基礎は創造主である神によって私たち皆に据えられており、最も単純でしかもそれだけで十分なものなのだ。私たちが自らの領域に留まるならば、すべての人の普遍的な合意と協調の土台でもある。なぜなら、共通観念は理解可能なすべてのものを計るのに、共通衝動は欲しうるすべてのものを規定するのに、共通能力は行いうるすべてのものを制御するのに十分だからである。神はこのように、目的を達するのに十分な手段を人間に備えさせた。

つまり、普遍的な改善の根は私たちの中にある

十七．ここから二つのことが帰結する。第一に、共通観念について、アウグスティヌスは個別観念の規範として正しくもこう述べた。「それについて判断するのではなく、それによって判断するのだ」と。同じように正しく、共通衝動についても次のように言える。「それに向かって駆り立てられるのではなく、それによって駆り立てられるのだ」と。そして共通の力、共通能力については「それのために準備するのではなく、それによって何かを準備するのだ」と言えよう。第二の帰結はこういうことである。すべての人が共通観念によってすべての真理をほんとうに判断し、共通衝動によってすべての善へと正しく刺激され、また共通能力によってすべての義務を当然のこととして果たすならば、同一の対象についてすべての人間の感覚が同一となり、同一のことに関して感情が同一となり、同一のことに対して熱意が同一となるであろう。それはつまり人々の間の調和、平和、協調である。神はこれらの最初の純粋で単純な規範を、同じようにすべての人間に与えたのだ。そしてそこから次のことが帰結する。すべての人が、同じやり方で自然に感じることは、疑いなく真である。すべての人が、同じやり方で自然に求めることは、疑いなく善である。すべて人が自然の器官をもって向かうのは、疑いもなく実行可能である。

自発性すなわち自由は、私たちの中の神性の特徴である

十八．次に自発性について検討しよう。それについて私たちは重大なことを宣言する。自由は神性の特徴である、と。なぜなら神は、自己の存在よりも上位のものをもたないから、自己の意志よりも上位のものに依存しない。神よりも強力なものはいないので、神の力を縛り付けたり拘束したりできるものは存在しない。神は自由であり、欲することを何でも行う。神はこの同じ特徴を、自己の似姿である人間にも刻み込んだ。それは神が、いわば自己の模像である人間の多様で自由な活動の中に、いわば自己の原型を眺めて楽しむためなのである。それだから神は人間にすべてをゆだねた（下級の被造物だけでなく人間自身の身体と魂も）。それは行いたいと欲することを、良いものは良いように、悪いものは悪いように、意のままにするためである。だが神は、良く考え、欲し、行なうことができるようにと、人間に警告し、教え、励ましているが、強制はしない。悪く考え、欲し、行なうことのないように、改めさせ、思いとどまらせ、遠ざけているが、強制的に制限しているわけではない。自発的に従うのを止めたり、かつて与えた自由裁量権を損なったりするのを（つまり人間から非人間が作られることを）神は望まないからである。そこで、悪事が行われる

と、神は罪を遠ざけ、諌め、叱り、罰する（神はとにかく人間に善を欲し、真を知り、行うべきことを行なうように委ねたのだ）。だが良いことが行われると、それを人間が行なったことだとみなし、誉め称え、良くやったことを祝い、褒美を約束して与えるのである。そして神自身は人間の自然本性に暴力を持ち込まないのだから、別な所から暴力が持ち込まれると非常に不快になる。それは、神が弱者に対する強者の圧迫にしばしば抗議し、すべての人の理性的で穏やかな共同生活を要求していることから明らかである。

II．私たち皆がどのように逸脱してしまったのか

（1）統一と共同の道から

十九．このように、神が私たちと私たちの行動に、単一で単純で自発的な道を勧めているのがはっきりと分かる。ところがその勧めが私たちにはこれまで実に間違って受けとめられていたということを事実が物語っている。第一に、統一と共同の道、つまり普遍性の道に対して、正しい痕跡がほとんど見られない。学問、宗教、事物と活動の秩序（政治、経済、その他の活動）において、すべてがバラバラに切り裂かれている。事柄がどこでもほとんど関連づけられていない。国、教会、学校、家庭、魂は、他から妨害されることがなく一人一人が助け合って、自動機械のようにすべてがうまく考案されている必要があるというのに。その原因は、私たちがどこでも共同で働かず、部分的な努力を維持しているからである。国民、言語、宗教、哲学、国家の不一致を言い立てる必要はない。頭の数だけ多くの感覚、多くの意志、多くの多様な努力が存在しているからである。誰もが、自分だけが（多数というのであれば自分たちだけが）賢く、その他の人は狂っていると思っている。誰もが、善くありたいと欲し、自分のためだけに（あるいは自分たちのために）努力し、他人のことは気にかけない。むしろ奪い取られないように、嫉妬し、恐れている。ここでは私たちはいわば

財産が略奪される劇の中にいるようなもので、誰もが奪い取ることができるのだ。いや、自分の利益を増すためには他人の流血も手加減しないのだ。人間が人間を、社会が社会を、民が民を、食い尽くし略奪しているのである。

(2) 単純性の道から

二十．また、全人類が単純性の道からひどく逸脱してしまった。ヘブライの賢者はこれを見てこう述べた。「分かったことがある。神は人間を正しく作ったが、人間自身は無数の問題で混乱したのだ。（コヘレト7―29）」つまり人間は神に与えられた観念で安らぐことなく、自分で部分的な無数の幻想を作り上げ、自分が考え出したことが真実だと信じ、他人も同じことを信ずるよう欲する。そして自分の見解を広めるのだが、逆に他人も自分の意見を広める。このように際限なく不一致が不一致を拡大させているのだ。同様に、共通の衝動で安らぐことなく（つまり神と良心が促しているほんとうの善に向かわずに）、自分で何か部分的な善を作り上げ、奇怪きわまりない欲求でほとんど破滅へと落ち込んでいる。そこでまた不一致と争いが生み出されている（なぜなら唯一と単純から離れると、終点を見つけるのはむずかしい）。さらに、私たちの力の尺度、つまり神から私たちに割り当てられた実行能力で安らぐことなく、何か別な任意なものを空虚な妄想に従って試みるかぎり、人間のほとんどの努力は軽率で、空虚で、成功しないものとなる。このように私たちは、あの共通な、神がすべての人に指定した最も単純な道を放棄することによって、多数に分かれ、精神、意志、熱意と活動の不一致を様々にいつまでも経験している。そして誰もが、自分の小さなバビロンの塔を建てているが（小さいものや大きいものもあるが）、実は全員いっしょに、あの大きなバビロンの塔を建てているのだ。それはまったく忌むべき混乱の深淵、終わりなき混沌である。

(3) 自由の道から

二十一．そこから自由もまた失われた。学校、寺院、市場では、ほとんどの事が暴力的に、強制的に、奴隷のように行われている。たしかに学校では、誰かが誰かに教え、誰かが誰かから学んでいるが、事物の認識が自発的に流れ込んでくると感じることはほとんどない。教えが生得の観念から光の正しい経路を通って流れているのではなく、どこかで集められた憶測の泥沼から固くて曲がりくねった方法の管を通って暴力的に押し込まれているからである。そこから起こることは、ただ頼み込まれただけの同意を保持しているにすぎない。あるいは説得して同意を誘い出したり、力でもぎとったり、脅したり殴ったりして同意を強要している。そうして何かを理解し信じ欲しできると思い込み、そう言いふらしている。しかし近くで調べて見ると、その人は実際は理解せず信じず欲せずできないのだ。宗教の仕事でも何ら変わることがない。ほとんどの人の下にあるのは、強要、見せかけ、偽物ばかりだ。政治の事柄では至る所で暴力があふれ、言うべきことは何もないと私は思う。すべてが嘆き叫んでいる。

III．逸脱したところからどうやって戻ればいいのか

二十二．そこで、戻らねばならないとすれば、初めに戻らねばならない。逸脱したところへ引き返すのだ。分裂から統一へ、多様性から単純性へ、暴力から自発性へ。それはほんとうの王の道、王の中の王道となろう。光、平和、安全の道、事柄の改善がまだ試みられていない道、だが今や神の聖なる名においてあらゆる面で試みるべき道である！

これら三つの道がまだ試されていなかったのはなぜかが述べられる

二十三．まだ試みられていないと私は述べた。なぜなら、あちらこちらで多くの部分的な問題がすばらしく改善されているとはいえ、すべての問題の普遍的な改善はまだ試みられていないからである。つまりすべての生得の観念、すべての生来の衝動、すべての自然の実行能力が、合計され、秩序へと戻され、人間の思考、願望、活動に対して目録のようになって適用される、という具合になっていない。いわんや憶見と誤りが積み重なった塵屑から解放さ

れていない。そのためほとんどの人間は、お互いのまた自分自身の思考、熱望、熱意と活動が、いわば非常に深い森や道なき山中をさ迷っているかのようだ。（教養ある人々は、自分も迷宮の中にいるのではないかと気づいてほしい！）ここであのソロモンの言葉があてはまるように思われる。「怠け者の畑を、愚か者のぶどう畑を、通ってみた。すると見よ、イラクサが一面に茂り、茨が覆い尽くし、石垣が崩れていた（箴言24—30）」。ほら、私たちの心の小さな畑はイラクサ、茨、雑草でいっぱいだ！　おお、願わくは私たちにソロモンの精神があったなら。彼は同じく自分についてこう述べている。「私はそれを見て自分の心を観察し、その事例で諭しを得た」。私たちが、預言者による神の忠告「新しい耕地を耕せ、茨の上に種を蒔くな（エレミア4—3）」に耳を傾けるとよいのだが！

そして、良い結果の希望を抱いて試みるべきだ

二十四．今こそイラクサを焼き払い、茨を抜き取り、石垣を修理する時だと信じたい。私は言う、今こそ、回り道と不幸な脇道を捨て去って、公的な踏みならされた道を進む時だ。ほんとうに公的な道、王の道、神の道へと、私たちを誤りから解放し安全を保証するのに唯一適している道へと戻らねばならない。つまりそれは、普遍性、単純性、自発性の道だ。それらの個々には何が必要か、そして真の総体的な事柄の改善の希望がそこにどれほど依存しているのか、この実践はいかに容易か、そして恐れと不信を抱く必要はまったくないということを、順序立てて検討しよう。

普遍性の道は、三つの重大事を教えてくれるだろう

二十五．普遍性の道が教えているのは、結び合わせることが可能であり結び合わせねばならないことを結び合わせる、つまりすべてを結び合わせるということである。すべてとは、哲学、宗教、政治において堕落しているすべてだ。もちろんすべての人間が共通に利用するすべてだ。そして神が認めるすべての手段を使って、（忘恩や無配慮のせいで）放棄される手段が何もないようにするのだ。一言で言えば、すべての事を、すべての人のために、すべての方法で、

ということである。

（１）改善の材料としてすべての事、つまり堕落している塊全部を取り上げる

二十六、改善の材料としてすべての事を取り上げねばならない。なぜならすべてが相互に関連しているからだ。一つでも改善されないでいると、別な堕落がまた生じ、そうしていつも元の同じ状態に陥ってしまう。壊れて修理しなければならない時計を見よ。時計として正しく使えないうちは、正しく修理されたとは言えないだろう。そしてすべての部分が修復されないうちは使用できないだろう。歯車が一つでも不足したりぐらついたり歪んだりしたら、動きが妨げられてうまくいかない。病気にかかった人間の体が治る時も事情は同じである。すべてが回復して病気の元が根絶されないうちは、常に再発の危険があろう。感染している一部が健全な部分に影響して新たに感染するからである。地面に残された種や切り倒された木の根は、どんなに小さくても発芽して、新しい完全な草や木に伸びることを喜ぶものである。そして物事は作られるよりも堕落する方がいつでも簡単なのだ。このように、人間に関わる事柄の堕落の元は（それは多いとは言え、一つの物体が作り出しているのだ）、堕落しているすべてが根元まで再建されなければ、再建の希望はありえないだろう。

（２）すべての人、すなわち全人類

二十七、だが、すべての事がすべての人について再建されねばならない。すべての人間は、すべての肢体が関連している同じ一つの体のようなものだからだ。全体あるいは一部が再建されないでいると、残りも危険であることはすでに見た通りだ。医者は、傷で全身がおおわれたり、肺病だったり、水腫だったり、熱があったりした体を診察する時に、鼻や足の膏薬を用いるのではなく、体に薬を注入しその薬の力を全身に広げて有害な体液を追い出し、今度は生気を（束縛を解いて）集め自然の活力を回復させるような方法を考え出すはずだ。それと同じく、人間社会の体全

体の回復に努める時、回復したある一部によって全体の回復を期待しても無駄である。常に新たな感染菌が隣接部分から染み出てきて、治療が進まないからだ。進んだように見えても、死んだ身体が生きた身体と混じり合い、病気の部分が健康な部分と混じり合う間は、長続きできない。

（部分的な努力は、混乱が永遠に続く土台である）

二十八．次のことに注目しよう。最初の人間にとって堕落の最初の由来は、共通の泉を捨てて自分個人を気にかけたということに他ならなかった。そしてこの堕落の原因ないし機会は、不幸な部分的な努力だったと考えるしかない。私たちが共通の救済のために努力せず、各自のために努力するかぎりそうである。私たちのものが着実であるように努めるだけで、私たち全体のためには用心せずに、この人はこれを、またある人はあれを、それぞれ追い求めて、他のずっと必要なことを忘れている。このようにすべてがバラバラになっている、いや混乱している。そして部分的な努力の結果、お互い同士や自分や神との罵り合いが永遠に続く。神はすべてであり、すべてを創造し愛し、すべてを配慮しているのだが、部分的なことを憎まず罰せずにいるということはありえない。ニムロドがひとりで統治しようとして自分のためにバビロンの塔を建てると、言語と国民に混乱が生じた。哲学者たちが賢明になりたいと望み、他人の上に立ち他人と対立するかぎり、矛盾に陥り感覚と精神の混乱が生じる。ある宗教だけが支配しようと欲するかぎり、憎しみと軽蔑が生じ、そこから迫害、分裂、冒涜、無神論が生じる。このように、一つの学校、教会、国民を、他と切り離して改革するかぎり、改革は前進せず堕落の元が戻ってくる。身体の一つの部分は、他の部分なしではけっしてほんとうに元気にならない。このように、至る所で普遍性が（ほんとうの全体性が）戻るためには、至る所で部分的努力を消滅させねばならない。

（3）すべての方法で、すなわちすべての補助装置を使って

二十九．そしてすべての方法を使って改善の作業を促進させねばならない。つまり神が示しているすべての補助手段を採用するのだ。それらの手段はやがて同時に採用されて、改善のための普遍的な基礎を提供できるだろう。その基礎の上には何でも建てることができて、誰もがその上に立つことができるほどに十分強固なはずだ。すべての人の住居のそのような基礎はここにある大地だ。そこからは誰も逃げ去ることはできず、その枠内に閉じられて、墜落せずにしっかりと支えられている。私たちはその上を安全に歩くだけではなく、家、塔、町をその上に建てている。そこで、私たちの提案のための同じような基礎を捜そうではないか。逃げ出すものが何もないほど普遍的で、その上に建てられないものが何もないほど強固な基礎を。私たちと私たちのものすべてが、不動で永遠で不変の根拠へといつか戻らなければ、私たちはけっして合意せず、分裂したままとなろう。議論し争えばそれだけますますひどくなる。なぜなら人間の才能、意志、実行能力は、無限の像を内包しているのだが、不動のもので結びつけられないと無限にさ迷うものなのだ。私たちの下に安定したものが何もなくなってしまうと、私たちはいつでも変転し、私たちのもの、私たちの意見、熱意、活動はこれまでと同じになってしまう。一方が織り他方がほどく、ペネローペの織物のようになってしまうだろう。いやむしろ同一人が自分の織物を（ペネローペのように）昼に織り夜にほどくようになってしまう。

反論「普遍性のこの道は可能なのか」答「もちろん、しかも容易」その証拠は、

（1）自然と技術の実例が示している

三十．もし誰かが「ここでは過度の、しかも不可能なことが提案されている」と考えるなら、答えよう。「この提案は実行可能なだけでなく、問題、人間、手段をバラバラに取り上げるよりもずっと容易だ」と。これは自然と技術の実例から説明できる。太陽は、地上の住人が労働で明るさを必要とする時、あちらこちらの地域や町、畑、庭に光

線を個別に放つのではなく、すべてのために同時に昇り、高く上昇し、高いところからすべてを眺め、明るさ、暖かさ、生命を提供し、また隠れているものや無視されて不平を言うものがいないようにしている。同様に、夜の闇、夏の暑さ、冬の寒さ、雨、風等々が必要な時は、それらを同じ地域の住人に同時に供する。「ある町に雨が降り、他の町に降らないのは、混乱と神の怒りの印である（アモス４―７）」。その他の自然の進行も同じであり、それを技術がどこでも正しく模倣している。私たちの場合もそうではないのか。庭師は、元気で形が美しく実りある木を成長させるには、一部だけを手入れするのではなく木全体を注意深く植え、水をやり、世話する方がずっと容易だ。そして木が枯れ始めたら、樹皮を全部はいで、根を周りから全部掘り返して肥料を施す。その方が、どこか一部分を回復させ生き返らせようとするよりも容易なのだ。そして私たちも皆一つの幹であり、誤りの枝は皆同じ根から由来しているのだ。同じく医者も、体が病気なら、単に一部分だけを経験的に治そうとするよりも全般的に治療して身体全体を治す方が容易だ。このように、全般的な病気に対しては、個々別々ではなく人類全体に、心を全般的に治療する薬を処方する方がずっと容易だという希望がもてるはずだ。

（2）人間の自然本性の同一性

三十一．人間の自然本性の同一性を考察すれば、不可能だという想像も除去される。というのは、人間の数は多いが人間の本質は一つだからである。一人を知ればすべての人のことが分かる。一人に教え、世話をし、治めることを知れば、すべての人に対してこれを知る。一人の人が欲する事はすべての人が欲している。存在したい生きていたい、持ちたい所有したい、何かを知りたい、何かができるようになりたい、そのような欲求は同一だ。さらに誰もが、多くを所有し、知り、できるようになりたい、そしてさらにほんとうに所有し、ほんとうに知り、ほんとうにできるようになりたいと欲している。欺かれたいと欲する人は誰もいない。欲するはずがない。この根源から帰結するのは、人間は誰でも自分を愛している、自分が善くありたいと願っている、悲惨を避けているということである。そして、ほんとうに善くありたいと願っているのだから、もしも別な事を選ぶとしたら、それは誤りに欺かれて選んでいるのだ。全体的に善くありたいと願っているものだから、他のやり方ができないとなると、一部を犠牲にして自分の全体の救いを買い戻そうとする。いつまでも果てしなく生きていたいと願っているものだから、自己の破滅として死を恐れる。そして死後の世界があるならば、祝福されることを願う。要するに、幸せにならないことを願うことなど誰にもできないのだ。死を願ったり自殺したりする人でも、自分への愛からそうするのだ。つまり何らかの悪に耐えられず、その悪を終わらせるために死ぬのである。このように、すべての人間の衝動は同じことを目指している。ただその道を知りさえすればいいのだ。生得の観念についても事情は同じである。自然の教師によって一人が知ったことは他の人も知る。例えば、「全体は部分よりも大きい」「2の2倍は4である」「等しいものに等しくないものを加えたら残りは等しくない」など。このような例は何千もあり、事物の考察の際に、正しい判断のいわば必然の規範として自ずから提示されている。自然の実行能力の場合も同じように比較できる。一人が実行できることはすべての人が実行できる。何千ものやり方で、事物を見、味わい、触れ、追い求め、獲得し、自分に合わせて利用することができる（程度と機会が様々に違うだけで、事柄そのものは違わない）。そうなるのは、すべての人が、内部にも外部にも、肢体と能力の同じような装置を有しているからなのである。なぜなら目的へ向かう手段がないのに目的だけがあるとか、逆に目的なしに手段があるなどということは、神にとっても事物の自然にとっても耐えられないことだからだ。このようにすべての人間は人間の自然本性を備えて生まれてきたに違いないし、本性を賦与され与えられたすべての人が、人間の自然の任務を適切に果たす能力を備えているのは必然であった。以上が普遍的な道についてである。

単純性の道は、知恵のほんとうの近道を教えてくれるだろう

三十二　単純性の道は次のように教えるだろう。神が私たちが賢くなるようにと望んだ以上に賢くなりたいと思うな、神が差し出す善以上を欲しいと思うな、神が私たちが行うように定めた以上のことを行おうと思うな、と。これは私たちが最初に戻ることである。つまり、意見の対立がなく、誤りの危険がない所へ、すべてが純粋で明らかで確実で安全な所へ戻ることを意味する。次のような状態(自然の理性が勧めていることだ)であったならば良いのだが。はっきりと真でないならば断定的には主張しない、はっきりと偽でないならば拒否しない、その他については同意を保留する。同じく、明確に善でないならば絶対的には是認しない、明確に悪でなければ排斥しない、その他は当面残しておく。さらに、必要性、可能性、容易性が正しく見通せないならば試みない、不可能または困難とはっきり分からなければ、(必要性がある場合は)試みないわけにはいかない、その他はすべて無関係にしておく。このようなことが、すべての人に正しく守られるならば、知恵と思慮と美徳への道は、この上もなく単純な道となるのではないだろうか。

単純性のみがすべての混乱に対する解毒剤として十分である

三十三　そしてこのような道は、私たちのこのような紛糾状態からの出口をいつかは見つけ出さねばならないとすれば、必要である。それは周辺に散らばっている私たちを中心へと集めるために必要だ。私たちがあらかじめ自分を理解していれば、ついには物事を理解するだろう。あらかじめ自分自身を服従させていれば、自分たちのために他のものを支配するだろう。あらかじめ自分たちを安全にしておけば、事物の安全も保たれるだろう。たしかに木は(風の衝撃や太陽の熱、その他の害に対して)安定性を確保するために、根を必要とする。根から切りとられるものがあっても木そのものは蘇る。医者は、とても絶望的な病気(非常にうまく調合された薬でも効き目がないような)には、最も単純な食餌療法という防衛策へ逃げ込む。病人に勧めるのは節制だけで、後は自然の成り行きに任せる。つまり神は単純な自然の道を用い、それがしばしば驚嘆に値する成果を生むのだ。そこで、人類の病の除去のために、多種多様に混合された暴力的な治療法（人間が発明して膨大に蓄積されてきた、憶測、法律、慣例、議論、枝葉末節、そして争い、憎しみ、戦争、殺害、災難）が何の役にも立たなかった後では、この最も単純な治療法を、つまり共通の衝動、観念、実行能力からのみ調合された食餌療法を験してみることを、何が禁じるだろうか。大いに希望がもてる！　なぜなら神の摂理は、私たちの毒の解毒剤を（何千倍にも倍加させて）どこにでもすぐそばに置いたからである。破滅の来たところへは救済が来る。歪められた衝動、観念、能力には私たちの堕落があり、矯正された衝動、観念、能力には救済の希望がある。私たちの体が毒によって汚れていれば誰もが病気になり、清潔なら治療薬が効くのと同じことだ。

自発性の道は、確実な改善を約束する

三十四．自発性の道は、人間が真理を知り、善を欲し、行うべきことを行うように努力し続けることを要求している。そのようなことは、精神の目の前で事物の根拠を明らかにして初めて起こりえることだ。それは、何がほんとうに確実で何が不確実なのか、何が善で何が悪なのか、何が実行可能で何が不可能なのかをはっきりと見通して、精神のこの光そのものを、言い換えれば行うべき事や許された事を実行する際の愛すべき指導者を、自分自身の中に持ち、それに喜んで従うことである。実にソロモンは「光は甘く、目に快い（コヘレト11―7）」と述べている。ちょうど、盲人は導き手を必要としているが（しかもその人に恐れや不安なしで従うことができない）、目が明るく目の前の道が明るければ、自分で見て、導き手を必要とせずに自分で喜んで安全に進む、それと同じだ。このように、内面が盲目で事物の根拠を知らないと、何をなぜ行う必要があるのかが理解できずに、強制されやらされるしかない。だが自分で見る人は、見るのがうれしい。そしてほんとうの善を獲得しほんとうの悪を避けるために、実行できると判断したことを行うものだ。これはこういうことだ。事柄の改善は、人間に関わる事柄における暴力が排除されないなら前進しない。暴力の除去は、事物の創始者が与えてくれた自由の回復なしには不可能だ。ところで自由の回復は、目から闇が除去

されなければ不可能だ。闇の中にいるかぎり、自由に任されることはない。

自発性が得られなければ何も前進しないだろう

三十五．それだから、人間に関わる事柄の改善のためにかつて試みられたこと、今まで試みることができたことは、今まさに論じているあの自発性が加わらなければ（それはついにようやくやってくるであろうが）、すべて無益となろう。普遍性と単純性から構成されれば、実に適切に考案されたものができるだろうが、自発性を加えないままでは、魂と運動を欠いた無用の機械となってしまうだろう。それは、出発の準備ができて車の中には何でも揃っているが、馬が車につながれていないようなものだ。あるいは、三段櫂船の航海の準備ができたのに、風が吹かないか漕ぎ手がいないようなものだ。あるいは、巧みに構成された自動装置があるのに、重りが付いてないようなものだ。

善に向かう自発性を得るのは可能かどうか

三十六．だが「人間は、善き事柄へと向かうような自発性を得られるのか」と問う人がいるかもしれない。答えよう。自然の衝動が誰にも内在しているならば、誰もが行うべきことを自発的に行うことは十分に可能である。なぜなら、衝動にふさわしい対象は善だからだ。実行能力の相違によって自発的に行うことができないということにはならない。見たいと願っている人にそのものを提示すれば、目をそむけることはできないだろう。耳に気に入る対象を与えれば、味覚に、胃に、魂に、意志に気に入るものを与えれば、自発的に跳びかかるだろう。どの能力にもそれぞれ引きつけられる対象があり糧がある。それに自発的に向かわなかったり少しも楽しまなかったりということなどありえない。ただ、時期に合わないものや過度のものがないように節度を守らねばならない。甘すぎるものに吐き気を催すことがあるからだ。

（単純性は）普遍性と自発性に結びついている

三十七． これら三本の道について最後に注目すべきなのは、単純性は事柄の改善のための基礎を築き、自発性は改善の頂点を据える、ということである。堕落の再建は初めに戻ることによって再建されるからである。濫用を正したキリストの言葉に従えば「初めはこうでなかった」。だが初まりはその単純さのゆえに初まりなのではないか。いかにもその通りだ。単純物から様々に合成物ができて色々なものが生ずるのだから、単純性から直接に普遍性が流れ出るのは明らかであり、私たちが意図しているあの人間に関わる事柄の再建においても同じである。すべての人が、最も単純なことを所有し、知り、実行できる。あるいは提示されたものを受け取らない、知らない、できないということはありえない。そうしてついにそこから自発性が続いてくる。自分自身の導きで前進できると分かれば、自分自身に従わないではいられないからだ。自分の決定権にあると欲することは、すべての人に生得で、人間の自然と不可分だ。そしてすべての人が欲することはどれも疑いもなく善であり、すべての人が理解することはどれも疑いもなく真であり、すべての人が実行可能なことはどれも疑いもなく容易である。そこで、合意の確かな普遍的な道がいつかは存在するのは明らかだ。私たちに生得のあの最初の原理（共通の衝動、共通の観念、共通の実行能力）に戻ればいいのだ。そしてここに、確実な希望の（いつか心ならずも忍びこんだわけではない、かくも至る所で増大した困難と難問を取り除くという希望の）確実な基礎が存在するはずだ。

反論「この道はすでに受け入れられたものの破壊へと向かうのではないか」

答「いや、完成へと向かっている」

三十八．「この新しい道は、今日の哲学、宗教、政治の破壊へと向かうのではないか」と誰かが言うかもしれない。答「この道は、何も滅ぼさずにすべての完成を求めている」。なぜなら、入り組んだ通常の道に従うことは許されなかったし、許されているのはこのもっと単純な道だからだ。そこには何があるのか。真理と善意と熱意のまとまりだ。どうかそこに留まっていただきたい。愚かに考えるようにと公然と教える哲学はない。不信心に行動する、それは宗教ではない。人間に関わる事柄を混乱させる、それは政治ではない。しかしそれなのに、私たちは愚かな憶測で非難し合い、冒涜の罪を告発し、暴力的に反駁し合っている。だがこれは的外れというわけでもない。なぜなら、ほんとうの不合理が、ほんとうの無信仰が、ほんとうの圧制が見られるからだ。欲していないにもかかわらず、真に偽が、善に悪が、平和への熱意に混乱が混じっているからだ。そこで混じりあっているものを分離する方法を探らねばならない。それは衝動、観念、実行能力というあの聖なる道具の中に見いだされるだろうと期待される。すなわち、忍びこんだ混乱から解き放たれた共通観念を有するなら、事柄の思考を私たちに明るく照らしだしてくれるランプを手にしたことになり、私たち誰もがすべてにわたって理解することだろう。また共通の衝動と願望の規則を正しく理解し、偽りの混濁から解放することを知るなら、（共同と個人の）至福の目的へ向かうのに十分な衝動を手にしたことになり、意志が見事に一致し、戦争の必要はなくなるだろう。また、共通の実行能力をはっきりと認識し、侵入した混乱から解放されたなら、私たち誰もが、私たちに実行させようと神が欲したことすべてを実行できるようになるだろう。そうしてこれらの単純で平明で確実なことから、（神の指示で）知るべきこと、選ぶべきこと、行動すべきことの統一体が構築されるなら、自分の哲学、自分の宗教、自分の政治を恐れる人がいるだろうか。真、善、平穏を何も失わずに、ただ集めて共通の宝へと寄せ集めればよいのだ。

反論2「しかし受け入れられたものは削減されているのではないか。」

答「確かに。だが余分なものが削減されている」

三十九．「たしかに与えてもらえるだろうが、しかし、私たちの哲学、宗教、政治の知識は、狭い範囲に削減されるのではないか」。答。神は、私たちが賢く善く幸福に生きるために何が十分であるかを知らないふりはできなかった。神の導きで安らぐのが最も安全である。不確実なことで争うよりも、確実なことに基づく方がよい。危険な横道で迷うよりも、共通の、誤りから安全な道を歩む方がよい。そこで、哲学がより単純なら、事物にとっても慎ましい才能にとっても満足のいくものとなろう。宗教がより単純なら、単純さの泉である神と正しい良心にとって満足のいくものとなろう。政治がより単純なら、人類が平和を保つという目的にとって満足のいくものとなろう。

この章の結論

四十． このように、普遍性、単純性、自発性の道に、今や私たち皆が取りかかろうと勧める希望がわくことだろう。かくも普遍的な意図に対して、部分的な努力ではまったく不十分だ。このような困難を解消するのに、多種多様に紛糾しているのはふさわしくない。このような憤激を緩和し、暴力を取り除くのに、自発的な合意の他には何も力はいらない。それはまったく明白であろう。

第十章　この熟議のための規則

この重大な熟議にふさわしい熟議の正当な形態と規則。

作業の前には、相談または熟議が必要

一．理性をもって企てるべき作業にはどれにも、計画が先行する。または重大な仕事で多くの人が関係しているなら、熟議が、つまり多くの計画を出し合い相談をして、最善のものが明らかになるまで比較検討する必要がある。そして私たちは、天の下で非常に重要な仕事にとりかかっているとすでに確認した。それはすべての人がすべての事ですべての方法で関係する仕事である。だから徹底した熟議が必要だ。だがどんな熟議か？　まず熟慮する確実な規則を確立しようではないか。始めた作業を混乱させたり、破壊したり、役に立たないものにしたりして、中断することのないようにしよう。

熟議の規則はどこから得られるのか

二．その規則は、賢明に設定された熟議の原型と正しく把握された要件から、得られるに違いない。そこでお願いだから、じっと留まって、精神を慎重に働かせてこの問題を探究するのを嫌がらないでいただきたい。

熟慮するとはどういうことか

三．熟慮するとは、ある望まれてはいるが困難を含んだ事柄について、それが探求されるべきかどうか、どうやったら見いだせるのか、どのようにしたら容易に達成できるのかを、多くの人々の間で、友好的かつ思慮深く、検討することである。

熟議には三つの要件がある

四．どの熟議にも三つの要件がある。

（1）主題。有益ではあるが、困難あるいは障害が介在するために実現が疑わしいある事柄。

（2）多くの人々。同じその主題を互いに論じる人々。

（3）取りかかる主題についての穏やかで思慮深い検討。それをすべての人が同じと思えるまで継続する。熟議が終われば実行が始まる。

（1）熟議の材料

五．熟議の材料は、有益ではあるが疑わしい事柄であると私は述べた。それ以外ではありえない。というのは、

公理1．無についての熟議は無である。

公理2．無益なことについての熟議は愚かである。

公理3．確実なことについての熟議は時間の無駄である。

（無であり無益であり確実であることがもしも周知のことならばそうなる。）

（2）多くの人々

六．多くの人々が要件なのは当然である。つまり、（1）誰かが問題を提起し、助言を求める。（2）誰かが助言する。（3）

さらに誰かが討議を促し、そうして確かな話し合いによってあることが確定される。特に、助言を求める人や助言する人が多く、また討議そのものが活発に行われるとよい。これらのどれも無視されることがあってはならない。そこで、次の公理が守られなければならない。

公理4．助言を求める人がいなければ、熟議は始まらない。

公理5．助言を述べる人がいなければ、熟議は前進しない。

公理6．討議を限定する人がいなければ、熟議は終わらない。

(3) 調べるためには、三つの方法を守らねばならない

七．調査研究のための熟議の方法は、次のようにする。
(1) 扱われるすべての問題について、(2) 穏やかに、(3) 思慮深く、探究する。

(1) 問題とされるすべての事

八．扱われるのはすべてのことだ。つまり、(1)熟議の目標。何が望まれているかを明らかにする。(2)熟議の手段。どうすれば目標に達することができると期待できるか。(3) 熟議の方法。どうすればすでに見いだされた手段を正しく適用できるか。これらの見いだされ提起されたことが次のように討議される。それは正しいのか、なぜそうなのか、そして望まれた目的は有益なのか。見いだされた手段は可能なのか、取り扱いの方法は容易なのか。このような問題が誰にとっても明らかで、それ以外はないと誰もが思うような熟議でなければならない。
そこで、
公理7．熟議に加わる人は、目標で一致している必要がある。
（異なったことを望んでいる人々の間では、熟議はありえない。別な場所に行きたがっている人に同伴しても無駄である。）

公理8．熟議に加わる人は、手段で一致している必要がある。

（手段について一致しないなら、熟議は止めねばならない。例えば、旅人の一方は陸上を、他方は海上を行きたがり、一方は徒歩で、他方は車で行きたがり、というなら別れねばならない。）

公理9．熟議に加わる人は、取り扱い方法についても一致している必要がある。

（一方がこれを、他方があれを始めて続けようとすれば、始めることも続けることもできない。目的や手段がいくら望ましく確実だとしても、役に立たない。）

（2）友好的かつ穏やかに

九． さらに、熟慮するには友好的かつ穏やかな探究が要求されるということがつけ加わる。

十． 友好的に。敵は敵であるかぎりは熟慮せずに争うものだ。

公理10．熟議に加わる人は友人であり、友好的に論じる必要がある。

十一． 穏やかな探究が必要である。友人の間ですら、探究がしばしば激しく攻撃的になり始め、口論や論争がおこる。それで有益でよい結果が得られることはほとんどない。

公理11．熟議に加わる人は、ゆっくりと穏やかに進まねばならない。

（感情は知性の従者ではなく意志の従者である。活動に対していわば活動の刺激物として、単純ではなく秩序に従って、意志と実行能力の間に介在している。物事の重要性を評価しなければならない時は、熟慮の際に感情の興奮を招かないように用心せねばならない。すでに討議が終わって実行に迫られている時は、これに最後まで注意しないといけない。神聖なる討議者の感情（特に悲しみ、恐れ、怒り、憎しみ）は、燃え上がることなく、むしろ落ち着いて穏やかなものだ。健康な人は誰も混濁した水を好まない。静かに放置して澄んでから飲む。同様に、討議する際に適用すべきなのは興奮した魂ではない。怒りは魂が真理を見分けるのを妨げる。他方、自己と自分のものへの愛は、他人への憎しみの場合と同様、歪んだ眼鏡だ。物事を本当よりも大きくしたり小さくしたり、実際よりも別の位置、形、色に見せる。）

（3）思慮深く

十二．熟議の際には思慮深さが必要である。助言を求める時も与える時も、討議を促す時も、である。

助言を求める時には、どのような思慮深さが必要か

十三．助言を求める時には、思慮深さが必要である。例えば、何を欲しているのか、その事柄にどこで関連しているのか、何をそれに関連させるのか、ということを提起しなければならない。そしてこれらを、できるだけ真剣に簡潔に明確に説明して、助言を請われている相手の人がすべてをうまく把握するようにしてほしい。

公理12．助言を求める人は、問題を正しく提起せねばならない。

公理13．その事柄について自らの懸念を明らかに示さねばならない。

公理14．同時に懸念の原因を説明しなければならない。

（そうでなければ、欠陥があり不明瞭な熟議が、欠陥があり不明瞭な助言を引き出すことになるだろう。）

助言を与える時には、どのような思慮深さが必要か

十四．助言を与える際に必要なのは、（1）すべてをはっきりと把握し、（2）事柄の重要性を正しく評価し、（3）自分で最善と思ったことを誠実に表明することである。第一に、この問題を論じる人は注意深く誠実でなければならない。第二に、問題の基礎を理解している人、あるいはそれを確かによく調べている人、第三に、敵にすら忠実に助言を与える立派な人でなければならない。

（助言は神聖なる事柄であり、恭しく扱われなければならない。）

公理15．問題点が把握されていなければ、助言は軽率となる。
公理16．事柄の基礎が知られなければ、解決は疑わしい。
公理17．論争の偽りの決定は不敬虔で、真理の保証人である神への冒涜である。

十五．討議を促す時には、どのような思慮深さが必要か

討議を促す際に求められるのは、次のように評価することである。（1）ほんとうの目標が求められているかどうか。（2）示されている手段は、目標に正しく合っているかどうか。（3）その手段を適用する実践は、容易に示されているかどうか。良いことが勧められていても討議する人の精神に向けられていなかったり、また手段は良くても当面求められていることと別のことが要請されていたり、手段そのものはよくても実用が困難だったり、ということが起こりうる。それでは討議は不可能に見えてしまうだろう。困難は不可能とみなされるからである。そこで次の公理。

公理18．討議がほんとうの目標に向けられているかどうか、注意する。
公理19．手段が確実に目標に達しているかどうか、注目する。
公理20．取り扱い方法が容易かどうか、評価する。

十六．熟慮する人の数が多ければ多いほど、いっそうの思慮深さが必要

熟議に多くの人が招集されてやって来れば、新たな思慮深さが必要となろう。
（1）自分の願望を説明することが許されない人は、誰もいないようにする。
（2）見解を述べることは、誰にも制限されないし、ましてや排除されないようにする。
（3）すべての人の共通の合意なしには、何も決定されたり結論づけられたりしないようにする。

例えば、集まる人々には検討に値する問題の際に同じ権利がある。そうすれば、熟議は十分で容易で着実でありえる。すべての人の同意なしには、何も提案されず、論じられず、結論づけられないという具合になってほしい。

（注意せよ、熟慮の際の不変の方式）

同一の共通の規則（すなわち、常にまず目的、次に手段、最後に手段の思慮深い使用について論じるという規則）にのみ従う。自分の見解を他人にいわば神託として突き付けることは誰にも許されない。むしろすべての人が、他人の見解と根拠に耳を傾ける用意をすべきである。そう合意できるなら、より強固な決定が生み出されるだろう。合意しないなら、最善のものが明らかになるまで、すべてをもっとよく勘案する機会をもつべきだ。見解と根拠の多様性は、常に何かの材料を、追究して発見すべきもっと着実な問題の材料を提供する。対立しているのに結論づけることは誰にもできないからである。

そこで次の公理。

公理21．熟議の参加者は、共通の前提をもってほしい。

公理22．前提が共通なら、見解と根拠も共通にしてほしい。

公理23．見解が共通なら、その結論も共通のはずだ。

そしてその時ようやく実施に際しても一致できるだろう。それについてもここで同じようなことを注意せねばならない。

討議したことを実行するには何が必要か

十七． 討議の結果を実施する際には、三つのことを守らねばならない。（1）性急であってはいけない。（2）長く延期してはいけない。（3）横柄に先走ってはいけない。性急さは、熟慮し相談した結果を実行する際に事を台無しにする。速いと良いの二つが両立することはほとんどない。速く起こることは速く滅びるのがふつうだ。急ぐ犬は盲目の子犬を産む。また逆に遅延は、よく検討された事柄の場合はたいてい有害である。熟慮する時を逸したり、問題を取り扱う機会を取り逃がしたりするからだ。また、討議とその結果について、自分の思慮深さを過信しすぎて、自分と他人に約束する人は、実に簡単に怠慢と無頓着に陥り、結果を損ない、笑いものになってしまう。そこで、次の公理。

公理24．最終的に確定されるべきことは、時間をかけて検討すべきである。

公理25．いったん正しく検討されたことは、すばやく実施に移されねばならない。

公理26．正しい根拠に基づいて実施に移された結果には、神が与えるような結果が期待できる。

討議の結果を実施に移すように勧めることは、良き成果が約束されているなら、良き人々の義務である。しかし成果を保証することは（特に、偶然と称される漠然とした問題の時）、思慮ある人のすることではない。とりわけ人間は恩知らずだということに注意しよう。討議が首尾よく終わると、誰の忠実な働きでその結果になったのか人は簡単に忘れてしまう。もしもうまくいかない場合は討議者を非難する。まるで相談に応じた人が成果も出せるかのように思ってしまうのだ。ここで賢明なソロモンが太陽の下で見たことが証拠になるように思える（コヘレト9―11）。

以上のことを現在の偉大な熟議へ適用する

十八． 以上が、熟議が正しく従うべき最も正当な規則であると私たちは信じる。それらの規則は、私たちの偉大な熟議の際に守るべきものとして選ぶなら（むろんそうしなければならない）、私たちの現在および将来の任務が何であるかを見通すのには十分である。だが、知らない人や知らない事がないように、いくつかの優先事項を繰り返そう。

（1）ここから除外される人が誰もいないように

十九．共通の、人間に関わる事柄が問題なのだから（その改善を願い、求め、努力し、人間の自然本性によってそれに関与することに、ふさわしくない人など誰もいない）、この熟議から誰も除外されるべきではないし、誰も自分を除外すべきではない。だから私たちは共通の権利に従って、私たちを駆り立てている難問すべてを提示し、また提案を受け付けよう。そしてその他の人も皆、まさに切迫しているものなのかどうか、同じ権利でもって判断してほしい。

（2）聞いてもらえない人が誰もいないように

二十．共通の問題に関与することは誰にも許されており、助言することも許されているのだから、私たちの権利に従って、次の両方を活用しよう。つまり私たちは、個々の提案の際に、私たちにとって明らかだと思われることを発表する。そしてあなた方も同じ権利に従って、明らかだと受け取り判断することを発表するのだ。

（3）ここではすべての人が最高に純粋に誠実にすべてを論じてほしい

二十一．そうして私たちは熟慮すべきであって争うべきではないのだから、皆がどこでも純粋で澄み渡った心情をたずさえて来てほしい。そのようなことを私から約束し、相手からも約束してもらう。約束はこうだ。私と相手が、この聖なる討議の聖なる集まりにおいて、第一に何よりも潔白な潔白さを、第二にこの上なく厳格な厳格さを、第三にことの外注意深い注意深さを約束すること。次に、傾聴する際の当然の忍耐と、判断する際の穏やかな自由と、反論する際の節度とを約束し、最後に、神に全幅の信頼をよせてたえず嘆願すると約束してほしい。

二十二．さあ、すべての人へ共通の挨拶をして、討議を共にするためにすべての人を招待し、確実な条件と協定で義務づけようと私は思い描いているのだから、さあ、始めよう！

第十一章　この熟議へのすべての人の招待

事柄の改善についての穏やかな熟議への、すべての人の招待。

理性的被造物といっしょに仕事をする時は、相談が必要

一．私たちが畑に種を撒こうと準備したり、果実を収穫しようとしたり、建築のために石と木材を用意したり、倒壊した建物を再建したり、また同様のことをする時には、これらの物を重視するのが普通である（そのままで良いのか、それとも何か足りないかを調べるのだ）。しかしそれらの物と相談する必要はまったくない。それらは私たちの権力の下にあり、私たちの手、私たちの鎌、私たちの手斧に抵抗することを知らないからである。しかし、仕事を理性的被造物といっしょにする時はそうではない。自由な裁量権が与えられているのだから、自分たち抜きで自分たちのことが決定されることは許されない。

すべての人に関係あることは、すべての人が知らねばならない

二．さて、私たちのこの事業は人間に関係するのだから、人間に秘密に決定することはできないだろう。しかもすべての人に関係するのだから、すべての人と共有しなければならない。そこで私たちは、これらの問題を公然と論じねばならない。太陽の下で、この問題に係わる誰もがいっしょに同じことを聞き、見、判断し、行動するようにするのだ。そうして、事柄の改善の要件であるあの普遍性、単純性、自発性が、この熟議の際に必然的に遵守すべきものとなる。

三、すべての人に述べられることは、共通に述べられることから汲み出されるべき

だからここで述べられることは何でも、すべての人に述べられるのである。理解できない人が誰もいないように単純に述べられて、大なり小なり誰にでも自由な判断の余地が十分に残されるようにするのだ。共通の原理に基づいて、すべての人にすべてを話すのだ。すなわち、すべての人間に共通の衝動が、誰もが望みうる共通の目的を私たちに示し、さらにすべての人に神的に許された共通の実行能力が、目的のための共通の手段を示し、そして共通の感覚と誰の心にも書き込まれた観念とが、手段を活用する方法を示して、目的に到達しないことがありえないようにするのだ。

現在のこの偉大な熟議で、すべての人に次のことが約束される

（1）討議の明証性

四、ピタゴラスはいつもこう言ったと書かれている。「八歳の子どもに哲学の何らかの問題について理解できるように尋ねることを知っている人は、すべてについて理性的に答えてもらえるであろう。理性の照明は、その使い方を知っていればすべての問題の尺度だからだ」[14]。私たちは現在の仕事において、こう実践し始めようではないか！

私は確信している。私たちが問題を理解できるように提案することを知るなら、これを読む人は誰でも、問われたすべてに対して、自分の考えで討議するか、あるいは提案されることに賛同せざるを得ないだろう。私たちがまず先にやろう。問題を提案するだけではなく治療法も提示し、そうして多くの人の間で（そこには多くの人々がいるであろう）

最善と思われる決定に至るだろう。

（2）票決の自由

五．そこで、この討議に加わるのを恐れる人がどうしているだろうか。先入観を持つ人など誰もおらず、自分自身が全部と個別について、自ら原告、裁判官、証人となるのだ。そしてこの道では何らかの前進が期待できる。当事者が未知の森へ追いやられることがなく、開かれた事物の平原に通され、他人の眼鏡ではなく自分の目ですべてを見て触れることができるからだ。ありのままに存在する事柄のみが、私たちを合意へと連れ戻すことができる。問題について互いに争っている人は、けっして合意に至らないだろう。

（3）決定の確実性（生得の観念、衝動、実行能力への賛辞）

六．次のことが、神の助けによってついに明らかになるだろう。私たち皆に生得のあの三つ、すなわち考え、欲し、行動する原理（共通の観念、衝動、実行能力）は、私たちの中に置かれた神の知恵の神聖不可侵の法典であり、そこに含まれていないものは必然的に偽物である、と。その法典はいわば神の似姿としての私たちに刻み込まれた永遠の法則であり、そこから遠くに離れるような人は、誤り、犯罪、悲惨によって深い淵に落ち込む。その法則は黄金の台座、鋼鉄の基礎であり、その上に人間のすべての知恵、美徳、作業の構造が建てられている。またそれらは最も堅固な柵である。神はその柵で、私たちのすべての思考、願望、活動のすべての道を囲った。そこから逸れる者は誰でも、迷い、罪を犯し、没落する危険に確実に落ちこむ。それらは極であり軸である。その周りに私たちの考えたこと考えるべきこと、言ったこと言うべきこと、行ったこと行うべきことがすべて回転する。そこから外れることはどれも、偏向、不規則、不安定、迷走である。それらは私たちの太陽であり星である。私たちの中で輝き、向かう所にどこでも伴い、誤り、悪徳、危険を警告する。それなしで存在するものは闇である。私たちのこの熟議は共通の原理に支えられており、共通の、偉大な、安全な、好ましい道となろう。私たちが理解し合い高め合うことを始める所まで連れていってくれる、唯一適切な道となろう。

すべての国民、言語の異なる民族、宗派が招待される

七. だから来たまえ、自分自身と自国民の救済を心にとめている人々、どの国、言語、宗派からも、神を畏れるすべての人々、人間の混乱にうんざりしているすべての人々、もっと良いことを願うすべての人々よ！　来たまえ、共通の救済についての共通の討議から、あなた方の相談事を切り離さないでほしい！　わが国民の悲惨を憐れみたまえ、何らかの相談や援助を提供できる人がいれば、いっしょに集まろうではないか。

(1) 共通の願望の目的、手段、方法の検討のために

八. 来たまえ、私たちには良き目的、いや素晴らしい目的が、私たちの堕落の改善という目的がある。すなわち、神を崇拝し、サタンを混乱に追いやり、人類を救済することだ。私たちはまた、かくも素晴らしい目標への見事な手段を持つようになり、そしてその手段を活用するための好ましい方法も持てるようになるだろう。私たちの努力を神が祝福し、良き結果を期待せざるをえないだろう！

(2) 共通の光、慰め、平安を求めるために

九. 来たまえ！　事物そのものの中に事物の真理を見つめる魂を取り戻すように、率直に勇気を出そう。私たちの善を汚れた泥から解放し、共通に使用できるような、そのような魂を取り戻そう。私たちを精神の明かりから閉め出し、共通の創造主である神から隔て、私たちを互いに対立させている、そのようなものが除去されるように、共通の助力のもとに探求しよう！

（3）宗教の多様性の審査のために

十. 来たまえ！　互いに穏やかに調べよう。私たちをこれまでかくも引き裂いていたもののうちに確かなものがありうるかどうか。そして、神はいるのか、神とは何なのか、どのような崇拝がほんとうなのか、調べよう。唯一のその方にのみ一つの腕でお仕えし、その方の意志から外れる人が誰もいなくなるように。

政治の審査

調べよう。一方から他方に対する何らかの権力の行使があるのかどうか。一方が他方を抑圧せずにいっしょになるためには、権力はどうあるべきか。私たちは皆同じように感覚、精神、手、その他の自然の装置をもっているのだから、すべての事物は私たち皆に同じように提示されているはずだ。

哲学の審査

お願いだから検討しよう。存在するもの、行うべきこと、期待すべきことを、皆が同じ方法で、見て、聞いて、感じて、理解して、欲して、行うことが、できないものかどうか。存在しないもの、行うべきでないもの、期待すべきでないものによって惑わされることは許されない。

（4）これまで最善だと見いだされたものを私たちが互いに共有するために

十一. お願いだから来たまえ。もしかしたらどこかに、偽りのない真理、迷信のない敬神、混乱のない秩序があるかどうか、検討しよう。もしどこかにあるとしたら、それを持っているあなた、示して欲しい。そしてあなた方の善が共通の善となるようにしていただきたい。知識のほんとうの灯をもっているあなた方が、それを世界の燭台に据えて共通に照らすようにしていただきたい。ほんとうの神をもち、崇拝のほんとうの規則を有しているあなた方が、魂のあの祝福された光が他人にも同じように輝くようにしていただきたい。さらに、ほんとうに自由で平和な統治の（国、都市、家庭、自己の統治の）ほんとうの形態を知っている人なら、それを皆に広めて、私たちが上へ下へと転がり、破壊し合い、果てしなく崩壊するのを止めていただきたい。

（5）あるいは完全なものが見いだせないとしたら、これまでよりも完全なものを探求するために

十二．すべての人が満足して喜ぶ絶対的なものを、もしかして何も見いだせないとしても、私たちをこれまで分裂させていたものよりもいっそう良いものを捜す機会はあるだろう。そしてまさに今がその機会なのである。だから来たまえ、もっとましなものを捜そう、最善のものを捜そう！　私たちのために捜そう、すべての人のために捜そう。たえず捜そう、私たちがこの世に存在するかぎりいつも捜そう。この人生で行いうる立派なことといえば、真理を捜して、真理、平和、生命にたどり着くことに他ならないのではないか。

（6）この討議の穏やかな探求に穏やかに耳を傾けるために

十三．私たちは、すべての人が願望しうると思われるものでなければ、提起すべきものとして提起しない。すべての人間が自ら認識できるものでなければ、勧めない。すでに説明されたもの、あるいは確実で容易な根拠で説明できるものでなければ、約束しない。この道はそのように示すことができるだろう。もしもそのように（すべての人が同等に願望でき、実行可能であり、そして道理立てれば容易であると思えるように）ならないのであれば宣告して欲しい。そうすれば私は消え、良くもなくたしかに役にも立たない助言のゆえに非難されることになる。この機会をとらえて神は別な人を目覚めさせ、その人がさらに良いいっそう確実な、共通にずっと有益なことを示すことができるだろう。

（7）よき成果に、それがどうであろうと関与するために

十四．友よ、来たまえ、（私たちを憐れむ神の助けで）私たちの闇からの、憂いからの、深淵からの出口を捜そう！そう希望することは許されている。しかもすべての人が良くありますようにと希望することも。たとえ私たちの願望

の全体が実現しなくても、全体が無駄になることを神の善意は許さないだろう。ともかく地上に光が多く闇が少ない、神が多くサタンが少ない、平和と秩序が多く対立と混乱が少ない、そのようにさせてくれるだろう。すべての病の治療薬が見いだせないとしても、それでもできるだけ多くの大病を見つけるようにさせてくれるだろう。人生からすべての無知を除去できないとしても（それはおそらく来世の生活にも留まるだろう）、少なくとも無知に無知であることは除去するように努力せねばならない。そして、知らないことを知っているとは思わないように、そしてまた知らないことがどのくらいあるのかを知るようにしよう。そして他の善とともに知識の宝も保存されているあの世の生活を切望しよう。すべての無信仰を除去することはできないとしても、少なくとも最も神聖な神意がこのような冒涜で攻撃されないように努力しよう。さらに、私たちの争いのすべてを除去できないとしても、少なくともたえず衝突して疲れ果てることのないようにすることはできるであろう。それでも相変わらず軽率なまま、神と、事物と、私たち自身と共に行動しないというなら、せめてすべての理性の道を歩むことはできるだろう。要するに、何かに到達しなくても、すべてを放置したままにするよりましである。

（8）あるいは、私たちの頑固な悪から生じる恐怖に確実に関与するために

十五． この事柄が大きければ大きいほど、私たちにはさらにいっそう求めねばならない義務がある。もし結果に添わなくても、弁解できる。大冒険で失敗しても、着手しないよりはましなのだ。だがすべてに失敗することはありえない。というのは、私たちが捜しているものが見つかるか、あるいはいくら努力して捜しても大きな成果が得られずに、この道が無効だということが明らかになるかのどちらかだから。そして私たちの堕落の恐るべき深淵がますますあらわになり、それに対抗できるのは全能の神のみということになる。そこで、手を差し伸べてくださいという人間の嘆きがますますかきたてられる。そうしてすべてが完全に再建されるであろう永遠の日を、すべての人が敬虔に切

望することであろう。

要するに、共通の救済への不安を共有するために

十六．このような事柄について判断できるあなた方が、出席し、討議を聞いて、提案するのを拒否しないでほしい！これが自分に無縁だと思うような客人は世界に誰もいないと思われる。ここで謙虚にならないほど尊大な人は誰もいないし、ここで高揚しないほど卑下する人も誰もいない。どの谷も高くなり、どの山も丘も低くなる。主が道を広げるからである。

人間に関わる事柄への配慮を任されている人々が、ここへ心を向けてくれるように特に求められている

十七．人間に関わる事柄の指導が任されている人々よ、まず目覚めていてほしい。人類の教育掛である哲学者よ、地から天に至るまで魂の指導者である神学者よ、世界の支配者にして諸国民間の平和の仲介者、監視人である世俗の権力者よ！あなた方は皆同時に人類の医者であり、知性、意志、実行能力の病を相手にしている。ほら、私たちはその病人をいっしょに連れてきている。世界中が病院だ！だから、来て、共同で熟慮してほしい！神があなた方を実行するようにと招集したのだ。病人自身も健康になることをあなた方に任せて頼んでいる！共通の救済について熟慮するよう提案されているのだから、少なくともあなた方は誰よりも先に誰よりも前に注意して、審議が正しく進むように努めるのだ。もしもあなた方が眠気を催して、それによって欺瞞が入り込んだり、救済が中断されたり失われたりするならば、その理由を神に弁明することになろう。

ここで何を検討すべきか

（1）哲学者は

十八．事物の根拠を探究すべきあなた方哲学者に、特に要請する。提案されていることがどこから見ても理性的であるかどうか、事物の根拠が普通の道よりも開け放たれているかどうか、検討してほしい。

（2）神学者は

あなた方神学者に要請する。高価なものを安価なものから切り離し、いわば神の口となる（エレミア15―19）べきあなた方が、この世で高価なものが安価なものからちゃんと切り離されているかどうか、そして人間が虚しい現世から真の天国へと渡っていけるかどうか、注意して判断してほしい。

（3）政治家は

あなた方政治家に要請する。国家が損害を被らないように注意すべきあなた方が、この方法で神の法と自然の法に戻されて、現世の国々が損害と欠陥から安全が十分保証されていると希望できるかどうか、検討してほしい。

この事業を始めようという厳粛な要請

（1）共通の救済を促進するという目標に誠実に

十九．そこで、協定しよう。すでに敬虔に決定された事業の入口にあって、いわば神の見ている前で、私たち皆が協定を結ぶのだ。第一に、私たち皆がただ一つの目標、人類の救済という目標だけをもつようにする。つまり世界を解放するにはどうしたらいいのか、（1）学校、教会、政治において私たちを際限なく分裂させている部分的努力から、（2）学校、教会、政治において際限なく紛糾させ錯乱させている多様性から、（3）学校、教会、政治において際限なく苦しめ悩ませている強制と暴力から、どうやって世界を解放したらよいのだろうか。そうしてすべての人々を、共通の（しかもすべてが損なわれていない）救済のための努力へと、最も単純な真理へと、最も穏やかな平穏へと、呼び戻すにはどうしたらよいかということだ。

（2）信頼して

二十． この企ては神の御業なのだから、私たちは大いなる信頼の下に畏敬の念にみちて、それがいかに神の威厳にふさわしいかを考えて、実行に取りかからねばならない。私たちは宣言しよう。神は善であり、ご自分の創造物が良くあることのみを欲していると。神は知恵であり、ご自分の意志にふさわしい手段を見いだすことをご存知であると。神は力であり、ご自分の決定を実行する力を手にしていると。

（3）協調して

二十一． 第三に、こう合意しよう。人類の救済を目指すこの事柄について、意見交換しようと。それも、躊躇せず熱心に、興奮せず穏やかに、詭弁なしに理性的に行おう。共通の誓約に逆らったり、明白な真理に敵対したり、共通の善を増大させうることを提示せずにむしろ妨害したり、そんなことをしようとする人が、私たちの中に誰もいないようにしよう。そのようなことを試みる者がもしいたら、神が復讐してほしい！

（4）互いに純粋な感情で

二十二． 第四に、この事業全体において共通の救済に関わること以外は何もない、というようにしよう。個人、国民、言語の異なる民族、宗派に関することは、全体として排除しておこう。私たちの討議に、他人への愛や憎しみ、嫉妬や軽蔑が混じらないように、協調に対して悪意をもつ討議者が混じらないようにするのだ。他人を軽蔑することがどうしてあろうか。私たちは誰も皆一つの世界の市民であり、皆が一つの血統である。別の所で生まれたから、別の言葉を話すから、物事について別なことを考えているから、またあなたより多くあるいは少なく理解するから、そういう理由で人を憎むのは、なんと思慮に欠けることではないか。お願いだから、そのようなことは止めよう。私たちは誰も皆人間なのだから、不完全であり、それだから助けが必要だ。私たちは何についても債務者なのだ。とりわけ神が他人に先だって知恵や思慮や強さを授けた人々は、神を模倣し、すべてをすべての人のために行わねばならない。そして神が賜物を与える方法は様々であり、ある人にはここで、ある人にはそこで与えたり、時には見えたり見えなくさせたりする。また神は、卑しい器官をも利用するのだから（あまり希望のないところでも何らかの神の知恵が脈打つように）、欲する器官を利用する神の慣例に委ねよう。神はこの熟議に際してすら、どの国民、部族、宗派からでも、最初からでも最後からでも、欲するままに、よき討議を勧める。私たちは誰もが神のものであり、神は私たち皆を知っており、何でも神の好みに従って私たちに配分している。私たちが激しくにらみ合っている、あるいは目をそむけ合っているからといって、天の太陽は光線を誰かから取り去ったり、一方を他方とは別に眺めたりはしないだろう。ましてや、永遠の慈悲の輝きは、私たちの感情によって混乱することはないだろう。私たちが望む人のために輝き、望まない人のためには輝かないなどということはないのだ。そこで、私は繰り返しお願いし、証言する。熟議のこの事業は、私たちが治療法を捜しているあの混乱が共通であるように、すべての人に共通であり、そして神も共通である。私たちはその神の慈悲によって悲惨の軽減を願い、かつ期待しているのだ。

（5）事柄そのものに対して厳格な意図で

二十三． さらに私は要請し、祈り、嘆願する。堕落の改善を求めるとすれば、作り事や絵空事ではないほんとうの現実的な改善を求めよう。真剣な努力が遊びや物笑いにならないようにしよう。事物の認識、しかもほんとうの認識を、神への崇拝、しかもほんとうの崇拝を、人間社会の平和、しかもほんとうの着実な持続する平和を、追求するようにに提案しよう。偽りの哲学を、偽りの宗教を、偽りの政治を利用したのはいったい誰か。欺かれたいと欲するかぎり人はいつまでも欺かれるだろう。もう欺かれないように、ほんとうに善い計画を追求するようにしよう。健全な精神の持ち主は誰も偽物に欺かれるのを望まないはずだ。

（6）先入観をさしあたり除いておく

二十四． 私たちはこの熟議の事業で、神の恩寵を信頼し、神が見せていることを明らかに示すことができると期待している。示すべきこととは、まず何よりも普遍的な光のほんとうの泉、次にこの光の中で拡大していく事物の完全な世界、そして人間の精神に事物の知識をやさしく流し込む確実な漏斗、さらにこの光をすべての国民に供給する整った経路、最後によりよい時代の最高に美しい様相、それらだ。第六に要請する。これを見に来る人は目を開いて来てほしい！　純粋な目、自由な眼差しで、眼鏡をつけずに、何か新しいことや珍しいことに出会っても偏見に捕われないでほしい。というのは私たちは様々な憶測に落ち込んで物事を同じようには判断していないのだ。軽々しく誰かを信じて誤ったり欺かれたりせずに、あちらこちらで欺かれていないかどうか注意するように、と私は警告する。あなた方は目を開いて中に入り、何物をも恐れないでほしい。あなた方はすべてを明るい光を通して見ることだろう。あなた方が、以前も同じように光を通して見たのであれば、あなた方は無知ではなく誤らなかったのだから喜ぶべきことだろう。もしもそうではなく、別な風に見ていたのであれば、無知と不明瞭から解放されるのだから喜ぶべきことだ。もしあなた方が、私たちよりも上手に見たり、私たち以上に好機を見通したりしたのであれば、あなた方も私たちもいっしょに喜んで、その良いことを他の人々に示し、そして共通の宝を富ませることができるだろう。

（7）熟議を継続するという提案を受け入れる

二十五． 第七に要請する。この熟議に関わることに賛成した人は、同時に、すべての討議を聞かないうちは立ち去らないということにも賛成してほしい。私たちはここで普遍性を要求し、部分的なことがないように祈っている。提案全体について判断が下されねばならない。さもなければ全体を中止すべきだ。だが全体について判断しようとする人は、まず全体を認識する必要がある。未知の事柄、あるいは不十分にしか知らない事柄については、間違って判断されてしまうからである。

（８）平和的に論じる

二十六、第八に、この事業全体にわたって、激しい競争心に汚されていない静かな感情で論じると取り決めよう。「道の途中で争うな」とヨセフは兄弟に言った。私たちも、以前の誤りを非難し合ったり、新しい誤りを疑ったりして、この兄弟的な熟議の道の途中で争わないようにしよう。共通の真理の新たな希望が、もうすでにすべての人に対して共通にほほえみかけているという希望が、もっとよいことを期待させている。過去のことは忘れるようにするのだ。大火事がどのようにして発生したのかと争うのではなく、どうやって消すかに尽力するのだ。雷の子ヤコブとヨハンと共に、対立者の上に天から怒りの火を呼び寄せる人は誰もいないだろう。私たちは皆キリストと共に、天から慈愛の火を借りて、それが地上で燃えるように願おう。憶測の知識で自慢し合ったりせず、愛によって互いに仕え合うように謙遜しよう。たしかに、謙遜して誤る人の方が、真理の道を尊大に進む人よりも神の御心にかなうのである。そこで、神の前での謙遜、同胞への敬愛、真理の認識に対する純粋な愛、これらが普遍的な合意への忠実な導き手となろう。

（９）意見が一致しなくても、ひたすら友好的に

二十七、第九に要請する。それにもかかわらず、目の見える人が、あちらこちらで私たちと意見が一致しないのはなぜかの理由が分かるのなら、敵対的にではなく友好的に対立してほしい。つまり、一、二の不一致のせいで、残りの事柄の合意や調和的な作業全体での合意を疎かにしないでほしいのだ。こう警告するのは無駄ではない。私たちは合意をかき乱す不一致の強力さを知らないわけではないからだ。肉体の健康は、主として体液の穏やかな調整に依存している。しかし一つの部位の作用が苦しみを引き起こすと、すべての部位がうまくいかなくなる。同様に、事物の知識や人間の統治や神への崇拝においても、たった一つの不一致が、千の合意以上に重要視される結果になってしま

うことを私たちは知っている。イスラムの教え全体では、ペルシャ人はトルコ人と一致するが、いくつかの取るにたらない事柄で対立しており、そのために何と恐ろしい戦争になっていることだろう。ユダヤ人は、小アジアのイスラエル人と共に、モーセと預言者を等しく重んじているが、私たちの所のユダヤ人が受け入れアジアのユダヤ人が拒んでいるタルムードの伝承のせいで、恐ろしいやり方で罵り合っている。そして私たちキリスト教徒はどうか。私たちは皆キリストの教え全体を受け入れてはいるが、しかし、ただ解釈によって、ああ、何と敵意に満ちて対立していることか！　私たちの創造主は、不調和にはけっして耐えられないように調和的に私たちを造った。だが軟弱な人は何にも耐えることができない。強い人はすべてに耐え、できることなら改善する。神はその両方の実例を使って私たちにいつも教えている。

(10) 神への共同の誓約のための懇願について

二十八、 最後にお願いする。私たち皆が一致して神に祈ろう、私たちの悲惨な状態の改善のためのこの努力が、神の威厳の不興を買いませんように、むしろ寛大に助けてもらえますように、願いどおりの成果で飾ってもらえますように、と。この仕事はたしかに私たちのではなく神のものであり、私たち自身は神の憐れな被造物にすぎない。私たちの肉体、私たちの魂、私たちの生命、私たちのすべて、いわば世界それ自体も、それらを造った方のものだ。もちろん、それらは私たちのために作られ、私たちの忠誠に委ねられてはいるのだが。すなわち、私たちが改善を求めているものは神のものであり、主の意に反した扱いは誰にもふさわしくない。たとえ神の善意によって許されるとしても、神の助けなしに私たちの弱さでは何ができると期待されるだろうか。神の知恵が正しく決定したことが堕落しているということは、愚かな私たちも十分に承知している。回復させるのは神の御業であり、私たちのなすべきことではない。実に、光の事業は闇の国に敵対しており、戦いが必然的に起こるのだから、そしてそれは無知との闘いだけでなく、悪意と不条理との、自分の慣れた闇を守ろうとする人間の頑迷さと悪魔との闘いなのだから、私たちが光および光の生みの親である神のために努力し続けるならば、神の援助と指導と盾の下で闘うことができるだろう。このように、神の方を向き、心の奥底から、神の慈悲を促そうではないか！

第十二章　神への共同の嘆願

神への人類の共同の嘆願。

一、崇めるべき世界の保護者よ、神々の中の聖なる神、唯一単独の、真の、生ける神よ、あなたなしには他に何もありません。全地上の神、崇拝することを知らない者すら崇拝する神よ。

二、私たちは皆あなたに向かって、あなたの祝福された名をたたえます。あなたは私たち皆のために祝福を与えてくださり、私たちと私たちのための世界をお造りになり、私たちの住まいを何世代にもわたって何千年もの間驚くほどに維持してくださいました。

三、しかし、ああ主よ、あなたもご存じのとおり、私たちはひどい悲惨に陥り、しかもあなたの魂が憎むほどひどく嫌悪すべき状態に陥っています。

四、というのは私たちは皆堕落し、私たち全人類が病んでいるからです。

五、足の裏から頭のてっぺんまで、健康なところはどこもなく、傷、腫物、打ち傷で腫れあがっています。包帯も巻かず、薬もつけず、油も塗っていないのです。

六、あなたは私たちの罪に立腹されて、すべての民が自分の道を進むままに放置されましたけれども、証拠もなしに放置されたわけではなかったのです。親切にも天から雨を与え、食べ物と喜びで私たちの心を満たしています。

七．そしてあなたは、私たちの無知の時代を黙認して隠し、いまやすべての人間に、悔い改めるようにと告げています。

八．主よ、ご覧ください、私たちはあなたの姿を捜そうと、私たちの道を改善しようと準備しているのです！

九．けれども、私たちを創造した方の手が私たちを助けてくれなければ、私たち憐れな存在は何もできないと感じているので、あなたの慈悲によって、治療法を捜すのをあなたが妨げないように、また求める者を見捨てないようにお願いします！

十．おお、永遠の光よ、役に立つことを見させてほしい！　善いものに従わせてほしい！　そして、あなたが気に入ることを実行させてほしい！

十一．私たちはあなたの末裔です。私たちを憐れみたまえ！　そしてあなたからまた際限なく離れたり、迷ったり、落ちこんだりさせないでください！

十二．ああ、あなたは私たちの闇、私たちの病、私たちの破滅を楽しんでいるのでしょうか？

十三．そのような不敬なことをあなたの善意について考えるとはとんでもないことです！　あなたは死を引き起こしませんでしたし、生者の滅亡を楽しんでもいません。

十四．あなたはすべてをあるがままに創造しました。そして地上の民を健全にお作りになりました。

十五．あなたは何でもおできになるのですから、すべての人を憐れみますように。また人間の罪を、悔い改めるようにと隠しています。

十六．あなたは存在するすべてを尊重し、お造りになったものを何も憎みませんでした。憎むくらいなら造らなかったでしょう。

十七．そこで、あなたの世界中に散らばっている私たちにも目を向けてください！

十八．主よ、ご覧ください、あなたはあなたの約束に従って私たちを増殖しました！　私たちはすでに、ヨーロッパ、アジア、アフリカ、アメリカ、大海の島々すべてを満たしたほどです！　けれども、まだ私たちすべてに喜びを増大させていません。

十九．おお、憐れみたまえ！　おお、憐れみたまえ！　あなたの光とあなたの祝福を私たちすべてに放ってください、私たち皆が皆のためにそう祈っているのです！

二十．なぜなら、私たちは一つでありながら一つではないのです！　残念ながら分裂しているからです。

二十一．一つだというのは、唯一の創造主であるあなたから由来しているからです。分裂しているというのは、別の権力者、ずる賢い詐欺師、あなたと私たちの敵によってです。

二十二．あなたはこの詐欺師にずっと耐えるのでしょうか。その詐欺師のためではなくあなたのために生みだしたあなたの末裔が、離反するのをいつまでも放っておくのですか？

二十三．あなたは、私たちの永遠の闇を眺めて、闇を払いのけてはくれないのでしょうか？

二十四．私たちに罪があることは承知しています。虚しいことに従って私たちの光であるあなたを失ったのですから。

二十五．しかし、主よ、私たちがあなたに戻るように、私たちに戻ってきてください！

二十六．おお、永遠の光よ！　あなたの光の光線を力強く広げてください。私たちの闇の霧が晴れますように！

二十七．おお、神よ！　私たちは、あなたの栄光に仕えることしか求めません。あなたが唯一のすべての創造主なのですから、私たちもあなたの中で一つなのです。再び一つに集まって唯一のあなたを認識します。あなた以外に神はいないのですから。唯一の肩であなたにお仕えします。あなたを除いて他に主はいないのですから。

さい！

二十八. 私たちがすでにあなたの灯の中で灯を見ているとしたら、その他の人々も見て歓喜するようにさせてくださ い！

二十九. おお、明かりの父よ、私たちの中の精神の明かりを清めてください！　そして私たち皆があなたを見、あなたによってあなたの下で存在するものがあるがままに見えるようにさせてください。

三十. おお、魂を愛するお方、あなたの中で私たち皆の魂が燃え上がるように、唯一かつ純粋な愛であなたに随うようにさせてください！

三十一. おお、宇宙の指導者よ、私たちの逸脱を糺してください！　あなたの普遍的王権の下で、あなたの現世の王国で、私たち皆が理性的にいっしょに暮らせるようにしてください！

三十二. 主よ、私たちにほんとうの哲学をください、純潔な宗教をください、安らかな政治をください！　私たちが今のこの時代に、あなたに召されるまで、賢く、神聖に、平穏に暮らせますように、そして、祝福されたけっして終わらない永遠のもとであなたと共に暮らせますように！

三十三. おお、すべての創造主よ、すべての憐れみの主でもあってほしい！

三十四. あなたの太陽の光線で、外からすべてを照らしているあなた、同じく内にも、あなたの慈悲の光線を降り注いで照らしてください！

三十五. おお、愛よ！　おお、善意よ！　あなたの善意を感じさせてください！　ひたすらにあなたを求めさせてください！　恩寵を見いださせてください！

三十六. 主よ、あなたの慈悲を永遠に！　あなたの手〔である私たち〕が行う作業を蔑まないでください！

アーメン、アーメン、アーメン。

パンエゲルシアの訳注

1 セネカ Lucius Annaeus Seneca（BC1頃-AD65）はキケロと並ぶ、古代ローマの代表的哲学者。原文では書簡集の77となっているが、76―4に訂正。セネカの書簡集は『セネカ哲学全集』（岩波書店、全六巻）の第五巻第六巻に収録されている。
2 「しかるべき場所」とは熟議の第五部、パングロッティア（普遍的言語）を指している。
3 キケロ Marcus Tullius Cicero（BC106-BC43）は古代ローマ最大の学者、政治家。数々の著作を残し、彼の文章はラテン語を学ぶお手本としてヨーロッパに延々と受け継がれた。コメニウスもキケロの文章を幾度となく引用している。ここで引用しているのは『神々の本性について』2―44。岩波書店から『キケロ選集』全十六巻が公刊されており、当該作品は第十一巻に収録されている。
4 エピクロス派とは、古代ギリシャの哲学者エピクロスを祖とする学派であり、一般に「快楽主義」として知られる。
5 カインは旧約聖書創世記に登場する、アダムの息子。神が弟のアベルに喜んだことを嫉妬して殺してしまう。
6 サルダナパロスは紀元前七世紀のアッシリアの王。享楽的な専制君主として知られ、バイロンの詩「サルダナパロス」やドラクロアの絵「サルダナパロスの死」にも描かれている。ニムロドは旧約聖書の創世記に登場する人物で、（聖書には明示されていないが）バベルの塔を建てた人物として一般に知られる。マキャベリ Niccolo Machiavelli（1469-1527）はイタリアの政治思想家。権謀術策を弄した人物としてコメニウスは一貫して否定的である。
7 「偉大な人」とはエラスムスのことであろう。エラスムス Desiderius Erasmus（1466-1536）はオランダのロッテルダム出身のルネサンス期最大の人文学者。
8 セネカの『幸福な生について』1―3からの引用。岩波文庫版では134頁。
9 いわゆる三十年戦争のことを指している。三十年戦争は一六一八年から一六四八年まで三十年間続いたが、ウエストファリアの和平条約締結後も戦火は収まらず、実際コメニウスは一六五六年に住んでいたポーランドのレシュノで戦火に見舞われ、全財産と手稿を失った。そのため四十年間と記しているのであろう。
10 フランスのバラ協会とは、バラ十字団を指しているのであろう。
11 セネカ書簡集89―13の言葉。

12 デオゲネス、ヘラクレイトス、デモクリトスは紀元前五世紀から四世紀頃のギリシャの哲学者。ここに取り上げられている逸話はいずれもディオゲネス・ラエルティオス『ギリシア哲学者列伝』（岩波文庫）によるものであろう。

13 引用元は古代ローマの詩人オウィディウス Publius Ovidius Naso の『恋愛治療』525より。ただしオウィディウスの原文とは若干異なっている。

14 ピタゴラスのこの言葉は『大教授学』の五章五節でも引用されているが、そこでは八歳ではなく「七歳」と述べている。

人間に関わる事柄の改善についての総合的熟議

第二部
パンアウギア

普遍的光

ここではなによりもまず、ある種の普遍的な光で人間の精神を照らすことについて熟慮される。そうしてその光の中で、すべての人が、すべての事を、すべての面にわたって見ることができるようにする。

第一章　光の観察が今企てられるのはなぜか

光の観察が今企てられるのはなぜか。ここで何が注目されるべきか。

一．人間の魂を変更するのに適している手段を探さねばならない

人間の魂をより良く変更するには、すべての人に共通の何らかの普遍的な手段が必要である。それは、単純で、自ずから一定で、使用するにあたって強力で、しかも魅力的で、自発的に流れ出るものでなければならない。それは覚醒の第九章で見た通りである[1]。そこでここでは、このようなものが発見されるかどうかを検討せねばならない。私が言うのは、きわめて単純で、しかも強力かつ好ましい活動で、すべての人とすべての事に働きかける何かが発見されるかどうか、そしてその働きによってすべてが統一され、変更され、喜びとなるかどうかということである。

二．光に必然的に似ているもの

それは、もし私たちが確実に探求するならば、光と似たものに違いないということが明らかとなろう。たしかにこの世界には、すべてに共通で、すべてに同じく届き、すべてを同じく取り除き、形成し、変換し、喜ばすようなものは、何よりも明るく輝いているあの天の灯である太陽の他には見いだせない。太陽の輝きと熱から隠れることが

できるものは何もないし、また隠れたいと望むものもいない。太陽の明るさは目を喜ばせ、すべてに力と活力をもたらし維持すると感じられる。そして、生命の運搬者、自然界全体に生成するすべてのものの指導者、王、それがまさに太陽だと信じられている。

知的な光、それが知恵

三. そこで人間の心の世界に同じような効果を（つまり魂が照らされ、動かされ、より良く形成されると感じるような）探すならば、そこに見つかるのは魂の知的な光、つまり知恵に他ならないのではないだろうか。

もしも私たちが純粋な知恵を有しているなら、精神の闇は消えているのに

四. たしかに、この知恵がそれと同じように堅固で輝くものに作り上げられているならば、人間として生まれたすべての人を照らし、事物のすべての真理をあらわにし、それによってすべての誤りと無知の闇を人々の目から取り除くのに十分な知恵が、すでに得られているはずだ。私たちは混乱の除去について熟慮し始めようとしているのだが、私たちの混乱の集積は闇の悲惨な混沌に他ならないのだから、闇を追い払う手段は光しかないのではないか。

光は神の御業と私たちの働きに起源をもつ

五. そこで、光のこの働きを光の道の観察から始めよう。それは事物の最も賢明な創設者に見習うことでもある。というのは神は（創世記によれば）神の御業の初めに光があることを望んだのである。それはなぜか。事物を明らかに示すためだ。神は、自らが造り出した被造物に、闇の深淵から見ることができる力と快適さを与え、その働きは光の助けでなされると述べたのである。

形ある世界は光から作りだされる

六. 光と火は、最も賢明な創造主の意図によって次のように作られた。それらはたえず光線を発して、元素の物質に光線を照射し、照射して弱め、弱めて刺激し、刺激して熱し、熱して溶かし、溶かしてから受け入れやすい形に再生する、そのような力を有している。そして光の創造主や他の被造物の活動の奉仕者となって、事物を形成し変換する作業を果たすように作られたのである。

そして保持する

七．光と火は、いつも決まって次のように働く。事物を連続して生成し、世界を秩序だてて連続して進歩させ、それを保持する。これは、天空と星（つまり光と熱）に最も固有の効力だと信じられており、まさにその通りなのだ。

もしも精神の光が輝きを取り戻すなら、事物の秩序の回復の希望となる

八．そこでまず、知的な光の一種の塊が点火されうるならば、私たちの事柄の改善についての熟議の事業に同じような効力を期待するのはむだではない。その光は明るく輝いて、精神のすべての闇を追い払うのに十分な力をもっているはずだ。たしかに、一方で私たちの混乱の道をたどり、他方で永遠の秩序の道をたどり、事物、精神、言語、そしてすべてを回復させるべき道を目指すという具合に、光の根拠を十分にうまく見通してもっとよく再建すれば、私たちの考えをはっきり説明できるというものだ。

だから光の観察を始めるべき

九．さあ、それでは光の観察を始めよう！　肉体の目は、あの物理的な光と、その光が見せてくれるものとを喜ぶものだが、そのような熱心な魂でもって始めよう。

そしてその光を明らかにする熟議を始めよう

十．しかし忘れないのでほしいのは、暇つぶしの見物にやってきて眺めるしかすることがないというのでもなく、法廷席に呼ばれて判決を聞くだけというのでもなく、熟慮するために呼ばれているのだということだ。だから目と耳をよく開いて参加してほしい。それぞれが光であり、光を有してそれぞれに向かう力をもっているはずだから、私からではなく、光そのものから学んでほしい。自分自身の目の証拠と、照らされているのが誰にも分かる事物そのものによって学んでほしい。

第二章　光と闇について

光と、光に対立する闇、それらは何か、どのような種類があるのか。

光とは何か

一．一般的に考えれば、光とは、事物に降り注ぎ、事物を明示しあらわにする輝きのことであり、事物の形と位置と運動を、そしてさらに相互の距離と相互の関係を見る人に明らかにするものである。

闇とは何か

二．その反対に闇とは暗黒であり、事物を包み隠す。そして周りにあるものが何か、どのようであるか、どれだけか、事物の相互関係がどのようであるかを見えなくさせる。

光と闇は互いに対立している

三．そこからこの二つ、光と闇が対立しているのは明らかである。両者は反対の特質と活動を有している。つまり光は自身と事物を外に向け、広げて、開いて、視野に置くのだ。反対に闇は自身と事物を内に向け、包んで閉じこめて隠してしまう。

光と闇の作用は相反する

四．そこで、光からは事物の認識が、闇からは事物の無知がやってくる。光は事物と魂に快さと喜びを、闇は悲しみと不快感を与える。光は生の様相を、闇は死の様相を呈している。

光と闇には三種類ある

五．しかし、光と闇は一種類ではない。神託では主に三種類の光が称賛されている。そして同じ数の種類の闇によって汚されるか照らされるかする。三種とは、永遠の光、外的な光、内的な光である。

（1）永遠の光とは何か

六．永遠の光とは、人間の感覚では近づきがたい輝きのことである。そこには神が住んでおり（テモテ6―16）、そこで神は至福の泉である自己を眺め、また神の外にあるもの、ありうるものすべての根拠を眺めている。ここで神は、無限の生命と至福を永遠に十分に堪能している。この光の参加者は、創造主の仲間になるのを許された被造物であり、祝福された眼差しで神を見つめ、その中で喜びをいつまでも十二分に堪能している。

永遠の闇とは何か

七．この永遠の光に対立するのが永遠の闇である。それは光の泉である神の中には位置を占めてはいない（神は光であり、神には闇がまったくない。ヨハネ1―1―5）。しかし永遠の闇は、創造主の被造物の中には、仲間として指定されて場所を有している。けれども創造主の視界からは締め出されており、神が祝福した光線もその火花も、永遠にまったく見ることはない。それは恐怖と苦悩の永遠の深淵である（詩編49―20、マタイ25―30）。

（2）外的な光とは何か。それに対立する闇とは何か

八．外的な光とは、肉体の目に知覚できる輝きのことである。神はその輝きで、形をもって目に見える世界のこの大劇場を明るく照らした。その輝きの運搬者は天の星、とりわけ太陽である。創造主がその松明に火を灯す前は、巨大な空虚な深淵の他は何も存在せず、運動、生命、形がまったく欠けていた。現在でも光がさしこまない所では真っ黒な闇がすべてを包んでいる。大地の奥深くや夜の大地の表面では、快さは事物からまったく取り除かれている。

(3) 内的な光とは何か。何種類あるのか

九. 内的な光とは、理性的な被造物の精神に灯された輝きのことである。その輝きは精神を明るく照らし、その道に沿って導く。この光にもまた三種類あり、人間の三つの内面、すなわち、知性、意志、感情を照らしている。

(1) 知性の中の光

十. 知性の中の光とは、事物の理性的な観念である。それでもって人間は事物の真理を追究し、事物の根拠を眺めて魂を喜ばせる。この光が輝いていると知恵と呼ばれる。つまり知恵とは存在する事物のほんとうの観念であり、すべての事物の賢明で健全な使用である。

知性の中の闇

十一. そしてこの光に対立するのは闇、つまり無知である。闇はまさに闇であり、そこから精神の怠惰と愚かさが生じる。もしくは、もしもその無知が生得の刺激によってあちこち動いてどこかに前進しようとすれば、無知が拡大し、不確実な憶測のたえまない衝突が生じるだけでなく、さらに誤りの穴や断崖絶壁に落ちこみ、崩壊や滅亡、ついには死滅にまで至るのである。

(2) 意志の中の光

十二. 内的な光の第二段階は、意志の中にある。それでもって人間は事物の善を追求し、その甘美さを味わい、神聖に純粋に喜ぶのである。

意志の中の闇

十三．この光に対立する闇は、精神の不純である。それでもって汚れた人間は、闇の子と呼ばれる。なぜなら彼らは闇の仕業を喜ぶからである。

⑶　良心の中の光

十四．内的な光の第三段階は、良心または感情の中にある。つまりそれは心の晴れやかさと喜びであり、真理を認識し、神聖さに関与しているという感覚からわき起こってくる。聖書ではこうだ「正しい人には光が現れ、心のまっすぐな人には喜びが生じる（詩編97―11）」。

良心の中の闇

十五．この光に対立する闇は、精神の苦悩、虚偽と悪意の自覚である。この苦悩は地獄の永遠の闇の前ぶれである。

知的な光の道が特にたどられるべきなのはなぜか

十六．魂のこの闇を、死に定められた存在のすべての人が知り用心するように、教えねばならない。まず初めに、知的な光の道をたどってみよう。この光が純粋に明るく輝き、意志に松明を差し出している所では、意志もまた光に従う者となり、感情も晴れやかになる。キリストの言葉ではこうである「あなたの体の灯火は目である。目が澄んでいれば全身が明るい（ルカ11―34）」。

第三章　知的な光とはどのようなものか

私たちが望んでいる十分な知的な光とはどのようなものか。その必要性とはどういうことか。

私たちは普遍的な知的光、まさにパンアウギアを望んでいる

一．私たちが望んでいる光は、人間にすべての善を示すような、しかもすべての人にすべての面にわたって、不明瞭さや誤りなしに示してくれる光である。これはやがてパンアウギア、つまり普遍的光の輝きとなろう。

その光は私たちの善のすべてを示してくれるだろう

二．すべての善というのは、私たちの祝福された目的のことである。その目的を目指して私たちは、自分が善くありたいという衝動を自然に受け取っており、私たちの誰もが際限なくそう望んでいる。もっとも私たちを秘かな香りで惹きつけているその善がいったい何なのか、どこで探したらいいのかほとんど知らない。たしかに、大部分の人は善について何もはっきりと分かっていないのに、それでもしかし落ち着かずに熱望し、何を熱望すべきか知らずにいる。それだから、死すべき存在が運ばれていく目的・終点をはっきりと理解してほしいのだ。また同じく、確実な手段も理解してほしい。賢明な神の善意は、手段を人間に与えないでおこうとは思わなかったし、実際に欠けていると

も思われない。また、それを思慮深く活用する方法も手元に置くように望まねばならない。人間がどこにいても生涯にわたって光の中にいるために、そうしてほしいのだ。

もちろんすべての人間に

三．私たちが望むのは、すべての人間が明るく照らされて、見る目のある人は誰もが見ることができ、聞く耳のある人は誰もが聞くことができ、理解する心のある人は誰もが理解できるようになることである。明るい光の中で盲目でいること、平坦な道で迷うこと、生得の固定された願望からまったく逃れること、そういうことは誰にも許されない。

しかもすべての面にわたって

四．さらに、すべての面にわたって、人間がほんとうの光で照らされることが望ましい。すなわち、事物の映像ではなく事物そのものを見てほしい。自分が知っていることは戯言ではなくよく知っているのだということを知ってほしい。

何が正しく何が不正かを理解するように

五．これまでに述べられた要点を振り返ってみると、私たちが思っている望ましい光というのは、一時的や永遠のすべてがその光の中にあり、私たちが知るべきこと、行うべきこと、望んだり恐れたりすべきこと、所有し享受すべきこと、善と悪、そのような事柄を、視野に置いているような光である。そのためには、学問、宗教、他人に対する支配において、いつ、どのようにして、なぜ、その目的からこれまで逸脱してしまったのかを明らかにし、そしてこれらの一つ一つを改善する最も明白な根拠を容易に洞察することが望まれる。事物の中に何が存在し存在しないのか、宗教において何が神を喜ばし不快にするのか、政治において理性的被造物が職務を遂行できたりできなかったりするのはどういう根拠によってかを、私たちがはっきりと見つめるならば、それは実現するであろう。

理解していないというのは、知性が欠けていることだ

六、今私たちは様々な霧に取り囲まれ、事物も私たちの行動もいわば闇の混沌のようになっており、様々に幻惑されている。善が悪に、悪が善に見える。有用なものが有害に、有害なものが有用に見える。そこから、事物についての堕落した判断が生じ、さらにそこから歪んだ選択と熱意が生じている。私たちは善を避けて悪に従っている。判断を誤っているのだ。目が事物を直視せずに事物の影の中に陥る限り、欠落が生じざるをえない。

そこで、まず知性が闇から解放されねばならない

七、たしかに人間の自然本性は、良い行動も悪い行動も、最初の根はすべて知性の中にあるように作られている。なるほど肢体は、女王である意志が命じることに、運動して従う。その女王が命じるのは、決定に従ってであり、決定するのは選択に従って、選択するのは理解に従って、そして理解するのは、感覚で受け取ったものに従ってだ。ところで受け取るというのは、明るい光を通してか霧を通して現れるものに従ってだ。本物のあるいは他の異常な、色、形、位置を受けとるのである。そのように、願望と活動の泉は実に知性なのである。そこで、願望と活動の清らかな小川が流れることを願うのであれば、まずもってこの知性の泉が清められねばならない。

それは賢者の事例で明らか

八、認識の明るい灯を有している人々の場合は次のようなことが見られるものだ。知性が物事を誤りなく判断し、意志がためらいなくそれらの事物を選んだり拒否したりし、実行能力がすぐさま跳びかかって遂行する。物事を十分に調べた場合は、合意を引き出すために議論したり、意志を動かそうと懇願したり、器官に実行を迫ったり、といった必要はまったくない。それらは自発的に対象に跳びかかり、喜々として捉えたり遂行したりするのである。

また愚かな者、つまり無知な者の事例でも

九．無知の闇が精神を包んでいるところでは、それと反対のことが起こる。もしも、暗い所しかも見慣れぬ場所を歩かねばならないとしたらどうなるだろう。たとえ足が丈夫で感覚が敏捷で、場所も平らで何も危険がないとしても、それでも不安で、足どりはおぼつかなく、（躓きの石やでこぼこや穴に出会えば）ぶつかったりよろめいたりころんだりせざるをえない。同様に、未知のあるいはよく知らない事柄について判断したり、あるいは選択してさらに遂行するような場合（たしかに人生はそのような活動にあふれている）、妄想に陥ったり誤ったり失敗したりするのは避けがたい。意志は、欲求せざるをえないのだから、進み続ける。何に向かってか。理解されたものに向かって、あるいは間違って理解された怪物に向かってだ。また、身体の器官は意志の刺激に従わざるをえないのだから、奇怪な行動すら行い、その結果すべてが怪物であふれるようになる。

無知は人間を食いつくす怪物

十．ここで、ケベスがサトウルヌスの神殿で長老から聞いたと述べている話が当てはまる[2]。長老は怪物スフィンクスの神話をこう説明したのである。「愚かとは、スフィンクスのようなものだ。スフィンクスを知らなければ、それに滅ぼされる。知っていればスフィンクスの方が滅びる。」

無知は徹底的に滅ぼされねばならない

じつに、人生で何が悪で何が善かを知らない人は、自分自身の無知と無思慮によって滅ぼされる。善悪を理解している人の前では愚かさの方が消え去る。だから無知が私たちを滅ぼさないように、無知そのものを滅ぼさねばならない。

（反論は解消する）

十一．しかしながら、知識ある人々も大勢罪を犯していると言う人もいるだろう。悪い習慣に負けたり時には悪意に満ちた行動をとることもあるというわけだ。なるほどその通りだが、その起源は同一の泉に起因している。もしも最初に悪い習慣に抵抗するのを疎かにすると、不注意によって悪い習慣に陥るのである。悪意に満ちた罪はまったくの無配慮から起こる。誰かの感情を害そうと考えるのは、まったく自分のためにならないし、神の怒りを貯め込むことになるということに気づいていないのだ。

十分な光の光線で

十二． そこで残されているのは、無知の、この一つの無知のための治療法をまず用意せねばならないということだ。その無知は、あるいは事物を、あるいは精神を、かくも濃く有害に暗黒で被っている。そしてその治療は、その闇の不幸な混沌全体を魂から除去し内部まで完全に追い払うのに有効なものでなければならない。それは、事物の全体すべてをはっきりと明瞭に示してくれる知性の十分な光ということだ。

断片的な認識は、誤りの母

十三． 誤りから安全であるためには、真理のなにがしか、善のなにがしか、可能なことと義務のなにがしかが分かったというだけでは十分ではない。全体が分からなければ、まだ誤りの余地が残っている。空白というものがない以上、真理や善や義務から見て空白ならば、その空白は必然的に真でないもの、善でないもの、義務でないもので満たされているのだ。最も確実なものでも、断片的に調べたら誤りに導くことが確かにありうるのである。

（それが事例で示される）

十四． これは事例から明らかであろう。大勢の人がある所に集合しており、よく知っている人たちなのだが、個々の顔が格子を通してしか見えない、あるいは一部だけしか（覆いがかかっていて鼻とか耳とか額とかしか）見えないなら、彼らを完全には識別できないだろう。しかし、各人を全部調べれば、非常に簡単に識別できよう。すなわち、一つ一つの事柄が、それ自体だけでなく隣接の事柄も、そして全体をも知らせるのである。

事柄の改善はなされていない

十五． たしかに、何を観察するにしても、全体が理解されなければ誤って理解される結果となってしまうのは当然だ。真理は事物においては結びついているのだから、精神の概念においても結びつこうとしている。だから不一致の最大の原因は、事物が関連して考察されないからだ。個々の物が全体として十分はっきりと把握されずに、様々に分離し断片的に把握されるとそうなる。実に簡単に、これはあれに、あれはこれに見えてしまう。

（工業技術でもそれは明らか）

十六． 技術的な事柄でも同じことが起こる。小さな条件の無知が全体に影響して、働きを止めたり妨害したりしてしまう。自動時計の例をとってみよう。針一本、歯車一個が不足したり間違った所に置かれたり曲がったり、軸が曲がったりすると、運動は止まってしまう。本来あるようにつながっていないと、欠陥の改善は不可能である。

（道徳においても明らか）

十七． 私たちは道徳でも同じ経験をしている。ある人物のすべてが好ましいものであってほしい。私たちに不快感を与えることが一つでもあれば、会話や交際が嫌になってしまう。楽器の場合も、ただ一つの不具合が調和を混乱させてしまう。ただ一つの個別の無知や誤りでも、真理に関しての同意を妨げることができるのである。

事物の不明瞭な認識が同じく混乱させる

十八． 同じく、事物の全体がまるで霧の中のように曇った状態で見つめられたなら、そこから無知、誤り、混乱が生じるだろう。使徒たちが主を見たとき、恐れおののいて叫んだ。幻影を見たと思ったのである。だがどうしてか。それは夜のことだった。闇の中でよく分からなかったのである。日中ならそのようなことが起こると誰も思わないだろう。最善のものを幽霊と見なすようなことはよくあるのではないだろうか。その逆に、災いを楽しみと見なすこともしばしばだ。または、互いに疑念を抱き、哲学や宗教や政治において見慣れないものがあると、すぐに幻影だと想像するのではないか。それをもたらすのは、ただ認識の曇った光なのである。

事物についての疑念と争いは、十分な光の中でなければ除去できない

十九． 議論や争い（それらによって世界は至る所で騒々しく、様々に分断され混乱させられている）を除去する手段は、十分なほんとうの普遍的な光の他にはありえない。もしもすべての人が同一の事物を同一の方法で見つめるならば、論争する必要があるだろうか。すべての議論はためらいから生じている。また、ためらいは曇った認識に由来する。それは逆に、薄暗い灯火から、あるいは部分的断片的観察から、性急な判断が生じる。このように、同一のものが異なった別のものに見えてしまうのである。しかも私たちは自分自身を容易に信じてしまい、自分は誤っていないと考え、自分の憶測の支持をできるかぎり得ようとする。自分を強固にする何かを探し、他を破壊しようと苦労し、自分の憶測にだけに固執する。これが議論と称されていることのすべてである。しかし、すべての事物が全体として光の中に存在し、すべての人が見ているのは現れるがままであり、現れているのは存在するがままであり、存在するのは実在するがままであるという具合になっていれば、議論はまったく無益であろう。闇の中や光の不足するところでは、色について疑念もあろうし、口論もありうるだろうが、明るい光の中ではありえない。

また暴力や憎悪も

二十． さらに、真理や善を選ぶ時には自由でいたいと望むのは人間の本質にもともと具わっていることである。真理は（知性の最も好みの食料であり）、力づくで押しつけられるのは不本意なのだ。甘美さは（いつでも意志を惹きつけており）、もしも自由な選択でなければ苦さにすら変わってしまう。それだから、議論とそれに続いてなされる決定とが、強制的暴力的様相を呈していれば、人々は当然のことながら、力の勝利のためには、荒々しく騒々しい防戦よりも、真理

に沈黙してやりすごす方がましだと結論してしまう。自発的に真理と妥協した方が、対決して敗れた、いわば首を絞められて屈服したと見られるより容易だとなってしまう。

ただ十分な光だけが、単一性、単純性、自発性の道を示すのに適している

二十一． 要するに、事物の認識の十分な光が人々の間に灯され、すべての人にすべての事がすべての面にわたってはっきりと提示されるなら、普遍的改善の平坦な道が得られるだろう。私が言うのはあの単一性、単純性、自発性の道のことだ。それらの道によって、すべての人が同一の事物について同一の感覚を向け、これまでよりもほんとうの魂の合意が得られるようになる。というのは、その光がすべての事をあるがままに見させてくれれば、無知の残る余地はないだろうし、不確実な推測にみちた穴や割れ目もないはずだ。また、その光がすべての事をすべての面にわたって見せてくれれば、真理への疑念の機会はないはずだ。その光がすべての事をすべての面にわたって、すべての人に見せてくれれば、対立して争いや混乱をひき起こす人は残っていないだろう。そうして人間に関わる事柄は、その光のおかげで明白で好ましく平穏な方向へ向い、改善は確実に可能となろう。

キリスト教徒の信仰の力強い布教に役立つ

二十二． 特にキリスト教徒には、もしも光のこの神秘をまだ理解していないなら、こう言わねばならない、キリスト教の信仰の普及に役立つのは、魂の普遍的光に他ならない、その光はまた、自然の事物と人工の事物を囲んでおり、精神が徐々に高められて、いっそう望ましいいっそう強力な高次の光になる、と。アコスタ[3]がインディアンへの救済の普及について正しくもこう述べている。「今では、かつてのような奇跡の必要はなくなった」と。そしてむしろ必要なのは、諸国民がキリスト教の教義の崇高さに注目するように覚醒されることだと付け加えた。「大げさな堅信礼が必要だろうか（と二巻九章で言う）。むしろ望ましいのは、かれらの理解力を増大させることだ。私たちの教えの

深さを好奇心をもって探求させることだ」。

その輝きで、迷信の霧は消えうせる

二十三．私たちはその見解に賛同する。諸国民へのキリスト教の信仰の普及のためには、諸国の人々に、立ち止まって耳を傾け、自分たちの宗教を私たちの宗教と比較してくれるように説得する以上の有効策は考えつかないと思う。というのは、暗い場所に照明が持ち込まれたときに起こること、つまり、闇が消え去ることが期待されるからである。キリスト教のみが着実な宗教であり、最も強固な岩の上に建てられているのだから、理性のほんとうの道具や神のほんとうの啓示の証拠で動揺させられることはけっしてありえない。他の宗教は、人間の発明や悪魔の幻影といった乾草や藁でできた砂の上に建てられており、燃えるような理性のほとばしる攻撃や神託の火にも耐えるほど強固ではないのである。

十分な光は、先入観や判断の闇を追い払うことができる

二十四．そこで、私たちは、すべての人が聞きたがり、理解できるにはどうしたらよいかを目指さねばならない。障害のうちの主要なものは、人間の魂に根ざした先入観であるということは周知のことだ。先入観のために、自分は正しい小道に留まっており、他人は道をはずれてさ迷っていると納得し、聞く耳をもたない。仮に耳を傾けるにしても、聞こえない耳を向けている。かくも心を離反させ、目を見えなくさせているこの有害な悪をどうしたら除去できるかを検討せねばならない。そのためには、真理をはっきりと明らかにし、憶測の霧を強力に追い払う、普遍的光の他に有効なものは何も考えつかない。もしもすべての人がこの光を認めるなら（この光が明るく輝いているのなら、認めないことがどうしてありえよう）、私たちの杖でエジプト人の蛇と確実に対抗でき、どちらの杖がどちらを飲み込むかを喜んで見物できるであろう〔出エジプト7―10〕。神の力強さが私たちの側にあるだろう。もし私たちが、バアルあ

るいはエホバが神であるかどうかをいっしょに験すようにバアルの徒に説得するなら、ほんとうの神である私たちの神が訴えを起こすのが見られるだろう〔列王記上18―19〕。

私たちの家では私たちの平穏な問題に専念できる

二十五．私たちには、神学と宗教全体のさらなる純化のためには、すべての信者の面前ですべてをはっきりと説明する普遍的光よりも有効なものは考えつかない。そう思ってある人がこう書いた。「闇の哲学は私たちに争い好きの哲学をもたらし、争い好きの哲学は争い好きの神学を引き込む。さらに、ふらついて震える信仰を生み出す」。もしこれがほんとうなら（実にその通りなのだが）、ほんとうに普遍的な光を灯せば事物をあるがままに見ることができるようになるだろう。そしてすべての人が見たままを認識し、神の助けによって争いは止み、魂の合意が回復することだろう。

次の章への移行

二十六．これに反対したいと思う人は誰もいないと期待したい。むしろすべての問題が向けられるのは、すべての事をすべての人にすべての面にわたって明らかにしてくれる光を希望しうるのかどうかということだ。その可能性について次に検討しよう。

第四章　知的な光を灯すのは可能か

このように十分な知的な光を灯すのは可能か。そこにある神の三つの照明、または光の泉について。

光の制作者である神は、

一.　光の制作者は世界の制作者と同一である。もしその方がまず最初に、私たちが今見ているこの世界に光を灯さなかったなら、すべては依然として永遠の闇に埋もれていることだろう。同様にもしその方が、私たちが望んでいる光を精神に灯さないなら、私たちは哀れにも無益な闇に永遠に苦しめられていることだろう。

私たちにも光が備わるように計らった

二.　しかし実際、恵み深い父はすでに明かりを灯し、さらに増大させようと用意している。ただ私たちがその方の御業を頑固に妨害しなければよいのだ。その方の予見の手は、作業中に私たちの協力を大いに必要としている。その方が望んでいるのは、私たちが自分たちの手で、火打石と鋼から、またはその他の同様の自然に授けられた手段で、外部の（私たちが使用する外部の）物理的火をおこして、それから生じる外部の光を得ることである。

それを今検討しよう

三．そこでその装備を検討しよう。そして神に証言するのだ。神の好意が行なったことはひとえに私たちが善くあるように、そして何によって善くなりうるのかを私たちに理解させることだと。

知的な光すなわち教えること。それには三つの要件がある

四．私たちが備えようとしているのは、精神を照らす知的な光である。だが精神を照らすとはどういうことか。教えることである。ところで私たちの場合教えることは三重になされる。神はそのどれも無視しなかった。

(1) 実例

人間が人間に教えるのは、まず実例によってである。相手の目の前で何かを行なって、まねるように黙って誘う。（この意味でこの言葉はほんとうだ「技を見ている人がそれを独自に実行したら、技が教えられたのだ」。）

(2) 教示

第二は教え示す、または規則によって教えることである。何か道具を示して、それを何のためにどのように使ったらいいのかを話してやるようなことだ。

(3) 改善

それから、行なっていることを中断し、もし間違っているなら叱り、正し、誤りをしないように注意する。

それらの三つを神は私たちにあらかじめ与えた

五．神は同じ方法で私たちを照らすのを喜ばれた。つまり神はまず第一に、最も賢明な建築作業の見本を示して教えている。それを私たちの面前に差し出し、世界が造られるようにした。次に、私たちの魂に理性の灯火を据えた。その理性は、やってくるすべての事柄についてのある種の規則をたえず私たちに告げている。そして、もし私たちが迷えば、神の声が外から呼びかけて（あるいは書物に述べられた昔の言葉を私たちの手に与えて）、逸脱を防ぎ正している。

私たちは三つの神の照明を有している

六．そこで三つの神の照明が存在し、そこから神の輝きが私たちに向かって放射している。すなわち、世界、それは神の知恵のたえざる作業所だ。私たちの精神、それは理性のたえざる命令者、解説者である。そして神の言葉、それは私たちの誤りのたえざる警告者、改善者である。

そのほかにどのような名称がありうるか。

七．これらの三つの照明は、正しくも神の三つの書物、神の三つの劇場、三つの鏡、神の三つの律法、また私たちの三つの総覧、知恵の三つの泉などと呼ばれている。

（1）神の三つの書物

八．それらは神の書と呼ばれていると私は言う。その第一の最大のものは世界という書物である。それは神の知恵の無限の文字で、内にも外にも書かれている。これに最も密接に結びついているのが精神という書物である。すべてに広がりすべてを測りうるある種の規則によって実に十分に書かれている。それらは、生得の観念、生得の衝動、生得の実行能力と呼ばれている。第三は神託の書である。かつて人間に向けて発せられたり、内面に吹き込まれたりした神の言葉が収められており、他の人々が使用するために、神の命令で書かれている。重要なことは何でも私たちに天から指示があるようにするためである。

（2）神の三つの劇場

九．それらは劇場と呼ばれる。そこで神の知恵が私たちのためにすばらしい劇を演じるからである。世界では毎日何らかの新しい見世物を上演しているだけではなく、舞台で人間の才能による何らかの新しい発明を生み出し、聖書の深淵から何らかの新しい神秘を明るみに出している。

(3) 三つの鏡

十．それらは鏡と呼ばれる。ここにあの隠れた神が永遠に住んでおり、見えないものを見えるように再現しているからである。なぜなら世界は、隠れた力、知恵、善意が表現された像に他ならず、感じ取れる物質の様々な表象がすべての被造物の中にちょうど鏡のように刻み込まれていて、創造主の知恵、力、善意が見えるようにされているからだ。神は世界のすべてを、一定の原型に従って数、量、重さ[4]に形作り、私たちの魂にも、この事物の原型と、数、量、重さを刻んだ。そしてすべての事物の根拠がそこで反射して輝くようにしたのである。さらに、私たちについての神のひそかな永遠の考えが確実な言葉で表現され、聖書の中に取り入れられるよう命じた。そうして神の言葉がいわば鏡から私たちに反射できるようにしたのである。

(4) 三つの律法

十一．それらは律法とすら呼ばれる。私たちは何でもはっきりと理性的に敬虔に神聖に、考え、話し、行動しなければならないのだから、神が行ない、吹き込み、述べたことに規範として従うのが最も安全なのだ。

(5) 三つの総覧

十二．さらに私たちは、それらを総覧、または私たちが知るべきこと無知でいるべきことの貯蔵庫とも呼んでいる。まことに世界は、感じ取れるすべての事を収めている総覧だ。そして私たちの魂は、理解できるすべてを収め、聖書は霊的で永遠なものを収めている。世界には感じ取れるすべてが、魂には理解できるすべてが、聖書には救済のために信じられるすべてと信じるべきすべてが、説明されている。もしも説明されていないものがあるとすれば、それは知るべきではないものだ。

(6) 光の三つの泉

十三. しかしそれらを光の普遍的泉と呼ぶのが最もふさわしいであろう。これまで存在し、現在も存在し、存在する可能性のある、人間の思考のすべての小川は、その泉から流れ出ているし、流れ出ざるをえない。そしてすべての事に対して、すべての人にとって、すべての面にわたって十分なのである。

(1) すべての事に対して十分

十四. すべての事に対して、これらの光の泉は十分である。私たちが知る必要のあるものは何でもそこから求めなければならず、それ以外から得ることはできない。神が生み出さなかったものは何も存在しえなかったように、神が明らかにしなかったものは何も認識できない。ところで私たちにとって知ることが大切だと神がこれまで明らかにし、今も明らかにしているものは、三つの方法による。つまり外に示された御業によって、内部の命令によって、添えられた声によって、神の意志が説明される（所によっては十分に理解されていないのだが）。だから私たちには見つめるものがたくさんあり、教えてくれる人はちゃんといるのだ。外にはすべての被造物がいる。内には私たち自身がいる。上には創造主である神がいる。それぞれの作業は疎かにされていない。被造物はどれも、私たちが考察するために作業を（知らずに行っている隠れた根拠の力によって）遂行しており、そこから私たちは何を為すことができるのか、どうすればいいのかを学んでいる。次に生得の衝動、実行能力、観念に注目するなら、何を欲し、でき、知るべきかを私たち自身から十分に認識する。さらに神は、あちこちで理解されていない補足の注釈を説明し、つけ加える。最高目的から私たちが外れないように特別に配慮しているのである。だから、神のこの三種の書物を理解したならば、私たちはすべてを知る者となろう。つまり神が私たちに許し、あるいは私たちが求めている、人間の全知者となろう。というのは、ここに存在しているものが知られるのを神が望んでいないとすれば、劇場で公開しなかったであろう。つまり公開したのだから、見られることを望んでいるのは明らかだ。ところで見られるというのは、認識されるためではないのか。おそらく神が何かを隠しておりここで明らかにされていないものがあるとしても、それらを私たちが認識するのは不可能なのだから、気にかける必要はないのだ。その結果残されているのは、神のこの三種の光と松明によって明らかにされるすべてだけということだ。

(2) すべての人にとって

十五．すべての人にとって、次のように明らかにされる。つまり次のような神の照明がすべて、すべての人間に提示されることが明白だということだ。第一の照明は、世界の公の劇場に広がって天の下ですべての人に見られている。第二の照明は、どの人の魂の中にも掲げられている。第三の照明は、人間の手に与えられて手から手へと渡され、どの人にも役立つようになっている。そうして誰もが世界を目にしており、そこでは神の右手によって私たちの面前で作業が為されている。ところが、誰もが関与せざるをえないのに、大部分の人は恥知らずにも目をそむけ、この光の中で目を閉じて歩き回っているのだ。また、理性に満ちて事物についての規則を私たちにたえず告げている精神を、すべての人間が自己の内に感じている。その精神は、夜でも闇の中でも、外部感覚がすべて眠っていても、働いている。もしも世界が取り去られて、人間の魂のみが無の深淵の中に取り残されることがありうるとしても、その魂は事物の根拠を観察し新しい世界を建設するのを止めないだろう。この内的光の光線は、私たちの中でかくも燃え上がっているのである。また外で私たちの回りに反響している神の声を、すべての人がまったく等しく聞いているわけではないが、一生懸命聞いている人は聞いている。そしてその声をすべての人が同じように聞くことができるし、聞かねばならないということが、まもなく明らかになろう。

⑶ すべての面にわたって

十六．最後に、神のこれらの松明は、すべての面にわたって、すべての事物を認識するのに十分だといえる。なぜなら、神は真理そのものであり、欺くことも欺かれることもありえない保証人であり、その神によって私たちに火が灯されているからであり、しかもそれらはほんとうの光だからだ。たしかにこの世界は、実体のない幻などではなく、最も現実的な、どこでも感覚で感じとることのできる制作物である。また精神の明かりは、その純粋さにおいて眺めれば、幻影などではない。たとえ精神が、事物の多種多様性によって時には欺かれたり包み隠されたり、また曇らされたり、行動が失敗したりして、誤りに陥ることがあるとしてもだ。魂の土台は、生得の観念を精神に含んでおり、真理の不動の規則を永遠に有している。それはやがて（神の言葉で為された啓示について）明らかになろう。さて、十分であるということをいっそう確実にするために、これらの光の泉を一つ一つ調べてみるのがよいだろう。

第五章　知的な光の第一の泉であるこの世界

知的な光の第一の泉である事物の自然について。すなわち世界に広がっている神の御業について。

世界が意味するものは何か

一．私たちは、世界という名称で、広大に広がっている天と地の機構と、そこに含まれているすべてのものを理解している。それは神の技によって構成されて、その複合体の全体において、またそのすべての最小部分にわたって、最も絶対的な知恵の最も絶対的な模範が示されている。そこがいわば劇場のようになって、人間に生まれた私たち全員が、そこで神の知恵の様々な劇を眺めるのを許されているのである。

十の要点が個々に注目されねばならない

二．そこで次の事実を確定したい。第一に、世界は存在する。(2) 世界は神によって存在する。(3) 世界が存在する目的は、神の不可視物が見えるように再現されて建てられるようにするためである。(4) 人間は、神の知恵の生徒としていわば学校に送られている。(5) すべてのかつ個々の被造物は、この学校の神の生きている書物のようなものである。(6) その数は、不可視の力、知恵、善意の十分さを再現するのに必要な数だけ存在している。(7)

その書物によってこの世界に存在しているすべてが学ばれねばならない。(8) この世界に送られたすべての人が学ばねばならない。(9) この世界から正真正銘の知恵を汲み出すために学ばねばならない。(10) 私たちがこれらすべてを理解したならば、あふれる光に満たされて、最も賢明な神の光り輝く似姿になるということが予見される。以上のすべての点において私たちが合意するために、一つ一つ説明が必要だ。

(1) 世界は現実に存在している

三. かつて、世界の存在を疑ったアカデメイアの後期の一派がいた[5]。「何も知ることはできない。すべては不確実だ。どちらの立場も論ずることができる (何らかの世界が存在し、議論している人間が存在しているのか、それとも、ただそう見えるだけなのか)」と断言したのである。しかし、使徒が「彼らはむなしい思いにふけり、心が鈍く暗くなった。自分では知恵があると吹聴しながら愚かになった (ローマ1—21、22)」と述べているので、これ以上言うことはない。すべきことは、壮麗なこの円形劇場に対して感覚を刺激し、活発に調べねばならないことすべてを考察するだけである。目とすべての感覚を至る所で駆使して、見ているのに見ていないような愚か者と言われないようにしよう。

(2) 世界は神によって造られた

四. 世界が現実に存在することを認めはするが、次のように疑う人もいた。「存在の始まりがあるのか、どこから存在し始めたのか、それは追究できない」。あるいは「すべてはずっとこのように存在した」。あるいは「世界は偶然に諸原因が重なって造られた」。しかし、すべての部分が流動的だとしたら、全体が存在できたのはどのようにしてなのだろう。始まりがないとすればどのようにして存在するのか。すべては原因と結果で、たえず互いに連続して結びついているのではないか。たしかに、連続しているところには必ず前と後があり、前と後があれば最初と最後がある。しかし最初の前には何も存在しない。つまり、私たちの所までつながっているこの連続の最初の前は無なのだ。けれども、かくも美しい、かくも確固とした、かくも驚嘆すべき事物の秩序は、偶然に生じるのだろうか。誰かが作ったのだろうか。事物の秩序が偶然に消滅することはありうる。だが偶然に生じうるというのは、どんな根拠にも反している。だから、すべての被造物の耳に、次の言葉を響かせよう。「主は私たちを造られた。私たちが自ら造ったのではない（詩編100―3）」。

(3) 世界は見えないように造られて再現される

五. しかし主が世界を造ったのはなぜなのだろう。これらの事物を作り出すことによって、永遠の力であるお方は何を求めたのだろう。その方以外には何も存在しなかったのだから、その方以外にはありえない。つまりご自身を形造ろうとしたのだ。自分の外に、自分の見えざる光の影で何か見えるものを映し出して、自己の存在と、さらに善意と知恵とを共有する関与者を造ったのだ。このようにご自身の外に事物を造りだしたのである。それだからすべての被造物は、永遠の光の影であり、何らかの似像に他ならない。

(4) 世界は人間のために、人間が見つめるために造られた

六. 神の不可視性が見えるように現れるのに目撃者がなくてはならないので、神は最後の被造物を創造し自らの姿を与えてこの世界に導きいれた。それが人間である。そして神は、人間がすべてを観想し、探究し、驚嘆し、そうすることよって神の不可視の威厳を認めるために目覚め、高まることを望んだのである。

(5) 一つ一つの被造物は、いわば書物の一ページのようなもの

七. 天と地にある被造物はどれも、いわば神の独特の書物のようなもので、多数のページは肢体のようなもの、多数の文字は肢体の関節、多数のアクセント符号は存在の最小部分、そのように構成されている。その冊子は目やその他の感覚の前に差し出されるたびに私たちの面前で自身を説明してこう叫ぶ。「私をご覧ください、読んでください、

理解してください。私がどんな技術によって構成されているのか、何をどういう力によって行っているのか、私の行いがあなたのどんな役に立っているのか、創造主の命令によってそれをいかに果たしているのか」と。

(6) 世界はすべての知恵で充足していることがここで説明される

八．被造物はたいそう数が多く多様で、いわば形も無限に広がっているものの、至高の知恵が無益に行動するはずがないのは確かだから、存在できる数、理性的に考え出すことができる数で世界が充足しているというのが一番確かなことだ。つまり、不可視なものの美しさ、甘美さ、完全さを映し出す被造物に不足していないということである。私が言うのは、存在可能なすべての事物に種類があり、どの種類においても段階があるということだ。その段階というのは、存在の最初の始まりから存在の最終局面に至るまで、すべての中間段階において、裂け目や欠損や逸脱なしに、どの事物にも与えられている。もしも私たちが、これらの事物は完全な充足と秩序だった着実さを求めていると考えることができるなら、神はそのように生み出すことができたのである。いや、神はそうできただけでなくそう望んだのである。神は最善しか望むことができないのだ。そして神の御業はすべて完全である。アウグスティヌスはこう述べている[6]。「あなたは事物の中にある何かを考えないことはできる。しかし、事物の中にないものを理性的に考えることはできない。というのは、あなたはあの方よりも理性的に考えることはできないからだ。あの方だけがすべての事物の根拠を作り出し、あの方だけがご存知なのだから。」

(7) そしてそこから完全な知恵を汲み取ることができる

九．実に、被造物が豊富に与えられているので、その結果、神のこの書つまり世界は（いわばすべての書の財宝は）、天の下で人間が認識するのに必要なすべてを汲み取るのに十分足りるほどに完全であるということになる。この世界にあるすべての事物は、自分を外に現して教えているのだ。そしてそれは非常に多様であり、十分に満ち足りている。

そこで「獣に尋ねるがよい、教えてくれるだろう。空の鳥もあなたに告げるだろう。大地に問いかけてみよ、答えてくれるだろう。海の魚もあなたに語るだろう。知らない者がいるか、主の御手がすべてを造られたことを（ヨブ12―7）」。同じく「世界が神によって造られたときから、目に見えない神の性質、つまり神の永遠の力と神性は、精神によって吟味され認識される（ローマ1―20）」。

（8）世界のすべては、ここに送り込まれたすべての人のために造られた

十．被造物が語りかけるのは、神の不可視性が見えるように示される際に、誰か一人にまたは少数の人にではなく、そこにいるすべての人全部に語りかけているということだ。（使徒は「精神で判断するように」という条件を一つ付け加えた。）というのは、神は木の幹や枝のためではなく、自身の似姿である理性的被造物が見るために世界の光景を造ったのである。だから、天の下のすべての民、国民が理性の明かりに関与している限り、創造主である神は、自己の被造物を通じてすべての人に無言で話しかけているのだ。すべての人の目、耳、鼻、手に対して、事物の特徴、関係、機能を刻みつけて、外に現れた印を通して被造物の内にある力を感じ取り、またその力を通して個々に定められた目的と使用を感じ取り、さらにそれによって逆に創造主自身の善意と知恵と力を容易に感じ取るようにしたのである。

（9）ここで理性的に眺められたすべてのことから、光線が発せられる

十一．もしも以上のことが真剣にかつ継続して周到に行われるならば、大きく前進しないわけがないし、知識の灯火がいわば無限に増大しないはずがない。というのは、暗いところに松明をたくさん灯せば灯すほど、それだけ多くの光線が浸透し輝きが増大して闇を追い払うものだからだ。同じように、正しく認識された被造物から、その観念の光線が人間の魂に運びこまれるなら、非常に明るく輝く光が昇らないはずがない。どんなに小さな松明でも、ほんとうに燃えあがってほんとうの光線を広げるなら、他の灯の光線へ何がしかを、ほんのわずかとはいえ、加えることに

なる。同じように、世界には、ほんとうに認識されたのに何もほんとうに教えず、そうして精神の灯をほんとうに増大させないというほどに貧弱なものはありえない。そこで、人間の勤勉が自然を模倣した技術に加わるならば、最高に理性的な、また驚嘆すべき作業が、人間によって生み出されうるだろう。

(10) 以上のすべてを正しく理解するならば、私たちはいわば全能なのだが

十二、 このように私たちには、この自然の学校においてすべての種類の知恵の見本が視界に示されている。正しく認識されたことを正しくまねるように努力さえすれば、私たちはほとんど全能になるはずだ。自然の力で引き起こせるものは何でも（能動的なものを受動的なものに結びつけて）、人間が行い生み出すことができるのだから。すなわち自然は最良の職人である。自然という指導者に従う人は誤らない。

第六章　知的な光の第二の泉である私たちの魂

光の第二の泉である私たちの魂について。すなわち私たちの中に輝いている神の似姿について。

人間の魂が意味するものは何か

一、神は、神の知恵が劇を演じるはずの第二の劇場を、人間の内に建てた。それが精神、つまり人間の魂である。そして神はそこに同じく光を、この世界に入ってくるすべての人間を照らす光を置いた。世界にあるすべての事物の根拠を上手に探究し、はっきりと理解し、自由に判断するためである。シラの言葉によれば「高いところから見張る七人の監視役にまさって、人の魂は、その人自身に多くを諭すものだ〔シラ37―14〕」。またセネカは「魂は開かれねばならない。そしてその前にさらされるものはどれも、検査されねばならない〔書簡集72―1〕」と言う。一般に哲学者たちは「魂に生得的明かりが植えつけられており、魂に観念が刻まれている、等々」と言う。

また魂が良心とも呼ばれるのはなぜか

二、それは良心〔共に知る〕[7]、良心の命令と呼ばれることが多い。それは神学的意味ではなく物理的意味でだ。というのはどの人間も、自分がどのような衝動で刺激されるのか、自分の理性があちらこちらで観念のどのような松明を提示しているのか、自然の力によって何ができて何ができないのか、ということに自分で気づいているからである。

魂の光について個別に注目すべきことは七つ

三、ところで、精神に据えられたこの光をどのような名で呼ぼうとも、私たちは次の点で合意する必要がある。第一に、（1）そのような光が与えられている。（2）それは事物の探究の際に私たちの指導者、光、法則となるために与えられている。（3）その本質は何で、何から成り立っているのか、（4）すべての事が、この光に従って、（5）すべての人間によって、（6）誤りのない確実性に至るまで探究される。（7）この部分については検討してきたので、望まれることとしてここで残されているのは、この私たちの光を喜んでかつ熱心に利用することだけである。

（1）人間の魂にはある種の驚くべき内的な光が内在している

四、人間の魂には特有なある種の光、事物の外観を人間にあらわにさせる光が内在しているということは、獣の思考と私たちの思考の違いを見れば明らかだ。獣も私たちと同じもの、例えば太陽を見る。その輝きは私たちと同じく獣の目に届く。しかしその相違はどれほどだろうか。獣が太陽を見つめるとき、何を見ているのか。燃えている物体の固まり、それだけだ。太陽に内在しているもの、例えば数、運動、運動の順序、作用といったことを識別しない。しかし人間は太陽を見つめる時、太陽が単一で世界に比類なきものだと分かる。そしてそれが周辺と中心、長さ、幅、深さを持った球体だということを見て取る。太陽から発する光線は闇を追い払い、世界に光をもたらす。私たちはそれを昼と呼んでいる。また熱ですべてを活気づける。けれども、ある物体の陰が介在して光が欠けることがある。それは月だと分かる。そのように人間は、獣がヤマネコやワシの目をもってしても見ることができないことを、どんな事物においても見て取るのだ。それはどうしてだろう。人間には内部から光るある種の光が内在しているからではないのか。その光が、外部感覚で事物を感じるとすぐ同時に、感覚で感じることができないものでさえも事物に必然的に付随していることを示してくれるのではないか。獣にはそれが見捨てられているので、事物の表面の奥に入り込むことができないのである。

（2）その光は、事物を観覧する際に人間を明るく照らすために与えられた

五．そのような内的光が、神の御業の観察者である理性的被造物に、必然的に備えられたのは明らかである。その光がなければ、神の知恵の劇を観覧するのにはまったく不完全であり、私たちの楽しみもほとんどなく、知恵そのものもわずかだ。このように世界が人間の外部感覚に事物を提供するたびごとに、私たちのあの内部の光がやってきて、事物に跳びかかって内と外で調べ、数を数え長さを測り重さを量る、そういうことを神は望んだのだった。それは人間が、一つ一つの各々が何であり、何のために、どのようにして存在するのかを把握して、事物における神の巧みさを認め、誉め称え、もし神が喜ぶのなら自分の作業にまねをして活用するため、そして最も賢明な制作者への愛と従順へと燃え立たせるためである。要するに、大宇宙に可視的光が備わるのが必要だったように、小宇宙である人間にも光が必要だった。もしそうでなければ、あちらこちらに蓄えられている神の財宝が目に留まることはありえなかったろう。何も見えず、聞こえず、退屈だけが蔓延していたことだろう。

（3）すべての事物に規範が備わっている。それは三つ

六．ところで精神のその光をよく考察してみるとどうなるのか。それはふつう、共通のあるいは生得の観念でもって定義される。私たちの知性は、それらの観念を、事物を数え、計り、量る時に、つまり事物を探究する時に、規範として適用しているのである。例えば「二の二倍は四」「全体は部分より大きい」「大は小より多い」、「二つの善のうち大きい方の善を選ぶべき、二つの悪のうち小さい方の悪を選ぶべき」などだ。このような例は無数にある。

⑴ 生得的な観念

このような事物の規範は共通観念と呼ばれる。なぜなら、健全で健康なすべての人間に共通に内在しているからだ。このことを否定できる人は（共通という用語を理解してさえいれば）誰もいない。また正しくも生得観念とも呼ばれる。なぜなら、観察や経験から集められるものではなく、自然の本性によって何らかの方法で魂に刻み込まれていると考えられているからだ。極めて単純で未開な人にも、最もよく訓練された人にも同じように刻まれている。もっとも、訓練しなければそれが内在しているとは自覚されないし、使用法も理解されないのではあるが。たしかにどの人間も、目、耳、足、舌、心などの器官と、それらの器官で見る、聞く、話す、歩く、考える能力を母の胎内から携えて生まれてくる。ところが、見る、聞く、話す、歩く、考えるといった力が現実のものとなるのは、器官が確立した後に、事物に適用され、きちんと準備された訓練を頻繁に繰り返して習慣となってからなのだ。

⑵ 生得的な衝動

七、これらはその通りではあるが、まだ精神の光をすべて描きだしているわけではない。その完全な構造を理解するためにはもっと何かが必要であるということを、外部の光の例が教えており、私たちは事物そのものの証拠によっても確証している。というのは、この世界の感覚される光は、他のすべての感覚の対象のうちでも卓越していると認められるのと同様に、精神の知的な光は他のすべての魂の賜物より秀でているのは否定できない。天の光は、事物を見えるようにする輝きのほかに、熱を伴っており、その助けで事物を変化させ、生成させ、消滅させる。また運動を伴っており、その仲介で事物の変化を様々に割り当てる。それと同様に私たちの魂も、事物を識別するための理解力の明かりの他に、事物を追い求めて選択したり拒んだりするための意志の情熱を与えられている。

⑶ 生得的な実行能力

さらに、事物を遂行するための魂の衝動が実行能力に備わっている。そしてこれらすべてが同時に受け入れられると、私たちの中の神のあの照明が完成し、使用に適するようになるのである。

これら三つは引き離せない

八. これらの三つは引き離されることはありえない。もしも引き離せば破滅し役に立たなくなる。世界から光を取り除くと（つまり太陽だけを取り除いても）、熱が奪われ、熱とともに運動が、さらに運動が行うすべてが奪われる。たとえば事物の増殖、形のあらゆる多様性、事物の生命そのものなどだ。同様に、もしも精神から知性を取り除くと、精神そのものが奪われる。事物の像や形は空虚となる。その結果、意志はどちらを向いたらいいのかどちらに転じたらいいのか分からなくなるだろう。実行能力は遂行するものを持たなくなるだろう。事物の中にあるすべての理性的推進力がまったく止まってしまうだろう。

これらは神の照明の内部の構造を完成する

九. 普通の人の目には、まず明るい天体の中に光が見えるものであり、その輝きが事物を見えるようにさせているのだが、知恵ある人々は、世界を熱し、動かす力を考察することも必要だと考えている。同様に、人間の魂においても、これまで私たちは生得観念だけを考察するのが習わしだったが、私たちの中の神の照明を完成するのは、魂の全体構造にほかならない。というのは知恵である創造主は、知的な能力に対象を感じ取る感覚を刻み込んだより以上に、意欲する能力と力を行使する能力に、対象に向かう愛と対象を活用する規範とをよりいっそう刻み込んだのである。

それらによってようやく十分に、真とは何か、善とは何か、義務とは何かを私たちは学ぶ

十. 実にその通りで、人間は、何を知るべきかだけでなく、何を欲すべきか、何ができるのか（あるいは知り、欲し、できなければならないものは何か）ということを、自分が一番よく分かっているのであり、事物そのものもそう語っている。何を欲し、理解し、行なうべきかは、自然に刺激されており、自分の中で一番よく知っており、深く感じている。そして、同じことが他人の中に同じように見られると、それは何か個別の違った原因によって起こるのではなく、人間の自然本性そのものによって起こるのだと分かるのだ。つまり善を欲し、真を知り、可能なことを行なう、そうせねばならないというふうに人間の自然本性が造られているのである。言い換えれば、すべての人が同様に欲し、知り、できることは、必然的に自然である。自然であることは、悪、偽、無ではありえない。自然の制作者である神が、悪、偽、無と同じではありえないからである。すべての人が自然に感じ、欲し、行動しているという以上に確実な、真、善、義務の証拠はありえない。

神ご自身によって私たちの中に置かれた、事物の数、量、重さから学ぶ

十一． すべてを数、量、重さで組み立てた神は同じく、事物の観察者である人間を定めたときに、事物の数、量、重さを与えないわけにはいかなかった。数なしで数え、量なしで測り、重さなしで量ることはけっしてできないからである。こうして私たちは、神の摂理において重さを受け取った。それは、善い、有用な事物への傾向性であり、私たちのすべての活動の刺激である。量を受け取った。それが基本的真理のあの生得的観念であり、事物についてのあらゆる判断の、そして選択と拒否の規範、試金石である。数を受け取った。それが実行能力であり、その力で私たちの願望を一つにして、私たちの決定を実現させるのである。

あるいは私たちの知的な天空の、太陽、月、星によって

十二． 大宇宙には太陽、月、星があり（世界中の光と快適さ、運動と活力、秩序と永続性はそれらに依存している）、私たちの身体には動物精気[8]、生命精気、自然精気がある（身体の感覚、生命、力はそれらに依存している）。それと同じく魂は、共通かつ生得の観念、共通かつ生得の衝動、共通かつ生得の実行能力を有している。世界には太陽は一つしかないが、

無数の光線を発し、たった一つですべてに対して十分である。同様に知性の力も一つだが、光線がすべての事物に強力に広がり、この世界はその活動範囲をほとんど限定しないほどである。月は輝きは太陽に類似し、自ら運動しているが、光は太陽から借りている。同様に意志も、私たちの中で自らの運動と活動を行い、独自の方法で様々に私たちに教えているが、その照明は知性から受け取って、できる限りその助言に従う。星は多数が天空に散らばり、地上の到る所に光線を放っている。同じように実行能力も、魂と身体の実体全体に散らばり、思考と意志の命令と運動に対して、すべてを活力と運動で満たしている。そうして、魂の天空は小宇宙を包括して自らを完成させているのである。

（4）すべての事は、この光に従って探究されうる。なぜなら神がそのように配置したのだから

⑴

十三． 先に言及した第四の検討事項、精神のこの光はすべての事物の探究に十分だという点を検討しよう。これは次のように明らかだ。第一に、魂の光の制作者が、世界の天の明かりの作者と同一だからである。その作者の知恵の中に、不釣合に、不十分に、また不完全に作られた何かが入り込むことはない。その方は、感覚しうる世界全体が生命、運動、秩序において維持するのに十分な数と量で、天の光を作り出すことができたし、知っていたし、欲した。それならば、知的な世界においても同じく、そうできた、知っていた、欲したということをどうして疑うことができよう。

⑵　私たちの中でもそのように経験している

十四． 第二に、これは経験から明らかなことなのだが、私たちのこの光の光線は、自らの権利を行使してその光線が触れないものは何もないほどに広がっている。理性の下で善とみなされたものは何でも、それが何であろうと、どこに隠れていようと、私たちの意志はそれは自分のものだと思い込み、その願望を追い求める。あるいは逆に、悪であるもの、または悪とみなされたものに対して、意志はまるで自分は関係ないかのように嫌い、自分を破壊するものである

かのように拒否する。今度は知性が、真のあるいは偽りの何かが提示されると、ほんとうに真なのかそれとも偽なのかを知りたがり、理性の規範を適用させる。そして最後に実行の能力が、私たちにとって可能なことなのか不可能なことなのかと秤にかける。このように、私たち自身の内部にある光に従ってすべてを深く調べることができるのである。

（5）すべての人間が、最も未開の人すらも、常に探究できる

十五． ところで、こういうことをもし一人ができるならば、人間として生まれたすべての人がそうできるのだ。というのは、すべての人が同じように神の似姿の同じ形に造られたからだ。たしかに私たちは、すべての人間が学問があろうとなかろうと、事物について何か判断しているのを経験している。ということは、誰でも自分の中に判断する際の何らかの規則を持っているのだ。その通りだ。しかも無学の人も、これらの規則を他所から引き出しているのではなく自分のうちに有している。つまり、人間を成り立たせている共通の自然本性から引き出しているのだ。別のやり方でも経験している。最も未開な人あるいは野蛮な人に、真理が明々白々な命題（第一公理のような、つまり生得観念にあるような）を提示してみよう。すぐに同意し、真だと証明するだろう。けれども自分が知っている事柄でなければ立証できないのは明らかだ。つまり真理の試金石は、実に、そこにあると自覚する前からそこに内在しているのだ。すべての人間、しかも最も愚かな人間の無意識の行動を観察してみたまえ。そこにはいつも理性を働かせる明かりがひそんでいるのが分かる。例えば、道を歩いている人がお金を見つけ、拾い上げて持ち去るとする。さて何が彼をそうさせたのか。「有用なものは無視すべきでない」という観念がそうさせたのだ。誰かを殴りつけようとしてみたまえ。相手はすぐに防御するか逃げるかするだろう。防御した場合は「暴力を暴力で防ぐのは許される」という自然の規則を精神が彼に勧めたからだ。逃げた場合は、抵抗すべきでないと分かって「弱さは強さに屈する」ということを思い出したからである。このようなことはどんな行動にも見られる。人間が使っている会話の場合も、たとえそれが粗野だとしても、理性の働きがたえず組み合わされた結果に他ならない。どの人間も、使い方を知りさえすれば、理性に満ちている、つまり事物を照らし、事物を織り上げたり織り直したりする明かりに満ちあふれているのである。

(6) この明かりは、事物について誤りなく判断することを教える

十六． この明かりは確実であり、事物の真理を誤りなく認識するのに十分であると私は述べた。どこを向いてもこれは必然である。先に述べたように、人間は誰でも事物について判断するのだが、規則なしでは何も判断できない。その規則に従って、事物を調べ、調べたことを述べるのである。それは明白だ。ところで規則は、より高次の何かによってもたらされ、より低次のものを拘束している。つまり、人間の魂に刻まれているこれらの規則は、人間自身によってではなくより高次の何かによって刻まれたのだ。そして人間の魂は、自分の制作者よりほかに高次のものを認めない。ということは、人間の魂の規則はその制作者から由来し、つまりはその方のものであり、だから真理であり、だから完全なのだ。その方は真理であり、その方の御業はすべて真理のうちに行われるからだ。このようにしてのみ、その方は私たちの中でご自分の目的を達成する。預言者を通してこう述べている通りだ「あなたたちはわたしの証人だ（イザヤ43―10）」と。その方が私たちに精神のこの明かりを備えさせたのは、その方の似姿である私たちが、その照明によってその方の御業を見て評価するため、そしてその方の知恵の真理を証言するためであるとしたら、その光が不十分ならばそれは裏切りである。そしてその方自らが私たちと共に裏切り行為をして（しかし冒涜を口にするのは許されない）、私たちが裏切り者の証人になってしまう。けれどもそのようなことはその方の名誉だろうか、私たちにとって善いことだろうか。未熟で、愚かで、不敬でなければそのようなことは考えられない。

まずもって、誤りない真、善、可能そして義務とは何か

十七． 次のことは確かで疑いない。（1）共通の観念がすべての人間に告げることはどれも、例外なく真である。

（2）共通の衝動がすべての人間を刺激する対象はどれも、例外なく善である。（3）共通の器官がすべての人間に受け入れさせた対象はどれも、例外なく実行可能である。そしてその結果、私たち誰もが確実に真を知り、私たち誰もが確実に善を欲し、私たち誰もが確実に可能なことが実行できる。しかも私たちがそのように行動することを、神は欲している。そして、共通の観念が私たちに共通に告げるあの真は、いわば無限であり、共通の衝動が私たちを刺激して向かわせるあの善は、十分で果てしない祝福を含んでおり、共通の実行能力が私たちを似つかわしくさせているあの可能性は、私たちのすべての目的を追求するために広がっている。あの明かりの父が私たちに光の宝をいかにたくさん授けたかは明らかである。

（7）それはいつも私たちに、世界のこの外的な光に先立って存在している

十八． その父は、確かに、寛大にも私たちにこの内的光をあらかじめ備えさせた。世界にあの外的光を与えたよりもむしろいっそう多く、内部の世界にさらに良い光を備えさせたのである。というのは、魂のこの内部の光はずっと明るく、私たちの理解力に据えられており、太陽の光が肉体の目に対するよりも優っているのだ。つまり太陽の光は昇っては沈むので、私たちが向き合う時にいつもそこにあるわけではない。ところが私たちの内的光は、いつも私たちとともにある。その理由は、太陽の光は、目が自分で見つめている光ではなく、外から目にやって来る。しかし知的光は、精神そのものであるかのように精神の内部にある。つまり肉体の目は、自分自身を見るのではなく別のものを見るのだが、精神は、自身のうちにすべてを見、すべてのうちに自身を見ている。なぜなら精神は、すべてを創造し、すべてに浸透し、自らがすべてであるその方の似姿だからだ。

私たちの中の精神の光を次のようにすることは私たちの責務

十九． そこで私たちに残されているのは、ただ神の祝福を感謝して認め「明かりに背かないように」用心するだけ

でなく（神はその不敬を嘆いた。ヨブ24―13）、私たちの中に置かれた神の光を目覚めさせ、清め、賢明に使用すべく適用するように熱心に努力することだけである。

(1) 事物と結びつけて光を目覚めさせる

二十．自己の内にある精神の明かりを目覚めさせるということは、対象を引き寄せて（鋼を火打石に当てるように）、魂の底に隠れている火花を呼び起こすこと、そして炎へと燃え上がるように火口で受けて助けることである。そうするのは必須だ。なぜなら魂に生ずるあの神の光は、ただ可能性だけで、人間のその他の力と同じく、練習して誘い出さないと現実に作用しないのだ。ちょうど物理的な火が、火打石にひそんでいて鋼に打ち付けられると外に現れ、火口に受け止められて炎になるのと同じである。火打石にあたるのが私たちの魂であり、鋼にあたるのはすべての感覚的対象である。対象の摩擦によって認識の火花が誘い出され、火花が注意力という火口に正しく捉えられたら炎に燃え上がる。つまり、すべての技術と学問、思考あるいは行動とその享受のいずれもが、可能性として存在して、私たちの魂の金鉱の中に隠れている。それは私たちの忠実で疲れを知らない作業によって掘り出されねばならないのだ。

(2) 次のようにして清める

二十一．魂の光を清めるとは、不明瞭さの混じった雲を注意深く取り除いて、神の光の全体も部分も曇ることがありえないようにすることである。私たちキリスト教徒には、あの神の声が知られている。「光は闇の中で輝いている。しかし闇は光を理解しなかった」、また「その光は、まことの光で、この世に来てすべての人を照らすのである（ヨハネ1―5、9）」。また聖書を解釈する賢者たちは、私たち全員の中にある永遠の光の効果を理解して、生得観念の明かりに注目し始めている。だが野蛮な人間の激情は、この明かりを捉えない闇である。だから、この野蛮の闇が、私たちの中で輝いている神のあの明かりを捉えてそれに譲るようにするために、与えられているすべての方法でこの闇を追い払わないといけない。その最も有効と思われる方法は、私たちの中の神の光線をあるだけ一つに集めて、あの不幸な闇の混沌へ強力にぶつけることだ。だがこれがどういうことか、さらに説明しよう。

この光線を一つに集めて

二十二、生得観念について、これまで哲学者たちは十分多くを語ってきた。だが生得の衝動と生得の実行能力については、それらの光線の重大さに沈黙していた。けれども実に、この二つも同じく人間の精神の一部、つまり私たちの中の神の似姿の一部であり、精神の光の一部であるということが確定されると期待している。そこで、私たちの内部の光のこれらの部分がすべて、共通の光の泉から流れ出る川のように、いつでもいっしょに受け取られ、いっしょに考察され、いっしょに追究されねばならないだろう。光が輝きを増し、明るさを清めるためにはそうすることが必要だ。

数と秩序へと回復することによって

二十三、ところで、哲学者たちが共通観念について調べて述べたことといえば、観念の数や順序にまとめようと試みた人は誰もおらず、おそらくまとめることができるとかそうすべきだとか思い浮かべた人もいなかった（あまりに数が無限だったので）ということである。彼らは観念を単にばらばらに使用し、自分の考えにしたがって事物に当てはめ、思考と理性を組み立てる際の土台として提示している。しかし、私たちが精神の十分な光を、強力でどこにでも伸びていく光線を望むのであれば、そしてその光線が混乱や中断や分裂や曇りなしに、事物に直接かつ平行に当たることを望むならば、共通観念の集積が雑然とした塊のままに放置されるのではなく、事物の動脈によってすべてが視野にあるように戻されることが必要だと思われる。それは共通観念に役立つだけでなく、共通の衝動と実行能力にも必要なことであろう。そうすれば、どんな真理も、どんな願望も、どんな実行力も、私たちの中に据えられている宝の中に運び入れて、いわば共通の一覧表あるいは発見目録ができあがる。そして今後はそれらについて判断するのではなく、それらによって判断するのだ。光線のこのような集中によって、無知と誤りの闇を追い払うのはずっと容易になるだろう。

(3) この光を普遍的に使用するように適用する。そのための注意

二十四. もしこれが実現すれば、私たちの光を強力に使用することができるだろう。ついに、最も好ましく驚嘆すべき効果でもって精神の光を優雅に見ることができるようになるだろう。これまではそれはいわばモザイク状の光の固まりのようなものだった。創造の最初の日に造られ、幸せにも世界を未開の存在から活発な段階へと形成したあの光のようなものだった。しかしながら、精神的な光の光線が特別にかつ学問的に広がっていくなら、そのモザイク状の光は、創造された光が四日目に天球で分割されて、最も秩序だった空の構造が作られ、大きな力の光が昇って、すべての事物の根拠があらわになったのと同じようになる。ついには認識可能な領域が運動と生命に満たされるだろう。ちょうど第五日、第六日目に自由な運動を与えられた被造物が造られたのと同じように。

人類にすばらしい良き未来が

二十五. さて、しのびこんだ混乱から解放された共通観念をもてるものなら、私たち誰もが理解することだろう。それらの観念の中でこの上もなく十分に、そこから流れ出てくる残りのものにおいても、いかに曇っていようとも、ずっと容易に、ずっと上手に理解することだろう。同様に、すべての人が私たちの自然の共通衝動とその規則を正しく理解するならば、すべての人の意志が一致し、戦争は終わることだろう。各自と共通の幸せの目的に向かうのに十分な衝動を、私たちは持ち合わせている。ただ、混入している偽物から解放する方法を知りさえすればいいのだ。さらに、共通の実行能力をはっきりと認識し、入り込んでいる混乱から解放すれば、すべての人がすべての事を実行で

きるようになるだろう。私たちの中にある神意の光の究極の目的は、私たちすべての人が、すべての善を欲し、すべての真を知り、すべての可能なことを行なうことができるように、ということである。

第七章　知的な光の第三の泉である神の言葉

光の第三の泉、すなわち人間に話しかけ、何よりも必要な事柄について知らせている神の言葉について。

神は光の第三の泉、すなわち外的な言葉を示した

一、私たちは知恵のための備えが十分できたと思われる。目の前には神の知恵の劇場が広がり、知るべき、行うべき、享受すべき模範がすべて提示されている。また、私たちの内部には、知るべき形、行うべき規範、享受すべき刺激のすべてが必然的に加えられている。しかし神の（恩寵に満ちた）声が、繰り返し私たちに話しかけ、必要性について忠告しなかったなら、それらは幻にすぎなかっただろう。このことが、私たちに光の第三の泉を明らかにし、人間の全知を完成するのである。

これについて注目すべきは七点

二、この事柄に確信をもつために、次の点を順々に考察しよう。第一に、神のこのような声は何よりも必要なことを人間に知らせている。第二に、このような声が何度も示されたら、欺瞞が介入できないように、誤りのない基準（何が神意で何が神意でないかを確実に示すような）が確立されねばならない。第三に、神の神託の名で提示されたものはす

べて、この基準を試金石のようにして調べられねばならない。第四に、ほんとうに神から発せられたと認められたものには、神の権威が付与されねばならない。第五に、そのような神の覚書に刻み込まれたものは、世界や精神が十分に伝えることができないものなのだが、それを求めねばならない。実際すべてはそうなのだ。第六に、この光は共通の使用のために与えられているのだから、すべての人間がその光を求めねばならない。第七に、私たちの光が十分である限り、暗黒の害悪は何も残っていない。これらの一つ一つを順々に、疑念が残らないように検討しよう。

(1) 神の声が与えられているのかどうか

三. 何らかの神の啓示が(世界の創造と、人間に精神が与えられて以降)与えられているのかどうか、死すべき定めの人間の大多数は知らないようにみえる。疑っている人もいるし、否定している人すらいる。しかしこの分裂、または十分に合致していないことは、最重要問題についての将来の不一致の害悪の土台となろうから、まず何よりもこの点で対立しないように努めよう。そこでまずこの問題を検討しよう。

与えられている、それは神の善意からまた私たちの欠乏から採られた証拠によって確証される

四. もしも何がしかの神が存在するとしたら、そしてその方が世界を何がしか配慮しているとしたら、また特に人類の救済が進むことを望んでいるとしたら(極端に愚かでなければ、それは私たちすべてが望み希望していることだ)、それはまさに神の善意にふさわしいことである。そして私たちに必要なことを私たちの勝手に放置したりせずに、神が時に言葉をはさんで、私たちの致命的な誤りを警告したり正したりしているはずだ。それはこういうことだ。この世界で私たち人間は誰もが生徒なのだが、罪のない(つまり誤りのない)状態で学ぶことができる生徒など一人もいないはずだ。だから、希望をもたらすような、あるいは恐怖を打ち消すような、永遠の救済に関わるような最重要問題において、私たちに注意したり、危険について警告したり、すでに陥っている危険から呼び戻してくれたりする人が誰も

いないとしたら、私たちの状態は非常に悲惨なものであろう。誰かが破滅するのを見て助けに駆けつけないような善人はいないのだから、自己の最愛中の最愛の被造物が、目的もなくさ迷い永遠の破滅に陥るのを平然と眺めている、あるいは必要な警告の言葉をかけずにいる、そのようなことがありうるだろうか。それは馬鹿げている。そして神の善意をこのように考えるのは罰当たりだ。

五．神が話しかける方法が探究される。それはどのようであらねばならないか

ところでもし神が私たちに介在するとすれば、天からとどろく威厳の声でか、または確実な道具によって行うに違いない。たとえば仲介する被造物や理性的被造物、つまり天使や人間を通してである。

⑴ 天からの威厳の声によるのではない

しかし神は、稲妻をとどろかせるのでもないかぎり、ふつうは威厳の声では語らないし、それについては今は論じない。私たちは、理解できるように知らせてくれるはっきりした声を探している。神は私たちに威厳の声で話しかけるのを好まなかったのである。

⑵ 天使によって行われるのでもない

また、神が天使を通して話しかけるという経験を私たちはしたことがない。おそらく幻影が介入しうるからであろう。

⑶ 神意に目覚めた人間を通して行われる

けれども人間を通してならどうだろう。人間に異常な啓示を授けることはありうる。それは、人が話す時はその人自身が話しているのでなく神に示唆されたように、また自分の言葉ではなく神自らが彼らの口に課した言葉を話すようにさせているのだ。

(4) だがいつでもどこでもそうするわけではない

六. もしそうであるならば、いつでもどこでも、どの国、どの言語、どの時代においても目覚めた人がいて、その人を通して他の人々に必要なことが啓示されるはずだ。

(5) 人から人へと伝えられるべきものである

あるいは、いったん目覚めた誰かによって、他の国、言語へ、さらに後の時代へと啓示が伝えられるはずだ。前述の例が起こるとは思えないので、この後者の場合であろう。

(6) それは生の声によるのではない

七. もしも神が啓示を国から国へ、時代から時代へと伝えることを好んだとすれば、これは生の声かあるいは文書つまり書物でなされたに違いない。しかし生の声は十分安全とは思われない。二、三の口から伝わったことは（ましてや多人数の場合はなおさら）、すぐに変質して元から逸れてしまうからである。そのようなことは噂や伝聞で日々経験している通りだ。このような不確実性のために、神の啓示はまったく有害なものになってしまうかもしれない。

(7) 文書による

だから、書物を通して行われるのだ。

(8) どのような書物が提示されても、拒まずに調べるべき

八. 神意による命令や神の口述によって書かれたと公言されるような書物は、私たちの所にも他の所に存在し、それらを保護している人がいる。だがどれもみな欺瞞だと大胆にも告発する勇気のある人がいるだろうか。そこに神の手が介在するのは必然なのだが、神の介在を妨げようと欲するのはこの上もなく危険なことだ。神の声を何も聞こうとせず、何も認めようとしない人がその類の人だと思われる。そのような人は聞く耳をもたず、神を見る目をもたないのだろうか。つまり、神を、目が見えず耳も聞こえず口もきけない偶像か何かに作り上げているのだ。あるいは、私たちの破滅、滅亡を平気で眺め、笑っているかもしれない独裁者に作り上げ、できるのに介在しない存在にしているのだ。このような馬鹿げた神を望むことができる人は誰もいないし、そのような考えを抱くことは誰にも許されない。神の名の下に流布している書物があり、それはほんとうに神意の書だと言われたら、ほんとうに神を聞くことができるようにと願おう。

注意

このように、私たちが最初に一致する必要がある第一点は、神ご自身の声がひびいている書物が当然存在するはずだということであり、それがどこにあろうとも探さねばならない。

（2）神の真の声を偽りの声から識別する基準

九．けれども私たちが、神の声でないものを神の声だと認めてしまえば、欺瞞が介入しうるのだから、私たち死すべき存在は、神意でないものを神意と認めないように、両極端に慎重に用心しなければならない。特に様々な人々がいわば様々な神を崇拝し、他を誘惑者として呪っているのだから、誤ったり欺かれたりする人がいるのは間違いない。私たちは、生きた神にのみ帰せられるべき名誉を、空虚な偶像に与えてはならない。逆に、神のものである部分を斥けることのないように、できるかぎり用心しないといけない。ここでは滑りやすい状態にあり、多くの危険が潜んでいるのだから、私たちは恐れ身震いする必要がある。神の声の仲介者だと誰からも信じられている人は、この問題の最も深い根本的な知識がなければ、このような書物について公言すべきではない。それが認識できるためには、そのような神意の書物の（そのようなものがあるのかどうか）を評価して、私たち相互が誤らないように、また真理から逸脱しないように、まず何よりも基準について一致する必要がある。その基準あるいは印に従えば、神意の書物を神意でないものから確実に誤りなく識別できるはずだ。

（神意の書は事柄だけではなく、神の息によって口述された言葉を含んでいなければならない）

十. さらに付け加えよう。ほんとうの神意の書物は（その証明への信頼はどんな例外にもまさっており、ちょうど神自らの口から語られたかのように保持される）、人間の筆や才能で書かれたものではなく、神自身の口述によるものでなければならない。神は事柄を筆記者に示すだけでなく、言葉そのものを滲み込ませる。なぜならそのような時にのみ、文や個々の単語や語の符号が確実であり、神にふさわしい神秘がひそんでいると言えるからだ。もしも啓示の筆者が自分の裁量で言葉を組み立てることが許されるとしたら、その筆者は神の精神を正しく受け取ったかどうか、正しく表現したかどうかという心配がたえずありうるだろう。人間の意志によって書かれたその他の書物は、真理以外を何も含んでいないとしても、神意の書ほどには権威をもちえない。そのような書物は神からの息によるのではなく、口述筆記者自身の才能によって書かれたからである。そこで、両者を識別する特徴をこれから検討しよう。

神意の書の三種類の特徴

十一. 息を吹き込まれた書物の神的特徴は三種類ある。第一は、神意の書物に先行し、伴い、後に従っている外的な特徴。第二は神の書物に内在している内的な特徴。第三は深部の特徴。それは、神の口からの声を注意深く敬意をもって義務として受け取る人々の魂に、神の美徳の力によって刻まれている。

(1)　外的な特徴

(A)　文書の三つの要件

十二. 外的な特徴とは次のようなものである。第一に、神の啓示が示された人、それを文書に記録した人は、敬虔で、精神が健全で、純真であることだ。敬虔な人は、（啓示を捏造して）世界を欺こうとはしないだろう。精神の健全な人は、

（重苦しい幻影によって）欺かれることはないだろう。純真な人は、そのようなものを捏造することさえ知らないだろう。高次なことに影響を受けた議論が正しいこともあれば、崇高なことが単純な、それに似つかわしくない道具によって造られることもある。神が幼児によって世界の雄弁を、愚か者によって世界の知恵を、弱い者によって世界の力強さと強固さを、注ぎ入れたことは周知のはずだ。

（B）奇跡の追加

十三．第二の外的特徴は、奇跡が伴うということである。神は、それによって啓示への信頼を強めるのが常である。もちろんほんとうに疑いない奇跡のことだ。

（C）集会の証明と殉教者

十四．第三の外的特徴は、神意の書物が手から手へと絶えることなく後世にまで伝えられているということである。つまり集会が続いていることが証明なのだ（神の証人が存在しないはずがない）。この証明は殉教者によって封印されている。彼らは、神に耳を傾けることに抵抗する不信仰者の暴力や死すらも恐れずに耐え忍んだ。まさしく神の筆記者、または同じ神意の真理の別の証人である。

（2）内的な特徴

（A）驚くべき威厳を伴った文体の簡素さ。それは次のことを作りだす

十五．神性の内的特徴は、書物そのものに次のように刻まれている。第一に、文体の簡素さの中に、人間のやり方を超越した驚くべき威厳が存在している。この威厳は主に三点において見られる。

（i）啓示の崇高さ

（i）啓示の崇高さの中に見られる。崇高さは、人間の才能では作り出せない事柄、すなわち目で見えない、耳で聞けない、人間の心では届かないような事柄を作り出す。その事柄とは世界の存在以前に存在したか、あるいは世界の外に存在するか、あるいはこの世の終わり以後にも存在するようなものだ。あるいは世界に偶然存在するかもしれないが、その驚くべき変換は全知の存在以外は、誰もあらかじめ知ることはできない。

(ii) 教訓の神聖さ

(ii) この上もなく霊的で威厳にふさわしい神を崇拝する方法について教訓を与える神聖さに見られる。

(iii) 約束の広大さ

(iii) 被造物が提示したり達成したり望んだりできるどんなことよりも超越している約束の広大さに見られる。

(B) 啓示された光は常に大きく前進している

十六． 神意の啓示の第二の内的特徴は、後の段階が前の段階に常に少しずつ何らかの光を加えていくような、常に増大する光の段階的前進にある。この特徴は、神の知恵の最初の劇場、つまり世界の建設においても同様に観察できる。そこでは、後の日々が前日よりもすばらしい新しい日々を生み出したのである。また、精神の劇場においても、明かりの父はその光を時代の循環に合わせて増大させている。詐欺師であるサタンのやり方はこの反対だ。彼は光を約束して闇に向い、不注意な人を次第に闇へと陥れる。

(C) この上もなく甘美な調和

(i) 啓示相互の間の一致

十七． 神意の書物の第三の内的特徴は、啓示相互の一致である。それは啓示と予言された結果との一致、あるいは前の段階の劇場である世界と精神との一致で示されている。様々な時代、場所で発表され、様々な人によって様々な言語で書かれた啓示そのものが一致するのは必然である。それらの啓示はすべて、いわば真理の唯一の泉である単一の神から出てくると信じなければならないからだ。この特徴が神の書物に見出せるならば、それは神意の正当な証拠である。真でないところに同意はありえないからだ。

(ii)　予言と結果の一致

けれども、予言と結果との一致も必要である。それによって、全知者の口が話したということが明らかになるのだ。

(iii)　書かれた書と神が作り吹き込んだ書との一致

さらに、書かれた書物と事物の自然と健全な理性との一致も要求される。どちらも神が同じ制作者なのだから、不一致があるはずがない。つまり神は理性を超えて多くを啓示できるけれども、理性に反して行ったり、真理と真理が争ったり、破壊し合ったりするはずがない。そういうことを神が欲したり、許したりすることはありえない。(神が御業で表現したり、破壊したり、自己の似姿に息を吹き込んだり、さらに言葉を述べたりする時に)自分自身に対立することはできないからである。

(3)　深部の特徴

十八．神意の書が魂に刻んでいる深部の特徴は次のとおりである。

(A)　精神の照明

精神の照明は、人間が書いたものから由来するものより大きいのがふつうであり、また大きくできる。そこから驚くべき喜びが生じる。

(B)　心の変化

心の変化と一種の超自然的変換が、神の意志への完璧な従属と、自己の意志を神のために完全に放棄するために行われる。

（C）霊魂の堅固さ

霊魂の堅固さ、それはこの光の証人として死すら覚悟した殉教者の例が、何よりの証明である。

十九．その他の特徴があるかどうか

以上が神の書の本物の印、三種の三組の印だと思う。もしそれ以外のことを知っている人がいるなら発表してほしい。しかし私たちはこれらと異なるものは何もないだろうと信じている。

二十．神意の書はどこにでも求められる

さて、神意の光を私たちへと運ぶような書物の検討を始めよう！　そのような書が存在するはずだということが（神を否定しようと思わなければ）確定し、書を識別できる特徴についても知らないわけではなくなった。そうなると、そのような書物をどこで探したらよいのだろう。そのような書物を所有していると主張する民をながめ回してみよう。

ユダヤ教徒、キリスト教徒、トルコ人、その他の所で

そのような民が三つあるのはよく知られている。ユダヤ教徒、キリスト教徒、イスラム教徒であり、それぞれ律法、福音書、コーランを誇りにしている。そこでまずそれらを検討し、次に世界の他の国民が同じようなものを有しているならば、参加して、検証のために提示してほしいと呼びかけよう。

そのような書を所有していると期待されたり吹聴されたりしているなら、隠さないのがよい

ある民が神に託された何かを所有しているのなら、それを隠すことなく、いわば共通の神の共通の賜物として共通に委ねるのが正しい。「灯火をともして升の下に置く者はいない。家の中にいる者すべてを照らすように燭台の上に置くのだ」と私たちのキリストが述べている。世界に感じ取れる光を、精神に知的光を、共通に作った神は、神ご自身の声で啓示の光を共通に持たせようと欲したに違いない。

しかし検証されねばならない

二十一． 神の啓示を有している、ないしは有していると信じている民は、それを伝えるべきだし、他の人々はそれを受け入れて、啓示であるか否かを判断するべきだ。もしほんとうに啓示であれば、一瞥のもとにあるいは新たな検討を加えた後で、自分たちも神の光の中にいると歓喜することだろう。もし啓示でなければ、誤りを隣人に忠告できる。ここで欺瞞が入り込むことは大いにありうる。それは人間の欺きかもしれないし悪魔の欺きかもしれないが、その欺瞞からの解放はすべての人が願うべきことだ。そのように、神意の書だと吹聴されているものはすべて徹底した検証が（すでに知られている発見に従って）必要である。そしてほんとうにそうだと見いだされたものは、人類全体の共通の照明へ付け加えられることだろう。そうでないものは、ごまかしがまったく明らかなら完全に、あるいは疑わしいなら一時的に、神が明らかにするまで斥けられるのがよい。

神意によって吹き込まれた書の検証は、ユダヤ教徒の場合容易

二十二． 神の啓示を受けたと誇っている最初の民は、ユダヤ教徒である。彼らは、神の命令で五つの書に書き上げられた律法をモーセの手から受け取った。その後それを解釈する預言書が追加された。それは三十以上ある。それらの書物を先の基準に照らして検証すれば、すべて検証に耐え、理性に照らして反対できることは何も見いだせないと期待する。

キリスト教徒の場合は困難。それはなぜか

二十三． キリスト教徒が、福音書がほんとうの神意の書物だとユダヤ教徒に納得させるのはずっと難しい。ユダヤ教徒は自分たちの律法が完全で（追加はいらない）、そして救世主の到来が今も待望されていると頑固な先入観を抱いているからである。

しかし福音書はどんな検証にも耐える

もし彼らが私たちの書物を自分たちのと同じ天秤にかけようと望めば、両者が同じ重さであることを発見するだろう。福音を世界中に広めたイエスと使徒は、純真な人々であり（それをユダヤ教徒も知らないわけではない）、俗世の知恵も強力な武器も備えていなかった。しかし神は、世界が驚いて従うような奇跡を行って彼らの教えを立証したのである。

課題その1

ユダヤ教徒が、そのような奇跡は魔法の技で成し遂げられたと疑ったとしても、何ら妨げにはならない。というのは、異教徒はモーセについて同じように疑っているだけでなく、プリニウス[9]はそれをあえて書物に記しているのである。しかし思慮深く物事を評価する人は、陰口ではなくほんとうのことに注目すべきだと知っている。しかし私たちの側の人たちは、恥ずべき行為を免れており、邪悪を取り除くことを欲した人々によって何かが捏造されることはありえない。

課題その2

唯一違うのは、異教徒が「あの人たち〔キリスト教徒〕の新しい教えによって古代の神々の礼拝が破壊された」と叫び、ユダヤ教徒が「それはモーセの教えに反している」と不平を述べたことだけだ。けれども、キリストはモーセの律法をただ説明しただけであり、使徒はキリストの教義を律法と預言者に従って証明したにすぎないのである。しかしながら世界は、またユダヤ教徒や外国人も同じく、神の忠告を知らずに怒り狂って抵抗し、恥ずべきことに、キリストや使徒や多くの信心深い信徒は死へと追いやられたのである。しかしながら福音の力を妨げたり、世界中の国民に普及させたりするのを禁ずることはできなかった。それとも、神の力は人間の弱さによって行使されなかったとでも言うのだろうか。

福音書の教えは、律法に反しない

二十四．福音書についてのユダヤ教徒の誤った疑念の主な理由は、福音書が自分たちの律法に対立していると信じていることにあるのだから、キリスト教徒は、福音書の教え全体において、真理について（外見上は違いがあることを否定しないが）、律法の教えと争うことは何もないのだと、聞いてもらうだけでなく証明する用意がある。それどころか、律法と預言者によって確証されないものは何もなく、将来教えてもらえるようにと預言者によって預言されたということを明らかにできるだろう。もしもキリスト教徒がそうすることができなければ、譲るしかない。しかしユダヤ教徒が、厳密な特徴を確定して自ら証人と目撃者を演じることができるというなら、まず福音書を手に取って、厳密に検証することが必要であろう。同じく私たちも彼らのすべてを正確に理解するのを拒否はしない。

むしろモーセとキリストの比較によって示されることを確証し完成する

二十五．私たちは、ユダヤ教徒が次の問題を考察するようにお願いする。第一に、モーセを通してすべてを一度に世界に示し、その時代に付け加えることが何も残っていないようにしたというのが神の意図だったと彼らが考えているのは信じられるものなのかどうか。ところが、神はモーセを通してそれと違ったことも行っている。やがて新しい偉大な預言者が遣わされると約束しているのだ（申命記18—18）。というのは、あなた方の祖先が天から語られる神自身の声を聞くことを嘆願したときに、神は、自分の民が未開であり、啓示の威厳を示してやるには不適切だと分かったものだから、こう指示したのだ。「とりあえずモーセを通して語りかけると約束し、やがて別の人が来て同じく神の名の下に語るから、モーセと等しくその人の言うことを聞くように」と。そこで、この別の人が告げたことをユダヤ教徒は信じるのだろうか。何も新しいことはないのだろうか。新しい使者からの利益はないのだろうか。神は賢明なのだから、無駄に行動することはありえない。だから、モーセと同じく偉大な預言者であるその人は、何か新しいことを告げねばならなかった。けれどもその新しさは、異なったり反したりするような新しさではなく、より大きくより完成しより完璧な新しさである。啓示は完成される必要があったということに注目し認めるようお願いしたい。そして同時に、キリストによってなされた啓示は、神がモーセを通して与えた啓示の光を一段と増大させるようなものだったのではないかと考えていただきたい。これを明らかにするために、モーセとキリストによってなされた啓示、教訓、約束を比較してみよう。

モーセを通して世界にはどのような啓示と神聖な約束がなされたか

二十六． 神の神秘について、モーセを通して啓示されたことは、可視的世界の創造と、神の力による（複数の神々ではなく唯一の神による。それは神々が複数いるという愚かな憶測が強まった時であった）被造物の統治であった。神が教示したことは、儀式による礼拝と誠実な生活の規則とその他の外的な事柄だった。神が約束したことは、カナンの土地と様々な外的祝福物であった。永遠の祝福については、モーセのどの書物にも何も表現されていないことはユダヤ教徒自身も認めている。だがこれで神の全部だろうか。人間の全部だろうか。神は、私たちに啓示し、私たちに要求し、従う者に約束した以上のことは何もしないのだろうか。人間は、神から学び、神に義務を負い、神から期待されている以上のことは何も有していなかったのだろうか。

キリストによる崇高さはどれほどか

二十七． 次にキリストが行ったことを検討しよう。キリストが教え、命じ、約束したことはすべて、内面的で霊的で永遠である。彼の永遠の啓示は神秘的で、世界そのものに先行し、逆に世界に従い、開かれている。例えば、世界の創造と人間の救済についての神の永遠の意図、天への一直線の道、死後の魂の状態、世界の最後がいつでどのようなのか、事物の永遠への回復の状態、その他これまで聞いたことのない同様の事柄などだ。さらに、神の名の下に要求され、遵守するよう命じられたことは、何らかの儀式を行うことではなく（儀式のことは何も教えなかった）、人間の内面を改革することであった。それはキリストが語った通り、新しい、聖なる、全く霊的な生命への再生であった。これを遵守する人々に約束したことは、肉体的かつ一時的なことではなく（むしろ肉欲を絶つために必要な神の道具として、十字架と受難を課した）、良心の喜びと永遠の生命であった。要するに、霊的世界、霊的礼拝、霊的かつ永遠の報いを示したのである。外的なことを卑しむよう教え、自らも卑しんだ。この世で何も私有せず、名誉を求めなかった。人々が王に選ぼうと望んでも拒否した。ただ神聖に生き、無垢のまま死に、死を通して生へ移るという見本を示した。それだから、キリストが啓示したことを伝えている福音書は無用だというのだろうか。

二十八．モーセは一つの民のために神の使者を演じた。キリストはすべての人ために

また、ユダヤ教徒には次のことを考察してもらいたい。モーセが、人間へ遣わされた神の使者として十分すばらしいと見なしうるかどうか、彼は神から律法を受け取って、自分の民にだけ伝え、他の民には広めなかったのかどうか、と。たしかに、この世界全体は神々の中の神の所有物ではないのか。「地とそこに満ちるもの、世界とそこに住むものは、主のもの（詩編24―1）」。かって神が、偶像崇拝に堕して生きた神を放棄した民の愚かさに立腹し、彼らを見捨ててイスラエルを特別に任命したことを、私たちは知らないわけではない。しかし神は、他の民を慈悲の希望から除外したのではなく、モーセと預言者によって何度も証明されているように、諸々の民が自己の民と共に歓喜するよう励まし、普遍的回復の希望を与えたのである。モーセと預言者たちと詩編のそのような証言はたくさんある。それだから、神がユダヤ教徒へモーセを遣わしたように、諸国民にも誰か偉大な預言者を遣わしたのではないか。これについて次の言葉「私はあなたを僕として、ヤコブの諸部族を立ち上がらせ、イスラエルの残りの者を連れ帰らせる。だがそれにもまして、私はあなたを国々の光とし、私の救いを地の果てまで、もたらす者とする（イザヤ49―6）」

を考えるべきではないのか。これはモーセ以後に述べられたのだから、モーセについて述べられたものではない。また、あなた方ユダヤ教徒の側から諸国民にこのような光をもった預言者が遣わされたと示すこともあなた方はできない。しかし、私たちのキリストは、最初は（約束が成就されるように）あなた方にも遣わされたのに、あなた方に無視された（それは律法と預言で何度もはっきりと予言されている）。さらにキリストは使者たちをすべての国々へ送り、天の下のすべての被造物に福音を広めるよう命じた。この結果、あなた方も知る通り、天の下の神々の名は消えて、天と地の創造者である唯一の神を世界中が崇拝している。今では改宗を待ち受けている国民は残りわずかというほどになった。願わくは、この点をあなた方が注目してくれるよう、またキリストの旗のもとに集まった国々の（イザヤ11－10で予言したような）神秘を、冷淡に見過ごさないようにしていただきたい。

律法と福音書の検証は、神のこの松明が結び合わされる方に向かっている

二十九．私の述べること、述べるべきことの要点はこうである。キリストを通して世界に知らされた新約聖書がほんとうに神意の書であるのかそうでないのか、それを確実に確定するには、すべてのキリスト教徒とユダヤ教徒、地上のすべての国と言語の民が、公的な検証に招集されねばならない。もし新約が神意の書であるなら、モーセとキリストを通して世界に差し出されたこの神の光が、共通の唯一の光、偉大な光、消えることのない光となろう。イザヤ書60－20その他で、諸国民の普遍的改宗の時に神が約束した通りだ。しかしまずは目を転じて、他の民の所に神の光の泉が小さくても見いだされるものかどうか、検討してみよう。

イスラム教徒が律法と福音書を正当と認めるにはどのように行うべきか

⑴　疑わしい堕落の元を拒む

三十．イスラム教徒がコーランを有していることは知られている。それもまた神から与えられ、第三の偉大なる神

の預言者マホメットを通して、ユダヤ教徒とキリスト教徒の誤りを正し、律法と福音書の悪用を正すために天から遣わされたと彼らは信じている。従って彼らは、モーセとキリストを預言者、しかも偉大な預言者だと認めており、彼らを通して神が語り、神の意志を世界に示したということも認めている。また同様に、その教えが収められている書に、従うべき神の権威が存在しているということも認めているはずだ。もしそれらの書が堕落していると疑われるなら、誰が、いつ、どういう理由で堕落させたのか、教えてほしいものである。というのはユダヤ教徒とキリスト教徒は、神のあの板〔十戒の石板〕の誰よりも熱心な監視人であり、何も失ったり変えられたりしないように実に細かい所まで注意している（この点を彼らが疑っているということを私たちは知らないわけではない）。また、堕落を知ったり欲したりして堕落を受け入れたり耐え忍んだりするくらいなら死を覚悟するほどなのだ。キリスト教徒がユダヤ教徒と分離し、また内部同士が宗派に分かれ、最初からそもそも分裂し、競争して相互に不信感を抱いているのを神が許しているその訳は、この神の知恵の宝庫をもっときちんと監視して警戒させるためだと私たちは信じている。そしてやがて神が命じる時がくるのだ。「諸国の民に選び抜かれた唇を与える。彼らはみな主の名を唱え、一つとなって主に仕える（ゼファニア3―9）」「小さい者も大きい者もすべて主を知る（エレミア31―34）」。

⑵　神の意志には十分な調和が内在しないはずはないということを示す

三十一．もしイスラム教徒が疑念を抱き続けるなら、判断しないうちは宣告しないように、そして聞く前に判断しないように要求する。私たちの書〔福音書〕は堕落してもいないし何ら不条理なことを含んではいないと彼らに信頼してもらおう。私たちの書は、すべてにわたって、内部においても、また自然の事物とも健全な理性とも合致している。（どこから見ても真理でなくてはどこでも合致することはできない。）そこで次のように示そう。感覚と健全な理性が教えることはすべて、この私たちの書で同じことが確証できる。さらに、それらの書が啓示することにはどれも、感覚と理性が反駁することを見いだせない。むしろそこに見いだせるのは、神のために証言し、神に代わって語ることだけである。さらに世界や世界の王国において、名前を挙げることができる重要事件は、この神託を述べた人によって予言されたことだけだということが明らかだ。そして彼らにもそう判断し宣言する機会を作ってやろう。

先に述べた基準で、コーランをどのように検証すべきか

三十二．彼らのコーランの書物については、私たちが前もって判断するよりもむしろ、彼ら自身が自分たちの書物の勇敢な審判者を任命するのがよい。ただお願いすることは、前に述べた基準をその書に適用して（十一節から十八節まで示した九つの特徴の順に従って）、私たちの問いに答えてほしいということである。例えば、（1）マホメットは本当に聖者だったと知られているのか。残虐さ、野心、欲望、その他の非難すべき悪徳は知られていないのか。（2）神はコーランを作り上げるような外的原因はないのか。人間の救済の愛のほかには啓示を伝える要因はないのか。啓示を作の教えの証拠を奇跡で示したのだろうか。それはどのようなもので、どれほどのものだったのか。（3）イスラム教徒はコーランの模範を誠実に守り、堕落が何もないのは確かなのか。（4）彼らの教義の真理を、血で封印した殉教者がいるか。狂乱の戦争中ではなく、熟慮して、良心を守るために、その教えから甘美さを汲み出すという希望をもって、あるいは炎の中で狂喜しての殉教だったかどうか。（それは信仰の力が、そして世界と下界を征服する力が何よりも明白に生み出すものだ。）（5）コーランは神にふさわしい啓示を含んでいるだろうか。それは律法や福音書よりも崇高だろうか。教示は神聖で約束は豊かだろうか。というのは、コーランは福音書よりも後に与えられたと言われているのだから、三つのうちコーランは福音書よりもすぐれ、福音書は律法よりすぐれていなければならない。そうなれば光の御業である神の御業がますます増大し、減少することはないだろう。また、コーランはいわば天からの最高の賜物であり、最初の二つの補充として与えられたと信じられているのだから、もう天には何も望むものが残っていないほどの深い神秘が明らかにされているのではないだろうか。（6）コーランは、福音書よりも多くの国民、言語の民に送られたのだろうか。どのような使者、解釈者によって送られたのだろうか。神の知恵と善意は、神の祝福の拡大を常に求めるものなのだから。（7）コーランはすばらしい預言を含んでいるのだろうか。それは何か。それらは結果によって証明されるのだろうか。私たちの場合は、これまで世界で起こったすべての大事件はもちろん（彼ら自身の根拠によってでさえも）、これから起こることが予想される事件についても、私たちの預言から証明できるのだ。（8）コーランは、健全な理性や感覚に反した証拠によって承認された哲学的真理を何も伝えていないのだろうか。（9）コーランには、疑いもなく神の意志である私たちの聖書に反することが何もないのだろうか。（10）彼らはそこで照らされて、私たちについて判断を下し、私たちの闇を照らすことができると感じているだろうか。（11）彼らは自分たちの教えによって肉の欲望を絶ち神聖化されたと経験しているだろうか。（12）彼らは自分たちの教えの真理のために死ぬ覚悟があるだろうか。イスラム教徒は、コーランのこのような検証で、何が着実で何が虚無かを、おそらく自分たちの教師たちによって調べることができるだろう。

その他いくつかの啓示が与えられているかどうか調べねばならない

三十三． もし天の下のその他の国民が、何らかの啓示を有していると主張するなら、それを示してほしい。私たちはそれについて、自由に、できるだけ速く、喜んで、真剣に判断しよう。私たちの啓示を彼らが判断するのも同じように認めよう。共通に使用する共通の光は、真の純粋な光を求めているのだから、仕事も共通に行うのだ。

その間は私たちの疑いえない聖書を使用すべき

三十四． ともかく、私たちは疑いもなく神意の書だと認めている書物を疑わずに使用することになろう。私が言うのは、預言書と使徒の書のことだ。私たちの所では聖書（聖なる書籍）、聖なる文書、神の書かれた言葉と呼ばれ、まとめて聖書という名で承認されている書物のことである。

聖書の体系は、世界と人間の精神のようには同時に一時に構成されたわけではない

三十五．ついでながら、次のことに留意しなければならない。聖書は、先の二つの書物（世界という書と精神という書）のように最初から一度に、いわば一つの完全に一貫した体系として構成されたわけではない。様々な時期と状況のもとで、神の様々な聖なる示唆が存在し、忘れられないように書いておくようにという神の命令があり、最後の使徒ヨハネが行った啓示や書かれた命令を編集し封印して完成したのだ。この書は、外面上は先の二つの書ほどには体系的に調和的に提示されているわけではない。しかし（すべてが神の技で構成されているので）、いっそう偉大で驚嘆すべき内的調和を働かせている。これはそのうちに明らかになろう。

第八章　光を見る三つの目である感覚、理性、信仰

三つの目、すなわち神の三つの光とその光によって示されるものとを見るための人間への賜物である、感覚、理性、信仰について。

一．目は、光と明るい事物に向き合わねばならなかった

光は、光および光に染められる対象に向き合って（光は、そこから発する光線を周囲に拡散して、対象の像を形に現す）受け取る目がなければ、用をなさない。同じく、自然、聖書、私たちの精神というあの劇場と照明は、これらのすべてをはっきりと見るための目を、神が備えてくれなかったなら、やはり用をなさないだろう。けれども神の好意は、この点でも不足してはいなかったということを感謝しつつ検討しよう。

二．目とは何か

肉体の目は生きた鏡に他ならない。事物の目に見える像が明かりの力で運ばれてきたのを受け取る。その像を、内部にある魂がちょうど窓に差し出されたかのように見つけて識別するのだ。これを知らない人でも、他人の目に近づいてみれば、そこに対象の小さな映像（自分の顔）が、まるで別の鏡に映っているかのように見えるのが目撃されるだろう。そこから、目を閉じていては、そこひでは、闇の中では、なぜ何も見えないのかという原因が明らかにな

る。目に事物の像が運ばれないうちは、魂は何をどう観察したらいいか分からないからだ。

事物の外的な視覚は三種類

(1) 直線

三． ところで事物の像が、光の力によって目に運ばれてくるのには三種類ある。第一に、存在する事物が目の前に立っていて、直接見えるように置かれている場合。たとえば読者であるあなたが、この本を前に置いて目を働かせて見つめるような場合だ。これは直接の視覚と呼ばれる。

(2) 反射

第二に、見られる事物と見ている目との間に鏡が介在して、鏡が対象の像を受取って反射し、見ている目に転送する場合。たとえば読者であるあなたが、ガラスの鏡を手にとって、その中に私やあなた自身や本やその他もろもろを見るような場合だ。これは反射視覚と呼ばれる。

(3) 屈折

第三は、見られる事物と見ている目との間に何か障害物がある時に、何らかの透明な媒体を置いて、障害が取り除かれる場合。例えば、目から離れた壺の底に貨幣が落ちている時、深い壺の縁のせいで貨幣は見えない。しかし、壺に水を注ぐと障害は除去される。貨幣はまるで表面に浮かんでいるように見え、遠くからでも見えるようになるのだ。これは屈折視覚とよばれる。外部の肉体の目で見える方法はこの他にはない。そこで、私たちの三つの光と、神がその光を通して示している事物とを検討するにあたって、この三つの類似物を探してみよう。

事物の内的な視覚も同じく三種類

四． 私たちを至る所で取り巻いている世界の事物は、直接に感じ取られるように（つまり見られ、聞かれ、嗅がれ、味わわれ、触れられるように）、その本質の性質と行動の光線を私たちに投げつけている。神の知恵は、目、耳、鼻、舌、手といった容器・器官を私たちに備えさせ、私たちの周囲で知らないものがないようにさせた。

第一は、感覚による直接・直線のもの

神に与えられた私たちの感覚の第一は、目である。それによって私たちは、世界の事物を直接に、つまり直接視覚で感じ取るのである。

第二は、理性による間接の反射・反省

五． まことに、私たちの精神に刻み込まれた理解可能な事物の観念と、刻みつけられた衝動とは、さらに付加された実行能力と共に、私たちを内部でたえず刺激し、事物の量、数、重さを示している。それらは内部のある種の目で感じ取られており、量、数、重さを見つめ、何らかの一般的形ないしは原型にまとめている。精神のこの目は、理解可能なすべての事物を内部で見つめ、互いに区別しており、その目を私たちは理性と呼んでいる。それは私たちの中にある神意の目のきわめてはっきりした似姿であり、精神の外に立っている事物を反射視覚によっていわば精神の内部に置かれているかのように見つめている。というのは、精神はまことに事物の鏡であり、存在するものすべての像を受け取る。精神の力は、事物の像の根拠をそれぞれ見比べており、そのために理性と呼ばれる。理性は（外界に存在する個々の事物を一つ一つ感覚で把握するのとは違って）事物を直接観察するのではなく、精神の内部で抽象的原型を観察している。これは、神をまねたやり方なのだ。神はすべての事物の根拠を自らのうちに含んでおり、自らを見てすべてを見ている。

第三は、同じく間接の、しかし屈折した、信仰による視覚

六． 神の声の証言は、魂の第三の能力とでもいうべきものを私たちに提示している。それを通して、事物がいわば屈折視覚を通すかのように私たちのところにもたらされる。というのは、私たちの感覚や私たちに固有の理性の力の範囲の外には、非常に多くの事柄が存在しており（例えば、今のチリ王国に発生したことは平和か戦争か、王は生きているのか病気か、それとも死んだのか。同様にヨーロッパ人には感じることも理性を働かせても分からない事件がある）、私たちにその噂が届いたときに、それらを遠ざけたりその知識を私たちから奪ったりすることのないように、賢明な創造主は、魂に一つの特別な能力を備えさせたのだ。その能力を通して、感覚や理性では提供できない多数のことを認識するのである。それは、他の人々から私たちに語られたすべてを（十分信頼に足ると思える範囲で）嫌がらずに受け入れる傾向性である。それを私たちは信じやすさあるいは信仰と（信ずべき行為を意味するかぎりで）呼ぶ。そして、その報告、啓示、証言などは、あの透明の媒体の別種であり、視野の外にある事物を視野の中に立たせる、つまり屈折視覚を作り出すのだ。

七．だから私たちには三つの目、感覚、理性、信仰がある

私たちは、神の恩寵によって目の働きを授かっており、神の三つの明るい劇場で展示されているものがどんな方法で展示されようともすべて感じとる器官を備えている。世界が包含しているものは、すべて特殊で分割できない個体であり、それらを把握するのにふさわしい器官として私たちに授けられたのが、外部および内部の感覚である。精神が包含しているものは、すべて普遍的でその個別の原型と規範も普遍的であり、理解可能な領域でこれらを追求するのに一番ふさわしい器官が理性である。それは何ができて、何ができないか、なぜか、いかにしてか、を評価する。啓示の言葉が包含しているものは、霊的で永遠なので（あるいは、それらが有形で一時的だとしてもやはり感覚と理性から離れている。啓示されなかったら知りえなかったのだから）、それらを把握する道具として私たちに授けられたのが信仰である。もしもこれらすべての器官が、周到に適用されるならば（すべての個物を感覚で、すべての普遍物を理性で、

すべての啓示を信仰で見通すなら）、私たちが知るようにと神が欲していたすべてを、神が劇場で展示したすべてを、すべての面にわたって知ることができるのだ。

それらによって私たちはすべての対象を十分に感じ取る

八．三つの目が十分であるということをもっとよく確認するために、次のことをつけ加えよう。すなわち、人間の対象も三種ある。人間の周りにあり、人間と共にあり、人間が関わるものだ。それらは、事物にみちた世界、この世界に住んでいる人間自身、世界と人間を保護している神である。しかし、見よ！　これら三種の交流を導くのが三つの目なのだ。感覚は主として事物との交流を統制し、理性は人間との、信仰は神との交流を統制する。もちろんそれらはみな相互に助け合っている。このように私たちには視界が豊かに開かれているのである。

そしてすべての人間が同じ方法で

九．しかももちろん、すべての人間にとってそうなのだ。というのは、すべての人にすべてが同じように授けられているからである。世界というこの外の劇場に入れてもらえる人は誰でも、外部の器官、つまり感覚も授けられている。自己のうちに、狭いけれども荘厳な劇場すなわち精神を建ててもらえる人は誰でも、自己の内部を反省する能力も（それによって、感じているということを感じ、理解しているということを理解する）、つまり理性を授けられている。神によって何かを啓示され、命じられ、禁じられ、約束され、脅されていると感じている人は誰でも、神を信じなければならないと感じる。もちろん神が語っているのが確かな場合だ。そこで、自然のまたは意志の逸脱によって、目が見えなくなったり耳が聞こえなくなったり愚かになったり不信心になったりする人がいるのは妨げようがないけれども、普通は私たちの誰もが感覚を授けられている。感覚が他人より鋭い人がたしかにいるにしてもだ。誰もが理性を授けられている。他人より洞察力に優れた人がいるにしてもだ。誰もが信じる心を授けられている。他人より簡単に心を動かされたりあるいはなかなか動かされなかったりという人がいるにしてもだ。感覚の工場、理性の製造所、信仰の建物を（私たちの中に信仰が呼び起こされる要件に応じて）、すべての人が同じように有しているのだ。バラの香りはペルシャ人にもアラビア人にも違わない。両者とも同じ鼻と脳の工場を有しているからだ。「全体はその部分より大きい」という原理はインド人もアフリカ人と同じく理解する。どちらも共通観念の同じ構造をもっているからだ。ユダヤ教徒が律法を、キリスト教徒が福音を、イスラム教徒がコーランを追い求める理由もそこにある。つまり神の声を崇敬し従わねばならないと理解しているのだ。適用する際に誤ることはありうる。しかし同じ器官を同じ対象に（感覚を知覚しうるものに、知性を理解しうるものに、信仰を信じうるものに）適用しないでいることはできない。

十．私たちが事物を受け入れるのに誤ることはありえない。伝達路が備わってさえいれば

ここから重要なことが帰結する。すべての人が逸脱を予防することを知っていれば、すべてにおいて誰にとっても同じ真理が生じざるをえないということだ。すべての要点は、神が神の劇場で展示していることを、感覚や理性や信仰に、迷いや欺瞞が忍びこまないように、混乱せずはっきりと見えるようにすることである。もしこれができるならば、すべてが明るくなり、またそれによって私たち自身もすべてにわたって明るくなることだろう。そこで、事物をすべての人が明白に洞察し、他人にはっきりと明らかに示し、そうして誤りを予防するような方法と道を見つけるために進んで行こう。

第九章　三つの目の三つの補助手段である分析、総合、類比

三つの目の三つの補助手段について。
すなわち、事物を正確に、誤りの危険なしに見つめる三つの方法、
分析、総合、類比について。

視覚は三重に背く。すなわち、

(1) 視界にない

一．事物をはっきりと見通すには、目が健全で、光がそこにあっても、いつも十分というわけではない。その原因は三つある。第一に、見たいと思うものが視界の外にあって、視線（常に直線で伸びていく）が対象に当たらない場合。このように、背後にあるもの、壁の後、隅に隠れているものなどは、見ることができない。

(2) あまりに遠くにある

第二に、対象がたしかに目に相対してはいるが、あまりに離れており、視線がそこに届くには不十分な場合。このように、一マイル遠くからやって来る人をはっきりと見ることはできない。

（3）あまりに微細である

第三に、対象はたしかにすぐそばにあるが、あまりに小さくて視覚が見逃してしまう場合。同じく、ノミ（またはもっと別の小さな動物）の口の形とか、フェルトや毛のふさのような細かいものを見たいと望んでも、あまりに微細なために見えないだろう。

人間の才能も事物の探究の際に同じように背く

二、神の劇場が展示している事物を調べる際にも同じことが起こる。事物が何かの間に隠れて視野の外にあったり、またはあまりに遠くにあったり、または微細で感覚を鋭くしても逃れてしまうなどだ。たしかに神の劇場の容量はこの上なく豊かで、事物をたくさん詰め込んでおり、数の多さと密度のために互いに重なり合って私たちの視野から隠れてしまうのだ。また、世界、精神、聖書には私たちの鋭さではほとんど侵入できない深い隠れ場がある。それは言わずもがなだ。また、神の劇場の豊かさのために、多くの事物はせいぜい遠くからしか見えない（まったく見えないか、またはぼんやりとしか見えない）。さらに、詳細まで（そこでは神の計り知れない知恵が、事物の自然、人間の魂のすべての努力、聖書の秘儀を通して様々に演じている）数を数えたりすべての根拠を把握したり誰ができよう。

外的な視覚の三つの補助手段

三、この点について、何か助言はないのだろうか。私たちはそれが発見されることを疑わない。外的視覚のあの三つの不都合の治療法について、視覚の三つの補助、三種の透視する道具が発見されたのだ。

（1）鏡

すなわち、視野の外にある物を視野の中に動かすのに、物を動かすことができなくてもその像を見えるようにさせる、そのような補助が昔発明された。それは鏡と呼ばれている。それは視野の外にある対象の像を私たちの目に反射するのである。鏡の使用は古代から知られている。もともと事物の創造以来、水の表面や高度に研磨された物に反射の事例が示されている。

(2) 望遠鏡

私たちの時代には、非常に遠くの物を目に近づけて、まるで目の前にあるかのように見ることができる光学管が発見された。それは望遠鏡と呼ばれている。

(3) 顕微鏡[10]

ついに、小さな微粒子のような物体を拡大して視野に置いて、はっきりと見るための補助を探す機会が訪れた。最近そのような透視の道具が発明され、顕微鏡と呼ばれている。その技術を使うと、たとえば塵芥や砂粒でさえも、まるで小山のように、長さがあり角があり、湾曲や窪みや穴やら、筋や切り込みが目撃でき、見て非常に楽しい。今や私たちには探したり望んだりできるものはもう何も残っていないように思える。

才能の補助手段も同じく三つ、すなわち三つの方法

四． 精神的三つの目の補助にもこれらに類似したものがあるだろうか。神の恵みのおかげであるのだ。神は劇場の事物を永遠に隠しているわけではなく、神の栄光を次から次へと視界において明るく照らし、私たちが様々に楽しみ、いろいろと使用するように展示した。存在しなかったり、遠くにあったり、微細だったりして、私たちの感覚や私たちの理性や信仰から逃げ出したすべてのものに対して、三つの透視物に対応する三つの方法があるというのが私の意見である。

(1) 類比の方法

五． 第一は比較の方法である。この力によって、実物を見ることができなくても、同じような物が見える。例えば、

人間は自分の内臓の数、位置、分量などを覗くことはかなわないが、何かの動物の内臓を抜き出して見れば、それほど違わないものを有することになる。

（神は見えないけれども、自身を似姿で見せることができる）

また神について言えば、誰も神を見たことはないし、見ることはできない（テモテ1—6—16）けれども、神の御業から私たちは多くを学んでいる。神の力、知恵、善意のいわば影が、神の永遠の秘密から外へ、私たちの視野へと投影されているのだ。さらに不可視の神は、とりわけ神の生きた像つまり人間の中に見ることができる。もちろん人間が賢くて善で力がある限りにおいてであるが。もしも虫けらのような人間が、神の光の火花の許しを得て天と地について考えを巡らすことができれば、光そのものの淵が同時に見えるのではないだろうか。もしも人間が善であり、憐れな人々を憐れみ、欠乏している人々に与え、恥知らずにも罪を犯している人々に怒り反対し、しかしながら謙虚に赦しを求める人は許す、ということができて、いつもそうするならば、善意の泉はさらにいっそう大きくなるのではないだろうか。もしも人間が理性の力によって狂暴な怪獣を馴らすことができ、機械技術で塔を建て、山を動かし、海を干上がらせることができるとしたら、人間が行おうとすることは何も人間の力に逆らわないのではないか、等々、等々。同様の根拠によって、本質が隠れているものは、類似物を通してまたはその結果を通して、さらに結果の結果や何らかの特徴を通して外に現れ、見ることができるのである。

（2）分析の方法

六． 第二は分解の方法である。この力によって、全体の中に隠れている部分が光の中に引き出されて、目から離れているものでもはっきりと見て知らないことはありえないようになる。例として、解剖学者が人間の体を切り開く際は体全部を目の前に置いて、膜、血管、神経、動脈、肉、骨から全体が構成されていることをはっきりさせるのである。

(3) 総合の方法

七. 最後は結合の方法である。この力によって、すでに知られている部分から全体が認識される。個々の部分の位置、形、特質が分かれば、全体の力と使用法も分かるようになるのだ。例として、哲学者は、骨、軟骨、肉、血、粘液、胆汁などの本質と作用を考察して、それらの各部から構成された体全体が何を行い何を被るのか、あるいは行動と受動を知っているなら、どのようにして、どんな力によって行動し受け取るのかを把握するのである。

これらの方法と視覚の補助手段との比較

八. 第一の比較の方法は、まさに鏡にたとえられる。それは「すべての類似物はその類似物の中にみられる」という原則に基づいている。つまり、鏡の中に見られるのは実物ではなく、実物の形をした類似物だ。第二の分解の方法は、望遠鏡とみなされる。それは「部分が多ければ多いほど、全体が必要になる」という原則による。(いわば「遠くにありても近くにある如し」だ。望遠鏡のおかげで目の近くに見えるようになった。) 第三の結合の方法は、顕微鏡と考えられる。それは大きいものを判断するのと同じように最小のものを検証する。これは「部分がそうなら全体もそうだ」という原則に基づいている。

類比の方法が最も古い

九. 第一の、事物を見る、あるいは他人に見せる(別のものを別のものを通して、同じものを同じものを通して)方法は良く知られており、古代から活用されてきた。それは遺物から伝わっている。古代の知恵は全体として象徴的形式で表現され、寓話、たとえ話、ことわざ、言葉の彩、そのようなものが古代の本や言葉にはあふれていることが明らかである。

残りの二つはまだ新しい

十. その後哲学者たちが事物を直接洞察する方法を見いだしたが、それには二種類ある。第一は、遠くから、事物の目的を眺望し、どんな手段によってその目的に到達できるかというもので、観想の方法と呼ばれた。そして、部分に分けて事物に適用する企ては分解の方法と呼ばれた。次に、近くから、求められているものを観想によって発見するには何が要件なのか、どのような手段によって目的に到達するのか、それには比較することが不可欠だ、目的に至る確実な力を得るにはどうしたらいいか、そういうことが検討され、これは実践的方法ないし総合の方法と呼ばれた。それは、全体の中で何がどのように働いているかを明らかにするために、すでに構成されているものを部分とともに調べるときには役に立つだろう。

十一　類比の方法はとても役に立つ　今日の哲学者は分析と総合の二つの方法だけを使用している。しかし実際、第三の比較の方法（類比の方法と呼んでもよいだろう）は一番素晴らしく有効である。とはいえ、実際の事物を直接見る方が、像を見るよりずっと確実だし、その他のものはさらに不完全なのだが。望遠鏡や顕微鏡が発明された後でも鏡を捨てたわけではないように、アリストテレスによる分析と総合の学問的方法の発見によっても、愛すべく好ましい古代のあの類比の方法を放棄してはならない。つまり私たちにかなり役立つのである。望遠鏡や顕微鏡が威力を発揮できず、鏡なら役に立つという場合があるのだ。たとえば、自分を眺めたり、背後にあるものやどこか視野の外にあるものを見たい時などだ。それだから、私たちの中にある神の賜物を損なうことがないようにしよう。そしてどんな補助手段（神の明かりの中で見るべき明かりのことだ）も使わずに失うということがないようにしよう。神が示した三つの透視物すべて、三つの方法それぞれを利用して、光あふれる工場が持てるようにしよう。

十二　それぞれの方法は、主にどこで適用すべきなのか　分解の方法は、主に私たちの感覚の前に置かれた世界と事物とを見つめる際に使用される。それは結合しているものを結合の要素へ、大きいものを小さいものへ、最小になるまで分解する。結合の方法は、主に私たちの精神を見つめる時に役立つ。そこには観念、衝動、実行能力が置かれている。そしてそこから、いわば魂の部分から魂の全体構造を識別するのである。第三の方法は、神の啓示を観想するのにふさわしい。そこでは神は、ふつう霊的な事柄を物質的な事物の小片を通して表現する。「聖書全体はいわば一つの際限のない寓話である」という格言のとおりである。そしてこれら三つはすべて、すべてのことを探究するのに役立つだろう。世界の事物はどれも等しく要素から構成され互いに結びついている。精神の事柄も、分解され結合されることができるし、聖書の事柄も結びつけられ分解されることができる。そうしてすべてがもっと良くなることが明らかになるのだ。

どのような順序でか

十三．分析の方法は、特に事物の部分を扱う。総合の方法は、部分を全体の中に順序よく配置する。類比の方法は、原型同士を比べて共通で親密な形にしてそこに事物の力と生命を留まらせる。

何に対してか

十四．分析の方法は、常に最初に適用されて、すべての事物のすべての部分が把握されるようにする。次に総合の方法が、各部分がきちんとした順序に置かれるようにする。最後に類比の方法が、全体と部分の両方の効用をさらにいっそう明らかにする。類比の方法が最後というのが私の意見だ。なぜなら事物と事物の比較は、それらが前もって知られていなければできないからだ。正確に理解された分析と、さらに正確に検証された総合によらなければ事物を知ることはできない。

どのような目的でか

十五．分析の方法は、事物の内部にあるものを明らかにするのに有用である。総合の方法は、事物を作り、存在させ、まとめている力が何かを見通すのに役立つ。類比の方法は、多くの物を同時に同じ方法で見通すのに役立つ。火、炎、熱、光などの本質を理解していれば、そこから採用された比喩を（霊的な火、炎、熱、光など）理解することだろう。

光の増大はどれほどだろうか

十六． 分析の力は、調べようとして取り上げたものを最小の部分に正しく分解すれば、非常に大きい。総合の方法が最小からしか始めることができないからである。だから、事物を最大限理解し、本当に活用するには、まず最小を求めないといけないのだ。例えば、全体が要素に、要素が分子に、さらに原子にまで分けられるように、また類が種に、種が個に分けられるようにするのだ。いわばどんな最大の光も火花から生じ、火花から構成されているのと同じく（どんな小さな火花も炎の一部であり、火花から炎が、つまり光が生じるのだ）、最大の事柄の理解も最小の事柄の理解から成り立っている。しかしそこにはなんとたくさんの光が含まれていることか！

普遍的光においては、光の補助すべてを適用しなければならない

十七． したがって、普遍的光においてはこれらの方法すべてが適用されねばならない。もし私たちが、微小なもの、遠くのもの、視界にないものを、それでも何とか見ようとし、次に正しく実行しようと切望しているのなら、そうせねばならない。これを勧めるために事例で説明しよう。神はアブラハムにこう言った「できるなら星を数えてみよ（創世記15―5）」。彼はできなかった。そこどころかこれまで誰一人として、鋭い視覚をもってしても、技術の助けがなければできなかった。しかし今では望遠鏡のおかげで、裸眼で見える以上の無数の星が数えられる。例えば、牡牛座にふつう数えられる星の数は四十四であるが、アントニウス・レイタは、自分の望遠鏡で二百発見した。スバル座には星が七つ見えるが、彼は百以上発見した。オリオン座には三十九だったが、千以上発見した、等々。そこで、もし私たちが精神の三つの眼で三つの透視の補助を使えば、神の三つの書全部を読みこめるはずだ。これまで以上に、無

限に多くの大きな明るく輝く書が、観想のために提示されるのではないか。

事物を十分に認識するためにも

十八. 考察すべき事柄はすべて次のように認識されねばならない。（1）分析的に。そうすれば求められているものが分かる。（2）総合的に。そうすれば求められているものの関連が見通せる。（3）類比的に。そうすれば事物の基本的形と作用の規則が明々白々に明らかになる。

正しく実行するためにも

十九. 行うべきことは次のように学べばよい。まず最初に分析的に、見本をよく観察する。そうすればどんな根拠で何が行われるのかが分かる。そして同じことを実行する希望をいだくことができる。次に総合的に、見本を模倣する。そうすれば同じように行動する習慣がつく。最後に類比的に、自分の見本を別の見本と（あるいは他人の見本と）比べる。そうすれば誤りを正すことができる。第一の方法は実践の前ぶれであり、第二は実践の実行であり、第三は実践を確かめ実践する習慣をつける。

討議の方法

二十. 事柄について討議する際は、主に分析的方法で始めよう。取りかかっている願望の目標から始めるのだ。あれが望ましいのかそれともこれが望ましいのか、それはなぜか、どのくらい有益なのか、そのようにして必要性をはっきりさせるのだ。次に、願望された目的に到達できる手段を、つまり願望の可能性を探求しよう。最後に、目的から逸れることのないように、手段を適用する確実な方法を検討しよう。そうして容易性を手に入れるのだ。もし理論が好ましいものなら、単純なものから複雑なものへ、小から大へ、部分から全体へと総合的方法で進もう。しかし勧めていることで同じような説明が必要だと思われる場合には、類比の方法を途中に挟むのは妨げられないだろう。

以下の作業は、定義、公準、定理、問題による数学的方法で[11]

二十一．このような方法は、真に数学的な方法となろう。以下のように。（1）純粋な定義。叙述の際に、精神の視野に正しくない決定や誤りや争いの機会が入り込まないようにする。（2）純粋な公準。どの人の感覚も欲して受け入れざるを得ないことだけを要求する。（3）純粋な定理。要求された問題すべてを証明できるような単純なもの。（4）純粋な問題。与えられた理論から生じるものが、必然的に生じるということを目の前に証明するような問題である。

未来はなんと正確で確固としていることか

二十二．この四面体・立方体の方法は、知恵の四面体となり、まったく変動せず無害であり、強固なしっかりしたものへとなっていくことだろう。それは事物の四原因[12]から構成されることになろう。それぞれの事物の定義は形相因を表す。公準は良き望ましい目的因を明らかにする。定理は、質料因または事物に必要な条件を説明する。問題は、その指示が賢明に模倣され、たくみな効果がただちに生み出されるのなら、作用因となろう。

第十章　普遍的光の普遍的調和

原理のパンハーモニア〔普遍的調和〕を認識することによって証明される、普遍的光の容易性。

強固な基礎に支えられた、普遍的光の希望

一．人間の間に普遍的光を灯すための要件を私たちは検討してきた。(1)神の光の泉は三つあることが明らかになった。(2)光を吸収するために与えられた器官として三つの目がある。(3)その上に、光を深遠へ広げる管である三つの方法がある。偉大な光を灯すという希望を達成するのにこれで足りないということがありうるだろうか。

反論「光の補助は、これまでそのような結果を生み出さなかった」

答「たしかにそうだが、原因を探さねばならない」

二．反論する人がいるかもしれない。「すべての哲学者が世界という書物をひもといているが対立している。すべての人間が魂という書物を読んでいるが盲目である。ユダヤ教徒もキリスト教徒も聖なる書物を読んでいるが宗派に分裂している」と。答えよう。「その通りだ。まさに光の中にいるのに、あわれにも目が見えなくなっている。それは神の書に注目しない一般の人々だけでなく、熱心にひもといている選ばれた人々もそうなのだ。とりわけキリスト

教徒は、無知なだけでなく互いに誤りを非難し合っているが、その原因は一つに限らない。哲学に惑わされて誤ると思える人もいれば、聖書の軽率な使用によって誤る人もおり、また感覚と理性を過剰に与えられて誤る人もいる。

三．人間の無知と誤りの原因は、人間自身にある

たしかに、聖書によって誤る人は誰もいない。キリストも言うように、それを知らないで誤るのだ〔マタイ22―29、マルコ12―24〕。また哲学で誤るのではなく、ほんとうの哲学を知らないで誤るのである。感覚や理性の働きで誤ることはないが、感覚や理性の逸脱によって誤るのである。要するに、私たちは神意の光の補助手段の使用によって誤ることはなく、使用しなかったり、使い方を知らなかったり、悪用したりすることで誤るのだ。それはこういうことだ。

四．神意によって与えられた明かりを、使用しなかったり、使い方が下手だったり、悪用したりする場合

神の御業の円形劇場に座っている人の大部分は、見つめることを軽蔑している。大部分の人は内部の理性は豊富なのに、自己を振り返ることを怠っている。大部分の人は神の声に囲まれているのに耳を傾けず、やるべきだったことよりもやりたいことをやっている。他方で、やろうと思っても使用法が分からない人もいる。世界を何か混沌としたものとして眺めている人もいる。自分自身を調べてみて真っ暗な穴だとみなしている人もいる。聖書に注目しても、まるで字が読めない人のようだ〔イザヤ29―12〕。そのような人にとっては光は光でなく、理性は理性でなく、神が語っているのに語っていない。彼らは太陽に光を求め、流れに水を求め、手にしている物をしっかり握ってはいる。しかし何よりも有害な悪用は、何かを見ているのに、自分自身の作り上げた虚構に屈してしまって、事物の真理や神の証言や自分自身の良心の命令に目を向けようと望んでいないことなのだ。

五．つまり、使い方を知れば、光は確実になる

しかしもしも私たちが神の書物を使用しようと欲し、それができて、使用法を知るならば、求めるものが得られるだろう。それは、あの普遍的認識の光、真に輝く光、無知や疑いや私たち自身の誤りの闇の何がどのように混入しようとも勝利する光のことである。

光はすべてに、誤りにすら浸透している

六．あらかじめ次のことに注目する必要がある。それは、私たちの疑いや誤りはすべて光からやってきて、私たちの中に光の証人がいるということだ。というのは、人間の内部に理性の明かりが灯っていなければ、物事に疑いを抱くこともないはずなのだ。なぜなら、疑いとは何だろう。偽りを怪しむことではないのか。怪しいという疑いは、とにかくある種の光からきている。つまり、ほんとうとは思えない主張に対する何かの認識からくるのである。たしかに、誤り自体は明かりなのだが、色の付いた媒体のシミで汚れた明かりなのだ。それは何かについての邪悪な認識である。では認識とは何か。ほら、明かりだ！　では邪悪とは何か。シミだ！　つまり、精神の光は、追求すべき問題に先行し、同伴し、吟味し、終わらせ、そして封印する。本当であるにせよ逸脱しているにせよだ。

無知、妄想、誤りの手近な治療法はパンハーモニア（普遍的調和）である

七．明かりの父の名誉において、忘れてはならず、知って広めねばならないことは、事物の自然においてもこの世でも、病の近くに治療法が存在することが望まれていたということである。仮に神の照明が私たちの視覚を曇らせることがあるにしても、また光が満ちているのに私たちの不注意によって何らかの妄想や逸脱の機会を招くことがあるにしても、私たちが注意することを知っていれば、浄化剤あるいは誤りの解毒剤が近くにあるものなのだ。

（読者は注意していただきたい）

私たちの精神の闇の解毒剤あるいは浄化剤を、パンハーモニア〔普遍的調和〕と呼ぼう。それは、光線の調節〔調和〕であり、これを遵守することを知るならば、光が流れ光が輝くのは必然となり、やっかいな煙に妨げられること

もなく、誤りの害悪のシミで汚されることもない。これについてもう少し説明することはむだではあるまい。

音楽で調和、普遍的調和とはどういうことか

八. 音楽家が調和〔和音〕と呼ぶのは、多数の音の心地よい共鳴のことである。人間の声や、音楽家が作り出す打楽器の音、吹奏の響きだ。合唱隊の人数が多ければそれだけ、また楽器が多ければそれだけ、耳や魂に心地よい。これはパンハーモニア、つまりすべての十分で普遍的な共鳴と称するのにふさわしい。

私たちの周りで響いている何より心地よい音楽は、神の声

九. 私たちには神の声があるのだから（神の言葉が発せられる時に鳴り響き、神の手が働く時に感じ取られ、私たちの魂の奥深くに潜んでいて静かにささやくように響いている）、不協和音が起こらないように、不協和音から私たちの魂を遠ざけるように、この神意の音楽を聞けなくならないように、あるいは不協和音を選び取って自ら不合理へと陥ることのないようにしよう。またそのように思われないようにしないといけない。

もしも神の声を調和に戻すことを知っていたなら

十. 合唱隊の歌声を調和させるにはどうしたらよいか、神は私たちに日々教えた。それと同じように、至る所で鳴り響いているこの神意の声を、私たちにとって交響楽にするにはどうしたらよいか、それを学ばねばならないだろう。「私たちにとって」というのは、その音は最高の建築士の作品なのだからすべては最高に調和しているのだが、私たちにとっては、適用の仕方が悪いと不協和音になったり音が出なくなったりしてしまうからだ。ちょうど、音楽に未熟で使い方を知らない人にとっては調和は役に立たず、不完全にしか知らず演じられない人にとっては、面倒な様々な不都合を生じさせてしまうようなものだ。

幾何学と光学において、調和に類似したもの

十一．音楽家が合唱で調和（和音・和声）と呼んでいるものは、幾何学者では平行線や形の比例、光学者では視線の対称、均衡などと呼ばれている。また美観、均整、優雅、優秀など様々な呼び方がある。パンハーモニアという、存在し始めたばかりの言葉の根拠をさらによく理解するために、もう少し言及しよう。

平行とはどういうものか

十二．平行とは、（二本あるいはそれ以上の）同等の線が向かい合って位置しているもので、いくら延長しても一致したり交差したり離れたり消えたりしない線のことだ。それは直線だったり曲線だったりその他の一定の形だったりする。次のように。

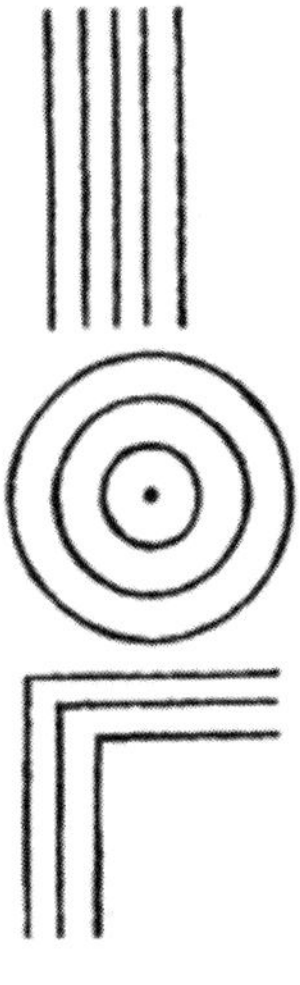

比例とはどういうものか

十三．比例とは、複数の線あるいは形が、相互に同じ割合になっていることである。たとえば、第一と第二の関係が、第二と第三の関係と同じという場合だ。関係には二倍、三倍、四倍等々の比例があり、相互の隔たりは一定になっており、ある物同士の関係が分かれれば別なもの同士の関係も計れるのだ。たとえば、1—2—3—4の関係から、2—4—6—8、および3—6—9—12という比例が得られる。同様に1対3の割合なら3対9、9対81、81対6561が得られる、等々。

対称とはどういうものか

十四．対称とは、うまく釣り合いのとれた部分の比例のことで、視覚に美観を生み出し目に魅力的なものだ。優雅、優美などとも呼ばれる。

神の書においてどのように調和を求めるべきか

十五．そこで私たちは、神の書物の使用にあたって調和を、つまり平行、比例、対称を、いわば誤りと妄想の解毒剤として勧める。私たちが望んでいるのは、神から与えられた光の補助手段と指示器を適用することだ。(1)すべてを、(2)正しい順序で、(3)補助手段を相互に、適用すれば、ついにはどこでも同じ真理と善意と統一が明らかとなり、不一致や疑いが何も残らないようになるだろう。

(1)すべてが調和へと戻されねばならない

十六．光の補助手段すべてを適用せねばならないと私たちは述べたし、望んでいる。第一に、神の三書すべて、すなわち世界、精神、聖書を読まねばならない。第二に、三つの目、すなわち感覚、理性、信仰でこれらを観察せねばならない。第三に、三つの方法、すなわち分析、総合、類比でさらに探索せねばならない。これらのどれか一つでも適用しないなら、そこに生じるのは、休止、沈黙、裂目、協調の欠如、不完全だろう。誤って適用されたら、様々な妄想、不協和音、不一致が生じるだろう。

(2)確実な順序で

十七．第二に、私たちが混乱しないように、それらは順序良く適用されることが不可欠である。まず最初は、感覚から始めねばならない。感じ取れる対象によって感覚を目覚めさせ、動かすのだ。つまり事物の世界に何があるかを把握するために、外部の世界から始めるのだ。次に精神を調べねばならない。事物の根拠を目覚めさせ、動かし、活用する。つまり事物がどのようであるか、何をめざし、何のために、どのくらいがどのようにあるのか、そのようなことに無知でないようにする。最後に別の所から証拠が取り寄せられる〔信仰〕。それが、感覚と理性ですでに感じとった事柄についてのことなら、私たちの内部の真理をいっそう確証して心地よい合意に至る。あるいは自分の感覚と理性で入り込むことが許されなかった事柄についてのことなら、割れ目を埋めるために、私たちは同意に近づいて、調和を増大させねばならないだろう。

(3) 補助手段を相互に取り入れる

(1) 神の書（世界、精神、聖書）

十八． 第三に、補助手段を相互に適用せねばならない。それは、これらのどれかが欠けたり不安定だったり紛らわしかったりした場合に、他の手段がかけよって、欠陥を補い、不明瞭さを明らかにし、逸脱を示して正すためである。まず世界が、神の手の御業を説明して、精神にかけよって助ける。精神が自己の観念を説明する元気がない場合がそうだ。また聖書にかけよって、意味が被いに包まれている場合は助ける。同様に、精神の観念は、世界にかけよって、世界の一部がどこか秘かな隠れ場に隠されている場合は助ける。また聖書にかけよって、意味が十分に説明されずにその多くを理性的な探究に委ねている場合は聖書を助ける（そこで、つぎの格言「聖書を探究せよ。読む人は理解する。私は理解する人に話す」等々）。また聖書は、世界にかけよって、世界が自分について自ら証明できない事柄を助ける。例えば世界の始まりと終わり、世界の外に何があるか、などの問題についてだ。そして聖書は、私たちの精神にかけよって、精神に固有の力では見定めることができない神の永遠の秘密について助けるはずだ。

(2) 私たちの目の補助（感覚、理性、信仰）

十九． 同様に、感覚と理性と信仰は互いに助け合うことができるしまたそうせねばならない。もし感覚がどこかで欠けていたり迷ったりしたら、理性か信仰で補われ正されないといけない。また理性に対しては感覚と信仰が、また信仰に対しては理性か感覚が、補い正すのだ。感覚はそのままでは、どこかが欠けたり、どこかで迷ったりすることがありうるし、またありがちなのだから、別の感覚や理性や信仰がかけよって助けなければいけない。理性や信仰についても同じことだ。例えば、棒の半分が水中にあると、（特に斜めに入っていると）実際は曲がってないのに曲がってみえる。けれどもそれが間違いだということは、別の感覚を使えば、例えば触ってみればはっきりする。あるいは別の仕方で見る。棒を水からとりだして全体を空中で見直せばよい。あるいは理性の助けを得る。哲学者は、二つの透明体を通過すると視線がなぜ屈折して見えるのかを説明している。あるいは経験者が、曲がってみえるが実際はそうでないと証明している。同じようにして理性が告げる内容は、自然の分野では感覚によって、霊的神的分野では信仰によって、しばしば修正されねばならない。さらに、信仰は感覚と理性で正しく防衛されないと欺く。何かについて話されたと思われることが、まさに話されたことそのままだ（言葉の意味の通りだ）とまでは確信がもてない時、また、欺きも欺かれもしない人の証言なら信頼できるとまでは自信がない時はそうだ。このことに注意しないと、深刻な誤りに陥ったり認識の障害や妨害にぶつかったりするのは確実だ。感覚に導かれて安心してしまう大衆や、理性の平野を飛び回って感覚の経験に降りていくことを軽蔑する抽象的哲学者や、感覚と理性の秤ぬきに何でも聖書からかき集める多くの狂信的宗教家などがそうである。その結果、あの人もこの人も、しばしば深刻な誤りを犯し、とてつもないことを思いつく。それはただ、認識の原理のうちの平行と調和を守らないからだ。

⑶　透視する三つの方法（分析、総合、類比）

二十． さらにまた、三つの方法が相互に助け合うことが必要である。例えば、分析の方法が全体の部分を正しく発見したかどうかを総合の方法が明らかにする。総合の方法が事物を十分に構成しているかを分析の方法が把握する。そしてそれが正しいかどうか、類比の方法が（別の類似のものと比べていっそう明確に）光の中に立たせる。そうして、あちらこちらで犯された誤りを暴露したり、あるいは同じ真理を把握したり、あるいはもっと明るい光にさらしたりして、魂のいっそう大きな快楽によって真理を強固なものにするのだ。

ようやく三つの調和がもたらされる

二十一．これらすべてが正しく遂行されたら、小さな調和、大きな調和、最大の調和がもたらされることだろう。小さな調和は九つ、大きな調和は三つ、最大の調和は一つあり、それを正当にパンハーモニアと呼ぼう。

（1）小さな調和。相互に助け合う個別の光の調和。それは九つ

二十二．小さな調和は、光の個々の器官が何も不協和音を示さない場合だ。私は九つあると述べた。光の器官の数に応じて、神の書が三、私たちの目が三、透視する方法が三あるからだ。これらをきちんと所有しなければならない。

（1）世界は調和している。世界の事物についてすべての要件を満足させる仮定によって世界を調べ検討するなら。（2）精神は調和している。精神に含まれているすべての観念、衝動、実行能力を明瞭に見つめるなら。（3）聖書は調和している。聖書の内容には何も不一致は残っていないという仮定によって正しい感覚で聖書を理解するなら。

次に、（4）感覚は調和している。何かが検討される際に、すべての感覚が協調して同じことを証言するなら。（5）理性は調和している。何かを結論づける際に、すべての理性が一致して闘うなら。（6）信仰は調和している。同じ真理のために聖書のすべての証言が共鳴するなら。

さらに、（7）分析は調和している。ある事物が様々に分解される時に、別々の人によって分解されても常に同じ部分に分解されるという具合になっているなら。（8）総合は調和している。様々な方法で組み立てられた単純な結合物が、常に同じ全体をつくりだすなら。（9）類比は調和している。ある物とある物で（何か同じ共通の原型に帰せられる

ような）組み合わされた物を比べる時に、常に同じ要件と同じ根拠をもっていることが明らかにされるなら。

（2）大きな調和。同じ種類が相互に結合した調和。それは三つ

二十三. 大きな調和は、同じ種類の光の器官が結合すると起こる。それは三つある。（1）第一は、神の書同士の調和。世界の被造物に刻み込まれた法則と、私たちの精神に書き込まれた法則と、神託の書に記された法則とが、調和して共鳴し、不協和音がいっさい感じられないとそうなる。（2）第二は、私たちの内部の目と外部の目との調和。感覚、理性、信仰が仲良く呼吸を合わせて、闘いがないように結びついている時がそうだ。（3）そして方法同士の調和。分析、総合、類比の方法が、異なった結論を示すことなく、あちらこちらで生じた結果が同一である場合である。

（3）最大の普遍的調和。すべてがすべてに結びついた、一つにしてしかも十分な調和

二十四. 最後に、最大かつ全体的で普遍的な調和が、これらすべてから、いわばはっきりと区分されかつ調和して構成された知恵の合唱のようなものから出現する。それによって全体と個々が、全体と個々のために、全体と個々にわたって、この上なく甘美に共鳴する。音楽では、一度、三度、五度という三つの恒常的な音程によって（音楽家はこの三つの音程以外では和音の共鳴が起こらないと知っている）完全な合意・和音が生み出される。また、物事には始まり、中間、終わりがあり、どんな種類のものも両端が離れていて中間で結びついている。そこで、三という組み合わせは永遠の根源なのだ。三はすべてにわたって広がり、事物と私たちが抱く事物の概念との永遠の調和（音楽の調和も同じ）の根源となっている。その他の数や形は、ただの八音程だ。例えば、平行、比例、最大と最小、最高と最低、最初と最後、内と外、可視と不可視、物質と精神、天と地、一時的と永遠、等々。

普遍的調和への称賛

二十五. おお、私たちと事物の中にある神意の知恵の印はなんとすばらしく調和していることか！　世界の終わり

にとっておかれたパンハーモニアの賜物の貴さは計り知れない！　私たちの内に燃えている光の炎は力が弱くてちらちらして暗くなり消えそうだ！　おお、目の点眼薬よ！　おまえは、神の慈悲で、私たちがもっと目が見えるようにさせてくれるのだろう。神の御業を通して、私たち自身によって、神の神託によって、見せてくれることだろう。隠された神秘を解く鍵が、無いということになりませんように！　これまで通れないと思われていた事物の森が、今やこの上なく魅力的な庭園への通り道となろう。

第十一章　自然界の光の道による説明

これまで述べてきたことを自然界の光の道によって説明する。

外的な光と内的な光との比較。なぜそれが企てられるのか

一. これから示すのは、知的な光の道ということで神の恩寵により私たちが理解していることである。それは、外的光の平行論によって、内的光に比例して当てはめて把握することができたのだから、同じように説明することもできるだろう。類比の方法の力強さと心地よさが明らかになるように、それを喜んで始めることにしよう。

光の道は人間がたどることができるのか

二. 「あなたは光が広がる道を知っているか」と神はヨブに尋ねる〔ヨブ38―19、24〕。見つけられずに絶望させるためではなく、探究する熱意をかきたてるためである。たしかに神は同じ所で、鯨[13]を捕まえるのは不可能であると述べ、別の所では大地の深さは人間の才能では計れないと〔ヨブ38―18〕、また別の所では星は数えきれないと〔創世記15―5〕、その他同じようなことを論じた。しかしそれは、不可能性ではなく困難性を示しているのだ。なぜなら人間の勤勉のおかげで、これらすべてについて今ではいくらか可能になっている。つまり、北の人々は鯨を鉤で捕まえることを、地理学者は大地を巡ってその深さを計ることを、天文学者は人間の視覚で識別できる星の数を〔神は

アブラハムに見えない星を示さなかった）数えることを、すでに学んだからだ。また光学者が光の道について把握していないことは何もない。というのは、光に関すること、光によって引き起こされること、光の中で起こることなどのすべてが、（光とは何かという本質そのものに即して）数学的な確実さで説明されており、その知識の確実さについてはなんら疑問の余地がないのである。

この光をたどることは、以下のすべての基礎をあらわにする

三. そこで、この永遠の光の道の把握から、また内的な光の道と比較して、私たちが努力して取り組んでいる基礎が探し出せるものなのかどうか、検討してみよう。そして自然そのものが私たちに技術への小道を指し示し、技術が私たちの求めている実践への小道を指し示すようにやってみよう。しかし私たちが行うことは、光の自然本性に関係しているすべてを説明することではなく（ここはそれをやる場ではない）、むしろ当面する問題に関わると思われることを、理論と実践の両方から、定理と問題によって（数学の方式で）できるだけ簡略に説明することだ。たとえこれがかなりの分量におよぶとしても、光のこの観察はとても重要で、聡明な精神の人々が時間と労力をいとわずにやるだけの価値がある。もちろん時間と労力を費やしたことを後悔することもありえないだろう。

I. 光についての定理

光の三つの要件

定理1

四. 光には、光が流れ出る自分自身の主体と、光が流れて行く対象と、通過して行く媒体がある。

（例えば、昼間の光は、太陽から発し、大地に向い、大気を通過する。その他のどのような光も、光を出す物体からやってきて、

不透明な物体へと向かって、透明な物体を通過する。

同様に、知的な光である認識は、事物から来て、感覚を通過し、精神に至る。）

つまり物体が三つある

系1

五． このように物理的光には三つの物体がある。発光体、透明体、不透明体である。

（発光体を除去すれば、光の流出はないだろう。透明体を除去すれば、光は通過しないだろう。不透明体を除去すれば、流入しないだろう。つまりまったく流れが存在せず光も存在しないだろう。

同様に、事物や感覚や精神が存在しなければ、認識の光は存在できない。）

光の本質は流れ出ること

系2

六． 光の全本質は、流出つまり運動から成り立っている。

（光線はあるものからあるものを通ってあるものへと移動する。

同じく、事物の認識は一種の移動である。精神が、既知のことから、一部は既知で一部は未知のことを媒介して、未知のことへと移動するのである。）

光の最終目的は、事物をあらわにすること

系3

七． 光の全本質は、離れている事物を（受けいれるか拒絶するか判断が下せるように）感覚に結合させることを目指して補助することにある。

同様に、事物の認識はそれ自体のためではなく、選択して利用するためにある。

光の中では、光線が発光体から透明体を通って、研磨体または不透明体へ流れる

定理2

八．光は流れ出るのだから、光の中には流れる何かが存在する。そしてどこからどこを通ってどこへいくかという出発点、中間点、終点が存在する。そして流れ出る一定のやり方がある。

（流出するのは光線である。流れ出る元はまさに発光体である。流れて行くのは透明な媒体の中だ。流れ出る先は対象であり、それは透明な物体だったり研磨体〔磨かれた物体〕だったり不透明体〔陰を作る物体〕だったりする。流出の方式は、垂直線か斜線である。）

同じく、事物の認識においては、通過するのは事物の像または外観である。出ていく元は事物そのものである。通過していくのは外部感覚だ。通過していく先は精神である。精神の一部は通りやすくなっており、光を通過させて失う。これは考察の欠如、無思慮というものだ。精神が磨かれていれば光を受け取り反射する。これは注意力と記憶力だ。また精神が不透明なら光を広げる。これは知性と判断力だ。それは理性の働きによって、受け取った明かりをすぐに増幅させる。そうさせる方式は大きなあるいは小さな集中力である。

光線とは何か

定義1

九．光線とは、発光体の一種の外観、像である。（何らかの発光体、たとえば太陽、月、ろうそくの前に鏡を置けば分かるであろう。鏡に映った像が即座に見られる。それはそれらの光線からやって来たのではないか。）

同じく、認識するために精神に提示され、精神の中で輝いているものはどれも、事物の像（または外観、似姿、原型）である。

発光体とは何か

定義2

十．　発光体とは、自分から光線をまき散らすもののことである（太陽、月、星、ろうそくなど）。認識可能なものは、それ自身の外観を（色、音、臭い、味などによって）送り出している。

（明るい物体とはどういうものか）

十一．　注意。発光体だけではなく、明るい物体あるいは照らされた物体も、自分から光線を発する。当たっている照明の力で発光するのだ。鏡の中を見ると、対象の物体が映っているのだが、照明があれば見えるのに照明がなければ何も見えない。それはなぜか。物体は光に染まると光線を放つが、染まらないと光線を放たないからである。（注意せよ）

透明体とは何か

定義3

十二．　透明体とは、光線をそこなわずに伝達するもののことである。それらは透き通っているもの（空気、水、ガラス、ツノ、ある種の宝石など）、ギリシャ語でディアパネイア〔透明〕と呼ばれている。

研磨体とは何か

定義4

十三．　研磨体とは〔表面が磨かれて滑らかになっており〕、光線をそこなわずに反射して他へ送るもののことである〔正反射〕。

（表面が滑らかな物なら何でも、水、油、磨かれた金属、透明でないガラス、その他同様の物などだ。）

不透明体とは何か

定義5

十四． 不透明体〔影を作る物体〕とは、光線を他へ追い散らし、近くの物体にまき散らして、それらを見えるようにさせるもののことである〔乱反射、拡散反射〕。

（これは、表面が粗いざらざらの物、たとえば土、石、木材などだ。）

注意。光線の作用は、透明体、研磨体、不透明体で、様々に異なる

十五． これら三種類の光の対象（透明体、研磨体、不透明体）への光の効果は、お望みなら、暗い小さな部屋で、周りを閉めきって小さい穴をあけて太陽光線を入れると、見ることができる。もしもその光線が穴を通って部屋に入り、反対側の壁の別の穴に当たるとすると、穴に含まれている空気がその透明性によって光線を運び、外に出してしまう。明るさの痕跡は室内に残らない。ところがその同じ光線が鏡に当たれば、反対側の壁に太陽の反射した像が見られるだろう。また、その同じ光線が壁に当たるかその他の粗い面に当たれば、光線ははね返り追い散らされ、部屋中を明るくするだろう。

それと同じように、人間の魂は真理の光線に対して一様ではない反応を示す。ある魂はほとんど何も受け取らず、使用せずにすべてを通過させてしまう。これは怠惰な魂だ。ある魂は受け取ったものだけを再現する。記憶の魂である。またある魂は、受け取ったものを何でも追い散らす。これは、結果を結び合わせて、すばやく理性を働かせて知識を増大させる、探索する魂である。

光線は、垂直線かあるいは斜線である

定義6

十六．垂直の光線とは、対象の物体の表面に直角に当たる光線のことである。横から当たるのは斜線である。例えば、真昼の太陽は下にいる人の頭にまっすぐ当たる。しかし太陽が地平線にある時は、光線は斜めに当たる。

II．発光体と光線についての定理

発光する物体には二種類ある

定理3

十七．光が流れ出る発光の主体は、神によって天空に置かれた太陽、月、星、あるいは技術によって作られたろうそく、松明などである。

同様に、精神に光を差し出す主体は、神からの賜物か、あるいは人間自身が考案したものかである。神意の賜物は、私たちの知性の視野の中に照明と同じようにつるされている。（1）事物に満ちあふれた世界そのもの、（2）生得観念によって光線を発する人間の魂。これをソロモンが「神の灯」と呼んだ（箴言20―27）のはそのためだ。（3）書き加えられた律法。これについてもソロモンは「律法は光」と述べている（箴言6―23）。人間が発明した照明には、技術によってなされた作業と人間の才能によって書かれた書物とがある。しかし、私たちのランプが天の光よりも劣るように、人間の書き物と作業は神の御業より劣っている。

発光体の中にあるものはすべてが明るい

定理4

十八． 発光体の中では、大なり小なりどの部分も明るい。

（太陽全体、ろうそくの炎全体は、最小部分でも全体にわたって輝いている。もっとも、太陽の中にすらある種の斑点があることが知られている。これはある部分が暗いというより、他の部分より輝いていないのだ。）

同じく、世界、精神、聖書において、神が行い、述べ、吹き込んだと見いだされることはどれも、一方が他方より明瞭だということはあるにしても、すべて真理である。同時に受け取ったすべてを照らし、知恵のほんとうに輝く単一の光を運んでいるのだ。

定理5

発光体はすべて光を発している

十九． どの発光体も発光している（これは定義から明らかだ）。

このように、真理はどれも原型ないしは外観を保持しており、自らそれらを送り出している。それによって認識が可能になっているのだ。

しかもいつでも発光している

二十． どの発光体もいつでも発光している。

（つまり、発光体からは光線が連続的に流れ出ており、誰かが注目していようといまいと、けっして途切れることはない。同じく、太陽は太陽であるかぎり、炎は燃えているかぎり、光を発しないでいることはできない。）

このように、事物の真理は、自己の独自性や能動と受動を通してたえず姿を現す。

そしてどこへでも発光する

定理6

二十一． どの発光体もどこへでも発光する。

（定義2に従って、発光しない点はない。それだから、発光体から出てくる光線は一本ではない。例えば太陽の光線は無数にある。）

同じく、すべて真理は、全体が真なだけではなくどの最小の部分も真であり、真であるとして登場する。

より明るい発光体はいっそう多く光を発する

定理7

二十二． 発光体は大きければ大きいほど、たくさん発光する。

（大きい太陽は月よりもいっそう輝いている。月は私たちの近くにあるため星よりも大きな物体として現れており、多量の光線を発している。多量に発光すれば、多数のあるいは強力な光線を放出する。）

同じく、真理が精神に刻み込まれるのは、共通観念のように大きな真理を通してか、あるいは感覚的経験のように感覚の近くにある場合だ。

発光体は暗いところではいっそう明るい

定理8

二十三． 発光する物体はどれも、周囲が暗いとよりはっきりと現れる。

（平野の真中で火をつけると、昼間はほとんど見えないが、夕暮にははっきりと、夜の暗闇ではさらにはっきりと見える。同じく、星は太陽と月がいないとはっきりと輝いているが、月が出るとあまりはっきりせず、太陽が輝くと隠れてしまう。）

同じく、ある問題のささいな認識でも無学の人の精神には大きく見え、本人にとっては十分に輝いている。ところが学識ある人の魂には、その輝きは大きな問題の認識にとっては取るに足らないと思えるのである。

定理9
発光は直線で生じる

二十四． 光線はすべて直線で伸びていく。

（それだから、不透明体が間に置かれると光線は簡単に止められてしまう。これは光線を妨害して影ができることから明らかだ。つまり、光線を発する発光体、光線を妨害する不透明体、光線が妨害されてできた影、これらは、常に同じ直線上にある。）

このように、真理の光線は、刻みつけようとしている精神にまっすぐに向かう。しかし、何らかの誤った先入観が間に置かれると、真理は妨げられてしまう。

定理10
光線はできるかぎり広がっていく

二十五． どの光線も無限に伸びることはなく、できるかぎりで伸びていく。

（これは、星が遠くから弱い光線を送っていて、（光学の道具がなければ）見ることができないことから明らかだ。また、開けた平野に夜灯されたろうそくは、近くにいる人には十分光を発しているが、遠くの人には少ししか届かず、ずっと遠い人には光は消えてしまう。つまり、遠くの人までは光線が浸透しないのだ。）

このように、真理の光線はあまり遠くでは消えてしまう。何も感じ取れないほど感覚から遠くにあるものが、どうやって精神に働きかけるというのだろう。

光線はたえずどんどん弱くなる

定理11

二十六． 光線は発光体に近ければ強く、遠ければそれだけ弱い。それは距離に比例している。

（これはすぐ前の定理から帰結する。光は光源では一番輝いているが、光線が広がるにつれて衰えるからである。そこで、人々がろうそくの下で読書するとき、光からの距離の違いに応じて光に与る程度はちがってくる。本を光から一クビトゥムの距離に置くと、二クビトゥムの時より二倍、四クビトゥムの時より三倍の光が当たる、等々。[14]）

同じく、事物の真理も、事物そのものを近くで調べれば調べるほど、よりいっそう確実に受け取られる。

光線は球状に散らばる

定理12

二十七． どの発光体も球状に光線を発する。

（つまり、光は光線をあらゆる方向に広げる。これは、夜に室内に持ち込まれたろうそくの場合に明らかである。部屋全体を上も下も、隅々まで照らすのだ。）

このように、事物の真理はその外観をあらゆる方向に広げ、認識することを望むすべての人に伝えるのである。

大きく、あるいは小さく散らばる

定理13

二十八． だから、どの光にも自己の活動範囲があり、それを越えて伸びていくことはない。大きい光は広い範囲に、小さい光は狭い範囲に伸びていく。

（そこで、小さな場所を照らすには小さな光で十分であり、大きな場所には大きな光が必要となる。部屋を照らすのには一本のろうそくで十分であるが、広い宮殿を照らすにはたくさんのろうそくか、特別大きい松明が必要だ。太陽は巨大な塊であるが、かろうじて世界中を照らしている。）

同じく、明確な真理の活動範囲はずっと広いが、あいまいな場合は小さい。魂の許容範囲が広い人は多くの知識を必要とするが、狭い人は少しで一杯になる。

系

発光体の中心近くはとても明るい

二十九. 明らかに、光線は中心ではより強力であり、周辺では弱い。

（その理由は、濃い光線でも、球状に広がれば広がるほど小さい流れに分かれてしまい、そのため希薄になるからだ。）

同じく、教える際には、事物を感覚に近づければそれだけうまくはっきりと感覚をたたくだろう。

定理14

光線はけっして消滅しない（通過したり、反射したり、拡散したりはするが）

三十. 光線は自己の範囲内ではけっして消滅しない。

（もしも光線が透明体の中を通過すると、その範囲の縁まで自由にできるかぎり伸びていく。もしも反射すると、そのまま別の方向へ向きを変える。もしも追い散らされて拡散すると、多数の小さな光線に分かれて、その力をもっと多くへ及ぼす。）

同じく、事物の真理は永遠である。人が無視しても真理は存続する。別の人に伝えられるとその人の方へ移って行く。誰かに検証されて追い散らされると、さらにいっそう輝いて増加する。

III. 透明体・通過させる物体についての定理

定理15
光線は、透明体を通過し、不透明体で止まる

三十一．透明体はどれも光線を通過させる。不透明体はどれも光線を止める。

（これは透明体と不透明体の定義から明らかである。）

同じく、事物の真理は、感覚を通って知性と記憶の中に固定される。ゾウが目の前から遠ざかると、その映像は目からは消えるが、記憶と知性からは消えない。

定理16
透明体は、不透明体へと至る道である

三十二．光は、透明体がないと不透明体へ浸透しない。

同じく、事物の真理は、感覚がなければ知性に伝わらない。格言にいうように「あらかじめ感覚の中になかったものので知性にあるものは何もない。」

定理17
不透明体が光線に浸透されないのはなぜか

三十三．光の浸透が妨げられるのは、固形物だからなのではなく、不透明体だからである。

（というのは、ガラスは十分に固形物で中身が詰まった堅い実体であるが、純粋で透明なので光線を通すのだ。）

同じく、真理が知性へ浸透するのを妨げるのは、感覚が肉体的だからではなく、何かに捕らわれたり妨げられたり

しているから、あるいは清められていないからである。

透明体は自分では明かりをもたず、よそから来たものを先に進める

定理18

三十四. 透明体は自分自身を照らすことはできず、他の物体を照らすこともない。運ばれてきた明かりを受け取ると、不透明体へと通過させる（これは自ずから明らかだ）。

同じく、私たちの感覚は、自ずから真理を認識するには生まれつき適していない。事物から提示されたものを受け取って知性へと伝えるのである。

透明体は、純粋であることが必要

定理19

三十五. 透明体は、光を純粋な輝きで通過させるためには、どんな色からも純粋でなければならない。

（色の着いたガラスを通しては、事物の本来の色はけっして見えないだろう。）

同じく、感覚と精神は、事物の純粋な真理を知性へ伝えようと望むならば、異質の体液や性質やどんな偏見からも純粋でいなければならない。

欺かないために単純であることも必要

定理20

三十六. 二重になっている透明体は、光線を屈折させ、事物の偽りの外観を生じさせる。

（例えば、川に突き刺した棒は、一部は空気を通して一部は水を通して見えるので、実際は折れていないのに折れて見える。また水を通して見える部分は、空気を通して見える部分よりも違った色で太く見える。）

同じく、事物の感覚が、事物から直接ではなく別の伝聞を通してやって来れば、たいていは悪い誤った概念を生み出してしまう。

光線の屈折は、歪める

定理21

三十七．（それだから）光線が屈折していると、その中のものはどれも、位置、形、色が歪められてしまう。

（つまり、実際より高かったり低かったり、大きかったり小さかったり、色が違ったりして見える。）

同じく、偏見を通して認識されたものはまちがって認識される。他から報告されたものはたいていそうだ。

Ⅳ．明かりを反射する磨かれた物体、すなわち事物の鏡についての定理

鏡は光線を反射する

定理22

三十八．発光体に向かい合った鏡はどれも、受け取った光線を反射する。

このように、注意力は感じ取った真理を知性に刻みつける。

強い光線は強く反射する

定理23

三十九．鏡は強い光線が当たると強く、弱い光線は弱く、反射する。

（光線が強かったり弱かったりするのは、定理11から明らかである。鏡を一パルマの距離でろうそくの前に置けば、光は任意の方面に強力に反射する。しかしその同じ鏡を数クビトゥム後ろに動かすと、反射が弱くなるのが分かるだろう。）

同じく、注意力は、近くの事物に向けられると多くを感じ取って知性に刻みつけるが、遠くにあると少ししか感じ取らない。

受け取った光線の分だけはね返す

定理24

四十．どの鏡も、発光体から受け取った分だけを、つまり発光体の像の全体あるいは部分をはね返す。

（例えば鏡の前に人間の全身が置かれると、鏡はその人の全身を受け取りはね返す。しかし顔や手だけが置かれればその分だけをはね返し、それ以上でもそれ以下でもない。）

このように、注意力は提示されただけの事物を受け取り、知性へと伝えるのである。

平らな鏡は事物と等しい像をはね返す

定理25

四十一．平らな鏡は、事物の等しい像をはね返す。

（大きすぎも小さすぎもしない像を映す。平らな鏡とは、表面が凸面でも凹面でもない鏡のことである。）

同じく、注意力は、必要な分だけ存在していれば、価値通りに事物を評価するのに十分である。

凸面鏡は小さい像を、凹面鏡はその逆に大きい像を

定理26

四十二．凸面の鏡は像を実際より小さくする。凹面の鏡はその逆である。

同じく、注意力は、事物に十分注意を払わずに軽率に受け取ると、その重大さを評価せずに間違ったものを間違って評価してしまう。

定理27　割れた鏡は壊れた像を

四十三． 割れたあるいは歪んだ鏡は、事物の像を壊し歪んで映す。同じく、注意力が様々に分散したり、あるいは事物に一様に適用されなかったりすると、事物の概念は壊れ、歪み、同じものでなくなり、怪物になる。

Ⅴ．光をはね返す不透明体についての定理

定理28　光線は不透明体で止められる

四十四． 不透明体はどれも光線を止める。つまり光線がさらに進んで浸透するのを妨げる。このように、知性は事物の真理を自分のところで止め置く。真理は知性よりも深くに浸透する必要がないからである。真理は知性をちょうど貯蔵庫のようにしてそこに留まるのだ。

定理29　それによってはね返され、明かりをつくる

四十五． 不透明体はどれも、光線を受け止めてからはね返す。つまり明るさを作るのである。（光線は、光の本質そのものからして運動しているので、固定して留まるように止めておくことができない。光線全体が反射して別の方へ飛び去るか〔正反射〕、あるいははね返されて近くに散らばっていくかする〔乱反射・拡散反射〕。散らばったその光線は、明るいと言われる。）

同じく、知性は事物の真理を、それで休むために受け取るのではなく、他へ反射する、つまりそれは教えるということだ。あるいは一方から他方へと集めて運ぶことによって、自分と他人のために認識の明かりを増大させる。

定理30
その明かりが再び光線をまき散らす

四十六． そこで生じた明かりが再び光線をまき散らし、そして不透明体に当たるとまたはね返される。

入射光とは何か

光学者によれば、光は入ってくる光とはね返される光に分けられる。入ってくる光と呼ばれるのは、光線を追い散らす不透明な物体から直接輝き出てくる光のことである。たとえば、壁に向かって当たる太陽の光のようなものだ。

はね返された光とは何か

はね返された光〔乱反射光〕とは、入ってきた明かりからさらにはね返され、散らされたことによって生じる光のことである。明るい壁に向かって置いてある本に観察される明るさのようなものだ。

同じく、事物の理解は、事物から直接来るものだけではなく、理性の働きによっても引き出され、さらに理性の働きで別の理解が生みだされるのである。

定理31
光は光線を結びつけて大きくなる

四十七． はね返された光は入射光よりは小さいが、両方がいっしょに結びつくとずっと大きくなる。

（本を読む時、太陽光線の方が、はね返された明かりを受けた壁に向かって本を読むよりずっと明るい。しかし太陽から射し込む光と壁からのはね返された光を合わせたらさらに明るいだろう。）

同じく、事物の理解は、直接感じ取る方が、理性の働きから来た推測よりも大きい。それでもやはり、理性の働きと真理についての様々な経験は、事物の理解をすべての面でより強固にし、いっそう明るくする。

定理32
光ははね返されると減少する

四十八．何度もはね返された明かりは陰となり、最後は闇となって終わる。

同じく、理性の働きによる明かりが、事物と感覚から遠く離れていればそれだけあいまいになる。そのようなことは（例えば）宗教の明かりの場合に発生するのが見られる。というのは、最初に神から律法と生得的観念を通して受け取った明かりである神の観念は、人類による様々な伝承を通して散らばり、とうとう陰になってしまったからだ。それは異教徒の場合だけではなく教会の場合もそうで、かつてはユダヤ教徒、次いでキリスト教徒においても見られる。その結果、光の泉である律法を疎かにし、はね返された光だけを（伝承によって）広げ、明るい入射光からどんどんどん遠ざかってしまったのだ。

Ⅵ．事物の照明についての定理

定理33
光は現れるにつれて増大する

四十九．光は現れるにつれて、徐々に増大する。

（例えば、火花から松明が灯される時には、まず最初に黒ずんだ火打石から火花が打ち出され、それがほくちに集められて広がる。硫黄が加えられてすぐに炎となり、ついに松明あるいは松脂が灯され、明るくなるのだ。同じく、夜が昼に代わる時にも、まず暁から曙が訪れ、次に黎明となり、最後に太陽そのものが輝く、等々。）

同じく、事物のはっきりした認識の前に混乱した認識が、明確な認識の前にあいまいな認識が先行するのは自然の成り行きであり、輝きはだんだんに広がっていくのだ。

定理34
明かりは事物を見えるようにさせる

五十． 明かりは、途中で当たったものを見えるようにさせる。

（明かりは闇をすぐに追い払い、退くように強制するからだ。）

このように、事物の良き原理または原型が知性に当たると、知性を明るくして無知を追い払う。

定理35
事物の外観を目に結びつけることによって見えるようにさせる

五十一． 光は、接触によらなければ流れ込まない。

（つまり、光は、光線が触れたものしか照らさないのである。）

事物の外観は、感覚のおかげで結びついているものしか、知性の中に流れ込むことはできない。

定理36
まっすぐならまっすぐに、等々

五十二． 光線は、まっすぐに置かれている事物には垂直に当たり、斜めに置かれている物には斜めに当たる。背後にある物にはけっして当たらない。

このように、事物の外観は、注意力にまっすぐ向けられていればちゃんと刻み込まれる。ぼんやりしていれば鈍く、何も注意していなければけっして何も刻まれない。

定理37

光が多ければそれだけ明るい

五十三.　光が多ければ光線をいっしょに結びつけて、明るさを増大させる。

（これは、部屋の中に多数のろうそくを置けば一本のろうそくよりずっと明るいということで分かる。）

このように、精神の中に知っていることがたくさんあれば、知識の光もそれだけ大きくなる。

定理38

大きい光は小さい光を目立たなくさせる

五十四.　しかし大きな光は小さな光を目立たなくさせる。

（太陽があると、月や星や灯されたろうそくの明るさは感じられない。太陽の大きな輝きに比べて小さすぎるからだ。）

同じく、人間の精神の中でも、崇高な傑出した神的なものが魂全体を占めていれば、どんどん輝いて、劣った事物の願望、思考、知性を弱めてしまうだろう。

定理39

大きな光は熱を発する

五十五.　大きな光は、大きな熱をおこす力をもっている。このように、知性の中の大きな光からは、善だとはっきり理解されたものへ向かう大きな傾向性と、悪だとはっきり理解されたものへの大きな嫌悪感とが、意志の中に生じるのである。

特に、一点に光線を集めると、

定理40

五十六．光線は、一点に集まるように、まとめ、結びつけ、凝縮させることができる。

（これは、凹型の透明な道具で光線を一つに再結集させると起こる。燃焼用鏡に見られる。）

同様な技術で精神の力を集中させることができる。それは、感覚を通して想像力を結びつけたり、また何か一つに固定したりすることによって、できるようになるのだ。

燃やす力すらもつ

定理41

五十七．このように凝縮された光は、非常に強力に浸透し、燃やす力をもつ。

（そこから、燃焼用鏡は、固く凍った氷からさえも作ることができる。）

このように、事物の知的な光線が一点に集中すると、非常に強力に魂に射し込むことができ、精神を激しく照らすだけでなく、意志に点火して燃え上がらせる。熱する価値のないもの（地上のもの、不純なもの、有害なもの）にすら集まるのだ。

光の最初の座は発光体である

定理42

五十八．光は、主要には発光体の中にあり、次に照らされた物体の中にある。

同じく、真理は主に事物の中にあり、さらに事物を上手に理解した精神の中にある。

Ⅶ．事物を見る視覚についての定理

定理43

発光体は視覚を打つ

五十九．どの発光体も、目がそこにあれば視覚を打つ。

このように、理解しうるものはすべて、精神に提示されれば知性を追い求める。

定理44

目は光に協力する

六十．光だけでは視るという働きは完成しない。目との共同作業が必要である。目は光に出会うそれ独自の構造と活動と道を有している。

同じく、事物の真理は、感覚を通して知性に提示されても、知性が協力しなくては理解する働きは完成しない。

定理45

目は事物に向き合う

六十一．目が見るためには、見るべき事物に向き合わないといけない。

同様に、知性は、理解されるべき事物に向き合っていないといけない。

定理46

目が照らされるのではなく、見るべき事物が照らされる

六十二．目が照らされる必要はなく、照らされるのは見るべき事物である。

（つまり、陰の中にある鏡の方が、鏡自体も光の中に置かれているよりも、光の中に置かれた事物の像を上手に受け取り映すのである。その理由は、発光体の光線は照らされたものの光線よりも強力だからである（定義2と定理30による）。光も同じく、それ自身の輝きで目を捕らえると、他の事物の視覚を薄めて妨げる。それは定理38による。そこで、窪んだ目の人は良く見えるのだ。輝く光を通して遠くのものを見る時には、ふつう手のひらを目の上にかざして目から太陽の輝きをできるだけさえぎるのである。）

同じく、何らかの事物をはっきりと理解しようと望むならば、才能をねじ曲げたり強制したりする必要はなく、理解すべき事物のほんとうの根拠が才能の視野の中ではっきりと説明されれば、すぐにはっきりと感じ取ることになろう。

定理47　目はまっすぐに見る

六十三． 目は球状に見るのではなく、目の前にあるものだけを見る。

（光が球状に光線を発するということは前に述べた（定理12）。しかし目はそうではない。自分の前にある事物の光線だけを受け取ることで満足するのである。だから目は、見たいと望んでいるその事物だけに、あるいはその事物の一部分に、まっすぐに向かわねばならない。）

同様に、精神の注意力は、その本性からして一点に向かって運ばれる。一度に多くのものへ向かうよう強制されれば、注意力がそれて何も正しく感じ取れない。感覚が多くのものに没頭すると、一つ一つに対しては弱くなってしまうのだ。

定理48　目は一定の距離に応じてしか見ることができない

六十四． 視覚は、光と同様、独自の活動領域をもち、それを越えては広がらない。

（というのは、視覚はピラミッド形をしており、その土台は見ている物体の直径で、円錐の頂点が目の中心にあたる。そして目あるいは瞳の周囲に、見ている事物の像が提示される。その事物が近くにあれば像は大きく、遠くに置かれれば小さい、等々。）

同じく、知性は、事物が近くになければ事物の細部をうまく感じ取らず、距離に比例して感じ取る。

定理49

目は清らかであることが必要

六十五．目が純粋に見るために、すべての異質なものから清らかでありたい。

（目が黄色の胆汁で汚れている黄疸の人は、すべてが黄色に見える。黒胆汁質〔憂鬱症〕の人は黒ずんで見える、等々。）

同じく、知性が事物を純粋に見るためには、あらかじめ憶測を抱くことなく自由でなければならない。

定理50

目は提示されたものを提示された通りに受け取る

六十六．清らかな目は、提示された事物と別の物を見ることはないし、別なやり方で見ることもない。

（すなわち、差し出された事物を見るのであって、別のものを見ることはない。つまり差し出されたものだけをそのまま、同じ位置、形、色で見るのだ。人間が示されれば人間を見るし、全身なら全身を、一部なら一部を見る。立っている、座っている、寝ている、起きている、倒れている、白い、黒い、等々をそのまま見るのだ。）

同様に、健全な精神の知性は、明るい光を通して提示されて感じ取ったそのものを、何が、どのくらい、どの様にか、そのまま理解する。どの鏡も、どの目も、どの知性も、明るいものでも暗いものでも、美しいものでも醜いものでも、死んだものでも生きたものでも、天でも地でも、まったく同じように容易に受け取り再現するからである。

定理51

見るという行為は連続的になされる

六十七．見ることは、視線が対象の部分に沿って進んで連続的になされる。

（その理由は、目から進み出た光線が、見つめる物一つだけに対していわば点としてまっすぐに当たるからである。それだから、長いものや広いものを見つめる時には、光線はあちらこちらに同時に広がるということはできないのだから、連続的にあちこちに進んでいくしかないのだ。）

同じ方法で、私たちの精神の視線は、際限のないものや多くのものを同時に観察する力を行使することはなく、必然的に対象を部分に分けて、一つ一つ順々に観察するしかない。

見るのには時間が必要

定理52

六十八．運動は時間をかけて行われ、時間の経過を要するから、連続的な観察には時間の猶予が必要である。時間の猶予がないと、事物は視覚にざっと触れただけになり、感覚にも知性にも正しく感じ取られない。

視覚の快適さは、事物の多様性による

定理53

六十九．不透明な対象は視覚に好ましく、色と形の相違によって光の様々な拡散を引き起こし、またそれによって目を楽しませる。

（形と色とのこの相違がないと、光だけでは喜びが起こらず、むしろ退屈である。昼間の光を通して、砂の堆積や海面や白壁や白紙の本とかを見つめている人が退屈なのは明らかである。というのは、快適さは実に事物の多様性からやって来るのであり、光の一様性にはそれがないのだ。）

VIII. 視覚の妨害についての定理

七十. 視覚がどのようにして妨害されるのかをつけ加えておこう。それは知的な視覚の妨害を取り除くことを学ぶためである。視覚の妨害は、目そのものから、あるいは光から、あるいは透明な媒体から、あるいは目に見える対象そのものからやってくるが、その原因は一つではない。つまり、

定理54

視覚は目の欠陥によって妨害される

七十一. 目は、弱かったり、何かの液に浸されていたり、十分に開いていなかったり、光に向いていなかったりすると、事物をうまく見分けない。

（視力の精気は、老化やその他の原因で衰える。あるいは病気の疾患で有害な液が目に浸入することもある。まぶたは寝ているときや病気のときは閉じている。あるいはあまりに光の中にいると目が突き出る。窪んだ目はより正確に見分ける。目が光線に満たされていない方が、対象の光線だけをはっきりと受け取るからである。）

このように、才能が乏しかったり、誤った憶測に捕われていたり、いい加減に事物に向かったりすると、あるいは逆にあまりに物事に傾倒しすぎると、事物を正しく識別できない。

定理55

あるいは光の欠陥によって妨害される

七十二. 希薄で弱い光は、事物を弱々しく提示する。しかしあまりに濃密で強力なら、目がくらむ。

同じく、精神に弱々しく提示された事物は、伝えるのも弱々しい。だが濃密に示されると精神は圧倒されてしまう。

定理56　安らかな光は視覚に魅惑的に作用し、激しい光は視覚を損なう

七十三．安らかな光（太陽の光、またはよく調整されたランプの光のようなもの）は、視覚に魅惑的に作用し、快い視界を見せてくれる。しかし、激しく燃え上がる光や震える炎（荒々しい火やうまく調整されていないかがり火のようなもの）は、視覚を刺激し損ない苦しめ、視野を妨げる。

注意　同じく、事物の静かな観想は、議論の際の理性の衝突が引き起こすことよりも、快くしかも役に立つ。

定理57　単一の光は、多くの光よりも心地よい

七十四．光が多いと、光にとっても目にとっても妨げとなる。一つに結びついた光の方が、均等かつ強力である。

注意（だから一つの大きな光の方が多くの小さな光よりも優れている。両者の輝きは同じかもしれないが、後者は光線の混合と様々な分断によって、視覚を損ない苦しめるからだ。）

同じく、一つの真の着実な事物の観想の方法の方が、故意の多くの多様な方法よりずっと優れている。

定理58　あらわな光は目を傷つけ、事物に広がった光は目を楽しませる

七十五．目に直接入ってくる光は目を傷つける。しかし対象に注がれた光は安全に見ていられるし、役に立つ。

同じく、方法の明かりと事物のすべての秩序は、未経験者が指示や規則を使って抽象的に見つめると、その人を傷つけるし、闇に連れ込んでめまいを起こさせる。しかし事物を伝えるのに上手に光が使用されれば、すべてをはっきりと魅力的に見えるようにさせるのである。

定理59

光は不純な媒体を通過すると不純に流れる

七十六． 混乱した透明な媒体は視覚を混乱させ、二重の媒体は視覚を折り曲げ、いずれも欺く。（霧を通して見るしかないと、実物より大きかったり遠かったりして見える。また空気と水を通して見ると、折れて歪んで見える、等々。）

同じく、感覚が悪い影響を受けると、事物は知性に対して正しく向かわない、等々。

定理60

視覚の対象が視覚を混乱させるのはどのようにしてか

七十七． 対象が混乱し、均等でなく、あいまいなら、正しく見ることはできない。

同様に、対象が知性に対してうまく境界を限定せず、存在が確実で明確でないと、ほとんど把握できない。

定理61

微細な事物は視覚を妨げる

七十八． 塵や灰などのような細かいものは、集積していないと、いわば蒸気や煙のように正しく見ることができない。

このように、あまりに微細な事物に精神が捕らわれると、精神を引き裂き弱める。

定理62

歪んで提示された事物は歪んで感じ取られる

七十九. 普段通りの場所や順序で目に提示されないと、事物は認識されない。

（例えば、良く知った友人が、不意に逆立ちして現れたら、誰だか分からないだろう。そのように、あなたが難なく読んでいるこの本を、逆さまにしたら同じように軽快に読めるだろうか。）

同じく、事物が知性に感じ取られる際には、どのように提示されるかが非常に重要である。事物が歪められたり逆様だったり順序がバラバラだったりすると、知性には光ではなく混乱を招くであろう。

目と対象の間には、適切な距離が必要

定理63

八十. 対象があまりにも目に近いと全体が見えない。あまりに遠いと部分が見えない。

（例えば、目を木の幹に直接近づけると、木全体は見えないだろう。幹の小部分が全部瞳を占領してしまうからだ。しかし数スタディオン離れて木を眺めると、枝や、ましてや果実の数、形、位置は識別できないだろう。）

同じことは、事物を知的に注視する際にも起こる。部分を見ずに全体を調べたり、全体なしである部分だけを調べたりすると、認識は不完全となる。

どちらの目も対象に向けられねばならない

定理64

八十一. 歪んだ目では、事物は二重に見え、そのどちらも正しくない。
同じく、もしも知性が一度に多くを見わたすと、何も正しく把握しない。

定理65
間に何かがあってはいけない

八十二． 自分の目とろうそくの間に指をかざしたら、指かろうそくが二重に見えるのは必然である。（つまり、台に置いたろうそくに目を集中すると、ろうそくが一本で指が二本に見え、また指に集中すればその逆にろうそくが二本に見える。）

同じく、事物そのものにしっかりと精神を固定しないで、その事物に関する別の物に固定すると、存在しないものが見えたり、存在するものと別のものが見えたり、といったことが引き起こされる。

Ⅸ．闇はどのような道によって光におおいかぶさっていくのか

八十三． 私たちは光の開かれた道を見てきたので、今度は闇の隠れた道を見ていこう。それは道というほどのものではなく横道や隠れ場なのだが、それらを消し去るべきだとすれば無視すべきではない。そこで手短かに、闇が光に優勢になりやすいのは、どこで、どのように、どのような力でかに注目してみよう。

定理66
光のないところには、闇がある

八十四． どんな光も入り込まない所では（垂直な光も斜めの光も、入射する光もはね返された光〔乱反射した拡散した光〕もない所では）、闇が固定した座を占めている。（深い地底の洞窟などだ。）

同様に、精神に事物の認識が何も浸透しないと、無知がそこを支配するのは必然である。

十分な光がないところには、陰がある

定理67

八十五． 入射光が届かず、はね返された光だけが届くところには、陰が巣くっている
（山の奥深くや木の下、家の隅などだ。）

同じく、もしも事物について斜めからくる知らせだけを受け取っていると、暗くて陰のある認識が生じるのは必然である。

（光を通さない）不透明体のところには闇が宿っている

定理68

八十六． 内部が閉じている不透明体はどれも、闇の隠れ場である。
（石の内部などだ。）

同じく、感覚を奪われた人間、感覚を事物の観想に向けることを望まず、あるいは知らず、あるいは怠っている人間は、自分の中が闇であるしかない。そこで闇の長は、人間に地上の善を差し出し、それで感覚をあふれさせて、いっそうほんとうのもっと良い善を見ることができないようにさせているのである。

光の中にある不透明体は、明と暗をつくる

定理69

八十七． 不透明体が光の中に置かれると、片方は照らされもう片方は陰におおわれる。
（月や地球や光の中に置かれたその他の物体に生じる。）

同じくこの世界にいる人間は、肉体で構成され物体に囲まれており、知恵の明かりを集めることに専念するかぎり

照らされるのだが、俗世のことに囲まれ、影響され、動かされるかぎり、陰に落ち込む。

光に背を向けている不透明体は、陰におおわれる

定理70

八十八．光に背を向けているものは、そのことによって自らを陰でおおう。

（牛が太陽に背を向けていると、その前にすぐ影ができる。）

同じく、知性が事物に背いて自分自身に向かうと、事物のほんとうの見解のかわりに幻想の陰を生み出す。さらに意志が真の光である神に背くと、他にどんな楽しみがあろうとも、自分のせいで事物のかわりに陰をもつことになろう。

陰と闇は、何かであると見なされているが、何物でもない

定理71

八十九．陰と闇は、現実的かつ肯定的な本質を装っているが、そうではない。

（それらは、光そのものよりも現実的で濃密で触れうる何物かだと見られようと欲しているが、現実的な本質的光の欠如以外の何物でもない。なぜなら、光が不意にやって来れば、闇と陰はすぐに消え去り、何物でもないことが示されるからである。）

同じく、無知も、もちろん誤りも、自らを気に入っており、まさに自分たちこそ知識であり真理であると売り込んでいるのだが、知識と真理が不意に到来すると、太陽によって霧が晴れるように、追い払われてしまうのだ。

影は物体の影である

定理72

九十．影は、不透明体からやってくるその形を再現している。そして影は、自分の像を示して不透明体にいわばこびへつらうのだ。

このように、無知と誤りは、ほとんどの場合、無知な人や誤っている人にとっていわば本物の像として気に入られている。示された物の他は別の物と思えるのだ。

光は陰も闇も恐れない

定理73

九十一． 光は、陰と闇を恐れないし逃げもしない。闇は光を恐れて逃げる。

同じく、事物の確実で明確な観念は、別の無知や、その事物についての誤りを気にしない。しかし、無知な人や誤る人は、自分が十分に安定しているわけではないので、たいていは真理の光を避けて遠ざける。

闇は光に従い、逃げ去る

定理74

九十二． 光が退くと闇が進む。光が戻ってくると闇は後退する。

同じく、認識の光を集めるのを怠る人は、闇と無知の道を自分へと延ばしているのだ。真理を確実にするのを気にしないでいると、誤りへの入口を自分に指し示していることになる。反対に、知識と真理の明かりのために努力する人は、無知と誤りの闇を自分から追い払っているのだ。

影は光の反対側に置かれている

定理75

九十三． 陰は光を避けて、常に光の反対の座を求める。

同じく、無知と誤りは、探究と検証がほとんど感じられない所に主に座を見出すのである。

定理76　大きな光と濃い不透明体は、濃い影をつくる

九十四．光が大きく、光に対して置かれた物体が大きな不透明体だと、それだけ影は濃くなる。同じく、真理の光が誰かにはっきりと射し込み、しかもその人が頑固に反対するなら、それだけいっそう盲目に捕らわれてしまう。

定理77　不透明体が発光体より大きいと影が大きくなり、小さいと影も小さくなる

九十五．発光体が不透明体よりも小さいと、照明もそれだけ少なく、それだけ影を増大させ広げる。逆に、発光体が不透明体よりも大きいと、それだけたくさん照らし、影を減少させ、ついには消え去るよう強制する。（このようなことは光学者には知られており、実験したければ目撃できる。）同じく、誤っている魂の中では、あまりに光が小さいと誤りを除去せずに、むしろ増大を許してしまう。しかし光が多いと十分に照らして、誤りを弱めて減少させ、ついには消え去るよう強制する。

X．光と闇の定理の系

これまでの定理の帰結　1

九十六．闇が通る道は安全ではない。

帰結　2

同じく、精神の闇である無知によって企てられることはどれも、軽率に行われる。

九十七．　自分がどこにいるか知らないなら、一歩でも踏み出すことは危険であり、十分安全に前進することはできないだろう。
至る所で明るく輝いている知恵の明かりなしで、すべての事物のほんとうの認識なしで、人生の活動に携わることは、はるかに危険である。

帰結　3

九十八．　このように光は闇の唯一の、しかも強力な解毒剤である。
同じように、知恵は、無知、軽率、愚かさの唯一の解毒剤である。

帰結　4

九十九．光は、明るく輝いていればいるほどいっそう浸透し、最も細い割れ目にすら滑り込み、敵対する闇を追い払う。
それだから、精神の光が明るく輝くようになったら、人類から混乱の闇を追い払う力を発揮しないわけがない。

帰結　5

百．　光が創造されたときは、どんな陰も汚点も混じっていないほど純粋で明るいわけではなかった。
（太陽より明るく輝くものは何もない。それでも太陽ですら、時には暗くなるだけではなく、太陽の中にも汚点があるのだ。）
同じく、創造された知性の光も、絶対に欠陥を被らないというわけではない。

帰結　6

百一．　光の道は、神の技巧によって、そこに何もあいまいなことがないようにつながっている。また数学的な確実性で証明できるように、すべてが不変の法則にまとめられている。
同様の理由で、知的な光すなわち知恵は、方法の不変の法則にまとめることができるし、またそうせねばならない。

そうすれば、教え学ぶという活動の際に、あいまいで動揺しているものが何も残っていず、すべては機械的に感じ取れることに基づくことだろう。

帰結　7

百二. 闇は、思いのままに動き回ることを常に許されているわけではない。いやでも光の法則に連れ戻される。同じ理由で、無知、妄想、誤りは、思いのままに動き回ることはできないだろう。光の平原に正しく引き出され、真理の鎖によって拘束されるのだ。

百三. だから、私たちのすべての帰結が、明るく輝いて鎖につながれ解けなくなるように、努力しよう。

第十二章　闇を追い払う光

光の道を、至る所での闇を追い払うために、どのように結びつけまとめることができるか。

以上が光の道と闇の道の定理である。次に、実践に移ろう。光学の技術を、知的な光の実践に適用できることはすでに明らかである。だがこれは、実例を引いていくつかの問題で示すといっそうはっきりするだろう。

問題一．発光体がはっきりと光るようにする。

これは三つの配慮で達成される。（1）光のすべての部分が光るようにする。それには炎の中（の余分な部分）や炎の周囲で影になりうるようなものを除いておくのだ。（2）透明体を明るく薄くしておく。曇ったり分厚くせず、できるだけ単純にしておく（定理30その他）。（3）対象そのものを光にまっすぐに向けて、射し込んでくる光やはね返される光も〔入射光と乱反射光〕いっしょに受け取るようにする（定理31）。

そこで、知性にも大きな光が灯るためには、次のようにする。（1）神の御業、神の言葉、神の命令において現れるものすべてが、人間の精神を照らすように適用される。（2）そしてそれらが、明るい感覚を通して注ぎ込まれる。（3）精神が注意深くそれらに向き合う、等々。

二、対象が強力に照らされるようにする。

（1）多量のあるいは強力な明かりを作り出す大きな発光体を選ぶ（定理8による）。（2）照らされるべきものを発光するものの領域内に置き、しかもできるだけ発光体の近くに置く（定理11、12、13、14）。（3）そして光線がまっすぐ垂直に入り込むように光に向けると（定理36）、光に近い物はどれも強力に照らされることになろう。

同じく、人間の精神が強力に照らされるよう望むなら、精神を最も輝く発光体に、すなわち事物の自然本性そのもの、人間の内にある魂の観念、そして神の言葉に近づけるのだ。それから、精神をこれらの中心に留めて、光線がどこからも射し込むようにする。また注意を怠らない。そうすれば、大きな光が昇ってこないはずはない。

三、対象が見られるようにする。

まず第一に、対象を顔の後ではなく目の前に差しだす（定理45、47）。（2）目を開いておく（定理44）。（3）事物を照らすような明かりを運び込む（定義2およびその系）。知性にも同様に行なう。

四、弱い視覚を助ける。

もしも精気の希薄さのために視力が弱いなら、ガラス製の器具〔眼鏡〕を目に当てて、それによって対象からの光線を集めて視覚の近くに置く（その器具は一種の望遠鏡だ）。同じく、方法のおかげで、一番必要な事物が目の前に明瞭に置かれるなら、細部は無視して、才能の弱さを助けてもらえる。

しかし視覚の弱さが、絶食の時のような、精気の欠陥に由来するならば、健康によい栄養のある食事を適当に与えることによって欠陥は回復する。これは蜂蜜を味わって目が輝いたヨナタンに起こったことである（サムエル1―14―27）。同じく、理論的な理解は実践によって強固になる。キリストはこう述べた。「神の意志を行おうとする者は、教えが神から出たものかどうか分かるはずである（ヨハネ7―17）」同じく「私の食べ物は、神の意志を行うためにある（ヨハネ4―34)」また詩編の言葉「これを行う人は皆すぐれた知性をえる(詩編111―10)」。

五．事物がどれほどの大きさでも、全体が見られるようにする。

視覚に事物の全体を見せれば、全体が見えるだろう(定理24)。したがって、知性に示すものは何でも、全体を示せば(端から端まで、始めから終わりまで、上から下まで、右から左まで)、全体を感じ取らざるをえないだろう。

六．事物があるがままに見られるようにする。

これは、事物を、どの部分も自然のまま、ひっくり返さず(定理25、27)、純粋で単純な、蒸気で汚れていない媒体を通して(公理19)、視覚に差し出すことによって実現するだろう。それと同じく、事物を精神の目の前に、まさにあるがままに、直接そのものによって、それについての他人の証言や先入観によらずに置くならば、それをあるがままに見ることであろう。

七．事物が明白に見られるようにする。

事物を次のようにする。(1)明るい目の前に、(2)明るい光と、屈折しない明るい透明体の中に、(3)適切な距離で、置くようにするのだ。

同様に、事物を明白に理解するにはこうする。(1)見通しの利く才能の前に、(2)方法の当然の明かりを通して明白に、(3)注意を喚起して、適切な時間を与えて、事物を置く。そうすれば感じ取らざるをえないだろう。

八．事物が判別して見られるようにする。

事物は、ただ全体がざっと示されるだけではなく、その部分と細部と最小部の各々が示されないといけない。これには適切な時間が必要である。なぜなら、個々の部分を調べるには、一から順々に照らしていかねばならないからだ。

しかしこの運動は、一瞬のうちにではなく継続的に行われるのだから、時間の経過が必要だ（定理51、52）。そしてすべてをはっきりと区別して感じ取るべきだとすれば、個々の部分に留まることが必要である。部分にはその部分が、さらに細部があるからだ。知性もこのようにしなければ事物に浸透することができない、等々。

九．遠くの事物があたかも近くにあるかのように眺めることができるようにする。

事物を目に近づける。もし事物を動かせなければ自分で近づく。そのどちらも許されないか望ましくないなら、透視する管〔望遠鏡〕を利用する。そしてその助けによって事物の外観を近づけるのだ。そうすればよく識別できるだろう。

同じように、事物が知性から遠く離れているならば、それを感覚の前で検証できるように努力せねばならない。あるいは普遍的調和の管を採用するのだ。それを使えば、そのままでは認識できない事物も、同質のものや平行したものによって、可能な限り認識されよう。

十．見るべきでないものは見られないようにする。

見るべきでないものが決して目の前に来ないように永遠に排除しなければならない。ないしは光を通してやって来ないようにする。もしも無くすことができないなら、裸のままではなく何らかの方法で包まれて来るようにさせる。同様に、知りたくない、理解したくないものは、決して感覚に受け入れてはならない。あるいは注意を別な方向へ変えるよう気をつける。あるいは入念に処方された解毒剤がないままで害悪を知ることがないように警戒する。

十一．事物を完全に照らし、燃え上がらせる。

堅固な透明のもの（ガラス、宝石、氷、ツノなどのような）は、一定の技術によって凹型に作られると、太陽光線が（この光線は最も強烈なので、最も明白な事例となる）射し込むと円錐形になり、照らし熱する力を一点に合わせて集中させ、その輝きで視覚を傷つける。そしてもしも光線が当たる事物が燃えやすいものならば、適当な時間が経つとそれを燃え上がらせる。

事物の知的な光線も（とりわけ天の光線の場合は）、同じような力を獲得する。もしも最高の注意力と想像力によって受け入れられて心の中心に集められるならばだ。なぜならその光線は、魂を信じられないほどの光で満たし、ある種の炎で捕らえるからである。同じようなことがある種の技術で、しかも物理的な光より先に、可能となろう。もしも魂を説得し向きを変えさせる技術を、またそれを鍛える技術を私たちが有したならば、そしてガラスやその他の同様の物質のように人間を形作ることができるようになれば、ということだ。

十二、闇をどこからも追い払う。

これに技術はいらない。光を導き入れれば闇はすぐに逃げ去る（定理71、73）。太陽が昇る時に、人間の力で闇を追い払って準備する必要はない。太陽が昇るだけで闇は退く、いや逃げ去るのだ。ただ必要なことは、窓を開け、もしもカーテンがあればそれを除けて、太陽の光線が十分に射し込めるようにすることだ、等々。

同じく、精神の闇も、認識すべき事物が提示されたら自発的に消え去る。目が光を求めるのと同じく、すべての感覚は自らの食糧を求め、また感覚を通して才能も、自らの食糧を求めるのだ。真理が自分の王国を建設するのに、苦労して誤りを攻撃する必要はない。真理自身の堅固さを示そうと望むだけで、誤りは煙のように消えていく。しかし、怠慢の霧と偏見の憶測のカーテンの被いを取り除き、真理の光線が魂にできるかぎり自由に妨げられずに入り込めるようにすることは、私たちが力を尽くすべきこととして残されているのである。

十三、光線が自分では近づきにくい場所に、明かりを運ぶ。

これは光線を反射する鏡のおかげで行うことができる（定理22その他）。というのは、光線がまっすぐに射し込めない所にも（地面の曲がりくねったところや地下の洞窟や穴蔵など）、反射光線なら入り込めるであろう。曲がりくねった回り道がいくら多くても、である。それは鏡を多数配置することで可能になる。もっともその結果、何らかの光の損失や減少が生じるのは避けられない。光線を純粋に反射できるように磨かれた鏡を得ることはほとんど不可能で、光線は一部粉々になり、反射そのものによって何ほどかは失われるからである。

同じく、もしも無知ないし誤りの洞窟に深く埋められていて、外に広まっている真理の輝きにまったく関与できない人がいるとしても、それでも、論理的帰結をうまく結びつけて、ついには何らかの真理の光線を知り始める所まで導かれねばならないのだ。

十四．闇に慣らされた目を、光がやって来ることに慣れさせる。

記録によると、地下牢に長いあいだ閉じ込められて光に不慣れになった人間が、突然光に戻されて目が見えなくなってしまったことが知られている。同じようなことが誤りの闇に慣れている人間にも起こる。もしも真理の光が思いがけず示されると恐れをなし、光を憎み、光から逃げ出すか、さらに狂暴に抵抗を始めるのだ。

これに対してどういう忠告がありうるだろうか。それは定理23から求められる。つまり、光、特に天の光（宗教の仕事において）が提示される時は、突然にあふれる輝きが提示されるのではなく、（盲目にならないように、また頑固にならないように）段階的に示されるのがよい。人間は、闇から陰へ、陰から明へ、明から光へ、そして最後に光の輝きそのものへと少しずつ高められねばならない。これしかない。そこで、世俗の人間が天へ、肉から霊へ、不信仰から信仰へと形成されねばならないとしたら、まさに段階的に遂行されることが必要である。知っていることから始めて、そこから知らないことへと少しずつ段階的に導くのだ。この思慮深い方法は、キリストと使徒の事例にも見られる。

そこでこの光の道の考察を私たちの普遍的計画にも応用し始めよう。

十五．これ以上ないほどの最大の普遍的光を、世界に灯す。

もしも持てるかぎりすべての発光体を同時に持てるならば、持てるかぎりの最大の光が得られるだろう。そしてそのような発光体から、精神を照らす明かりが生じてくるのだが、神から与えられた発光体は三つしかないということをすでに見てきた。すなわち、自然、聖書、私たち皆に共通の生得の観念である（定理3）。そして、これら三つすべてをいっしょに集めて、一つの明かりにまとめたら（すべての星や月や太陽が、私たちの知性の天空で同時に光を発するような）、私たちは持てるかぎりの最大の光の炎を持つことになろう。それを越えて求めるものといえば、永遠の光そのものしかないのだろうが、それは死ぬべき定めの人間には不相応なのだ。

十六．最大の光に対して、これ以上ないほどの最大の対象を与える。

知的な光の対象は、事物の理解で満たされるべき人間の精神である。したがって、最大の知的な光の最大の対象は、あの普遍的光によって照らされるべき、すべての人間の知性であろう！

十七．すべての人間の目がこの光に向き合うようにさせる。

これは秘密の技術を何も必要としない。普遍的光が灯されて、枡の下でなく燭台に置かれ、光線が世界という家に自由に広がるようになれば、それ自体の力によってすべての人の目を光へ向かわせるだろう。これが光の自然の本性であることは、生まれたばかりの子どもでも明らかだ。光は、その他の感覚のすべての対象に先だって目を捕らえて光に向かわせる。無知な人の目すら、向けさせるのだ。それだから、立ち昇る普遍的光は、事物の美しさを、すべての人が見るべきだとして提示しているのだが、事物のその美は、習慣となってしまった眠気からすべての人を目覚めさせる力をもっているのではないだろうか。今は、私たちが共通に作業せずに自分のことに没頭しているままになっている。これは外的な光の事例で明らかであろう。夜に人々が（寺院や学校や大きな工場などに）集まってきて、ランプがたくさん灯されている時には、全部のランプに注目する人は誰もいないし、一本のランプに注目することもない。しかし個々バラバラだと各人は自分のランプに気を配るのだ。ここで注意してほしい。太陽が昇り、誰もがその輝きに満足すると、誰もが安心して個人用の松明は消してしまうのではないか。同じく、私たちが世俗の仕事でバラバラになっていれば、このようなことが起きるのは必然だった。これまで私たちは松明を、ある人は世界と感覚から、ある人は理性と幻想から、ある人は人間または神の伝聞と啓示から得ようとしてきた。そして今もまた、ある人は律法から、ある人は福音から、等々という具合だ。しかし、それらのすべてがほんとうに明るい、ほんとうに大きな一つの光に作られたとしたら、そこに向き合わない人がいるだろうか。

十八、この光が遠くの国民にも浸透するようにする。

もしも世界に太陽がたくさんあるならば（例えば、二つの太陽が互いに反対側から進むとすれば）、すべての国民にとっていつも昼となろう。だがもちろん夜のない昼というのはこの世には存在せず、永遠の世のために取っておかれる（黙示録21―25）。だがそれでも、一日および年間の連続的運動によって、また月や星などの代理によって、すべての土地を照らすのに一つの太陽で十分である。

同じく、魂の普遍的な光がいったん正しく灯されれば、反射する光線によって（すなわち必要な書物をふつうの言葉へ翻訳することによって）、すべての国民に継続的に伝えることが可能となろう。

十九、人間が行なうことはどれも、光の中にあるようにする。

太陽が上にあるとき、広い平野にいる人はどちらを向いてもいつも光の中にいることだろう。同じく、知恵の太陽が、存在し作用しているすべての事物の根拠を明らかにし説明し、また人間の心と思考と活動のすべての上に高く昇っているならば、その人はどこにいても、何のために、何によって、どのようにして生じるのかを理解できないということはありえないだろう。そして魂の至上の光は神なのだから、その輝きは、この光の壮麗さを目にするようなやり方で、すべてにわたって降り注ぐことができるし、またそうしなければならない。もちろん、魂が背いたり（定理70）、明かりに反抗したりして（ヨブ24―13）、頑迷さのために永遠の闇による罰を受ける（定理36）ことがないようにするのだ。

二十．すでに光の中に置かれている知性を、暗くしない。

影は、光と私たちの間に置かれた何らかの不透明な物体から生ずるのだから（定理69）、そして同様に知性も憶測や不確実な伝承の霧によって暗くされてしまうのだから、この霧を防いで事物が知性をいつでも直接輝かせるようにすれば、いつでも影なしで事物をあるがままに見ることだろう。

二十一．闇が戻ってこないように防ぐ。

注意しなければならないことは、はね返され拡散した光でけっして満足することのないように、そして最初の光つまり入射光を疎かにしないことだ。疎かに所有しているものは失うかもしれないからである（定理32）。

ここまでは、光の両方の道（物理的な光と人間の精神の中の光）を平行に見てきた。ここからは次のような希望が湧き上がってくると期待できる。外部の光学的光で証明されたことが確実で否定できないのと同じく、この知的な光の作業全体も、もしも私たちがこれを根底から正しく据えて十分な正確さでおこうことができるならば、確実で切り離せないだろう、と。だから私たちは、今もすべてを与えている神が与えるであろうことを行おう（神は神の賜物と作業者の間の任務を、徐々に分配したのだ）。私たちに求められているのは、明るい光を通して提示されているものに、純粋な目を集中させることだけである。

第十三章　普遍的光を持てなかった原因

古代の人々が普遍的光を持たなかった障害についての考察

学問、政治、宗教に関わる事柄がこれまで闇でおおわれていたのはどうしてか

一．「闇が地を、暗黒が人々をおおっている（イザヤ60―2）」イザヤは当時こう叫んだ。たしかに、その霧を追い払おうという試みが時代を通して何もなかったわけではない。哲学者は、精神の闇を除こうと熱心に努めた。政治家は、統治を安定させようと何千も試みた。神学者は、どの時代もどの宗派でも宗教を純化することに汗を流した。しかし、どのような前進があったのだろうか。示されているのは、際限のないやっかいな議論、暴力的な独裁者の様々な統治、そして良心の苦悩だ。

悪い改革の提案ばかりだったわけではない

二．もちろん、あちらこちらで事柄の改善の巨大な希望がしばしば存在した。しかしいつでもどれもが、改革の後でイザヤが嘆いたのと同じ結果になってしまったのである。「夜明けは近づいている。しかしまだ夜なのだ（イザヤ21―12）。私たちは光を望んだが、見よ、闇に閉ざされている！　輝きを望んだが、見よ、暗黒の中を歩いている！（59―9）」

驚くべきことだと見られているのはなぜか

三．驚いている人もいる。なぜそんなことになってしまったのか、これまで十分な光が十分に見られなかったのはなぜか、と。（1）もしも人間の才能が、古代人ではずっと活発で、世界の状態は生き生きとしていたとみなされるならば、それはありうることかもしれない。（2）古代人には、私たちよりも知恵の研究に専念する暇があったとみなされるなら、そうかもしれない。たしかに彼らは元気で活発で、彼らの一人は私たちよりも長生きだった。ヒポクラテスのあの嘆き「人生は短く、術は長い」は、誰にとっても理由にならなかった。そして彼らは（大洪水以前の族長について言えば）戦争の災いを知らない世界でこの上もなく平穏に暮らしていた。ところが私たちは、昨日の存在として生まれて死ぬ。生きている期間すらごくわずかだ。大暴動によって命を奪われたり、様々に破滅させられている。（3）神の援助を再考してみれば、古代人がその援助から見捨てられていなかったのは確かだ。もちろん、神の知恵が素朴な人々と共にあるのが喜ばしいことであるならば、時には、彼らに自ら話しかけたのはふさわしいことだった。だが、それからどうなったのだろう。闇の万能薬であるあの普遍的光が、彼らによって発見されず明らかにされなかったのはどうしてだろう。原因を探し求めねばならない。原因が必ず潜んでいるはずだ。

原因は三種類

四．原因として考えられうるのは、神に関して、人間に関して、事物そのものに関しての三つだ。

Ⅰ．神に関しては、やはり三つ

五．神についていうと、神が知的な光を段階的にしか人間の視界に示そうと望まなかったのには三つの原因がある。それを、啓示で表わされた神の三つの意図に結びつけて考えてみよう。それは、人間を形造り、地上に置き、人間に任せたということだ。

(1) 神は、人間が単一の根幹から繁殖し、そして子孫がすべてそこから生まれるのを望んだ

六．第一に、神は人間を、天使のように一度に創造するのを目にするのではなく、ちょうど木が根幹から枝を伸ばしていくように、一人の人間から全人類が次々と繁殖するようにした。この仮定にたてば、人間の条件は木と異ならない。木は、成長するにつれてより大きいより良い実を結ぶ力を徐々に獲得していく。柔らかい若木は実を結ぶことはできない。もし実を結び始めても、未熟で水っぽく料理に適さない。根と葉が近くて、木の実質が粗いからである。大きく成長した木は甘い実をつける。樹液が枝の長い管を通って時間をかけて栽培され、材質が堅固で気孔が締まってさらに純粋になり、実が高い所に付いて空気に触れているので、生き生きと成長しどれもよく成熟するのである。さて、これと同じ原理で、人類の全時代を一人の人間の世代のように考察するならば（しかし必然的にそうすべきだ）、後の世代の方がよく知っているのがなぜ当然なのかが明らかになるだろう。つまり、幼児よりも児童は物知りだし、児童よりも青年は、青年よりも成人は物知りで、そして老人は誰よりも物知りなのだ。どの年齢段階でも物事を経験する新しい機会が提供されているので、いっそう経験豊かな者になるのだ。この意味で神の言葉をエズラはこう紹介した。「幼子も老人も産むことはない。私は自分で造った世界をこのように定めたのである（エズラ2―5―49）」。そのように物事が正しく行われるなら、世界の老年に近い私たちが、先行する世代の経験と誤りの後で、いっそう知恵ある者になるのは必然である。

(2) 神は、天の下のこの人生が私たちにとって学校であることを望み、様々なクラスに分けた

七．神の第二の意図は、この天の下の劇場に人間を置くことであった。この世界が人間にとって養育所であるだけではなく学校となり、そこで永遠の学園で作られる光を見つめるのにふさわしい者になるように、あらかじめ練習するようにさせたのである。賢明な学校管理者たちは、下位の学校を段階的にクラスに分け、最高の学校（アカデミア）

の下に置いている。最も賢明な世界の学校の創設者にして管理者が、同じことをしないことはありえなかった。その方は、世界のすべての時代にわたって示したことをいつでも保持している。そして人間が神の知恵を常に新たに識別し、驚嘆し称賛して追求するようにと、その神の材料を不足させることはない。そうして人間は、神の学校の最初の年代の一番下位のクラスを通過し、中間の年代の中間のクラスを通過するには、最初と中間の段階を跳び越えて進むことはできなかった。私たちが時代の最後に近づき、開かれた永遠の学園に近づけば近づくほど（時間が時間へと、機会が機会へと、光が光へと、連続しているかぎり）、段階的光は私たちをいっそう大きな知恵へと導こうとしている。

（3）しばらくの間人間に任せて、両者が楽しむのを望んだ

八．地上に人間を置いた神の第三の意図は、しばらくの間人間に任せて、自己の似姿の劇を見て楽しむことだった。神の知恵そのものがソロモンのペンを通して現したことは、神が私たちといっしょに遊ぶのは、幼児の無邪気な遊びと同等だということだ。一方が他方から隠れて見つけてもらうことを望み、捜す方は見つけられると分かっていて捜す。そうして見つかって、見つける方も見つけられる方もそれで楽しむのである（箴言25―2）。そのように、神は人間といっしょに戯れる際に、自らが人間を直接動かしたり、一度に公然とすべてを人間に見せたりするのを望まなかった。むしろ、事物の型を面前に与え、規則の何らかの枠を魂に与えて、人間が行うことを眺めるのを望んだのである。もちろん神は、もし警告が必要ならば人間を見捨てようとはせず、警告を与えようとした。これが、事物を調べ、事物に名前をつけ、事物を支配するように人間に許した、いや委任したのはなぜかという理由であった。神は第三の書、異常な啓示の書を自らの裁量の下に置いて、一度に同時に人間の手に伝えることはせず、間隔を置いて機会を見計らって伝えた。それは「天は主のもの、地は人の子への賜物（詩編115―16）」であることを明らかにし、「主が天から人々を見つめて（詩編33―13、14）」、彼らの逸脱をいつか正すためである。

II．人間に関する原因も同じく三つ

九．以上が、神の側からみた、知的な光がゆっくり増大する原因である。人間を考察するなら、人間はゆっくり増大することしかできず、それしか望まず、それ以外は知らなかった。

(1) それ以外はできなかった。

十．人間は、段階的に前進することしかできなかった。人間であり神ではないのだから。

(1) 被造物は段階的にしか進むことができないのだから

神のみが、永遠に住み、永遠から永遠に向けてすべてを見つめており、神の目から逃れられるものは何もない。神が作業するたびに「その御業は完全（申命記32―4）」であり、「神の御業のあの原型は永遠から知られていたからである（使徒15―18）」。人間が創造されて無と闇の深淵から出現すると、自分と事物を見回した。人間は作業することによってしか自分の作業を学べないのであり、自分で作ることによって別のものを作るのである。

(2) 神の御業の注解が最初の人間に欠けていたから

そして、最初の人間にとって、すべてを見つけ出す上での最初の障害は、第三の原理（神意の啓示）が欠けていたことだった。なぜなら族長たちは、神の御業の注解つまり聖書を持たなかったからである。神がモーセを通して書かれた啓示を与えるまでに三千年が経った。その後も時折新しい説明を補充している。

哲学者たちは聖書を与えられてからも知らず、教会でも使用されなかった

しかし、異教徒の哲学者はそれについて何も知らず、神の御業と神自身について、ただあいまいな推論だけで、しかも神なしで（盲人が見たこともない色について推測するように）哲学したのだから、何が成就できたというのだろう。

神の正典が完成し、新しい教会が与えられた後でも、この神の書が多くの人の手にあることはこれまで不可能だった。（印刷術が発見されるまでは）写本が足りなかったのだ。すなわち、ランプが灯されはしたが、升の下に隠されていたのである。

⑶ 神の書は非常に荒廃した所に隠されていたので、救い出されるには時の経過を待つしかなかった

その他の神の書、つまり世界という書物と精神という書物においても、哲学の最初の頃にはすべてに十分に浸透することはできなかった。神の書はどれも、非常に荒廃した隠れ家と深い深淵にあり、そこを通り抜けることも脱出することも容易ではない。だから、この深みからはいあがらねばならなかったとすれば、すべての人間がすべての時代に、手を差しのべあうことが必要だったのである。そこで、古代人よりも私たちの方がよく知っているとしても、それは彼らの欺瞞でも私たちの名誉でもない。その成果のほとんどは、人間のせいというよりもむしろ常に時間のせいだからである。だから私たちが先人よりも才能豊かだから賢いというのではなく、後の世代だから賢いのだ。最も新しい人は、いわば巨人の肩に座っているか立っている子どものようなものである。遠くが見えるのは大きいからではなく、大きい人の上に居るからなのだ。

⑵ 与えられた補助を使う配慮がなされなかった

十一．しかし、人間は罪を免れない。神意の補助が差し出されたのに、できるかぎり熱心にそれを使うような配慮がなされなかったのである。確かに、神の第三の法典を与えられたイスラエルの民は「それを無視し、とうとう放棄した（歴代誌２―34）」。そして神がそれを保存するよう注意しなかったなら、私たちは持っていなかったことであろう。内的光のこの泉を保存するのに顔をそむけるようなことがたびたびだった。そして光の小川を魂に運ぶことすら長い間怠慢になり、いつもそのような状態のまま、長い時間が経過したのである。この神意の書は多くは図書館に保存されているが、読む人はいない。読む人がいたとしても、せいぜいさっとおざなりに読まれるだけで、十分深くは読まれない。人間が書いたものや、大げさに飾りつけた刺激的なつまらぬ物語の方が、私たちの神の言葉よりも引きつけやすいのである。だから神は、「ほとんどの人にとってこの本は、手に渡されても読むことができない封じられた本だ（イザヤ29―11）」と脅したのである。

（3）光の松明を結びあわせることを知らなかった

十二、けれども人々は、神の書を欲しても、使い方を知らなかった。無知の最大要因は、この神の松明を、結びあわせようとほとんど思いつかなかったことによる。ある者、例えば庶民は、感覚的なものからのみ明かりを求めた。例えば哲学者は、知的なものからのみ、あるいは神学者は、信仰の事柄からのみ光を求めた。その結果、哲学の問題がすべて感覚の証明に帰せられるわけではなく、信仰の問題がすべて知性の証明に帰せられるわけではないので、理論が命令されるにしても説得されるにしても、知的な光はほとんど前進しなかった。分割された力は（もちろん光の力も）必然的に弱まるからである。

事物を見つめるほんとうの方法がなかった

十三、さらに別の原因が加わった。事物を見つける三つの方法が十分に知られていなかったのである。古代人は、ただ類比の方法だけ、それも漠然としたものを有していた。若い魂の後継者たちは、類比の方法を投げ捨てて、総合と共に分析の方法だけを保持した。しかし、最初の類比の方法が最も重要な事物の神秘を解いており、まさに光の門であり普遍的知恵の鍵であると見なされるに値するのである。しかも分析と総合の方法は正しく確立されず、事物は多様で様々にぐらついていた。そうして、同じ事柄が様々な人々によって様々に試みられ、取り扱われ、切り刻まれ、皮相な議論で何千もの醜い形に歪められ、無数の憶測の混沌となった。それは堅実な知識をほとんど何も生み出さなかった。事物の迷宮とそこに染みついている精神の闇を、取り除くよりもむしろ強めたのである。

十四、事物の関連を洞察しなかった　そこから生じたことは、（事物、概念、言葉における）関連という神秘に注目しないということだった。どのようにして最後のものが最初のものから由来し、高次のものが低次のものから発生し、最大のものが最小のものから組み立てられるのか、また、明らかなものにせよ隠れたものにせよ、どのようにしてすべての段階で相互に連結しているのかといった問題に注目しなかったのである。そのため、事物の全体の構造が（端から端まで、すべての中間段階にわたって）どのように組み合わされているのかが分からなかった。

Ⅲ、事物そのものに関する原因

十五、　事物の側に関して言えば、同じく三つの原因が考えられる。最大の光が、隠されたものを何でもあらわにする力をもっているのに、世界の終末以前に昇るべきではなかったし昇ることもできなかったのはなぜなのだろう。

（１）連続的に生じて視野に入ってきたから

十六、　第一に、物事が始まりから完成へと連続的に生じるしかないのと同じく、認識も、視野に入るに従って連続して行われる他はない。そして神の諸書が、調和的な出来事によって、偉大な神秘において自らを解明し説明することができるのは確実である（相互の作業によってだけでなく、各々の書が各々を理解する）。そして最大の光は、事物の主要点から（つまり大事件の時期に）生ずるのだから、それが視界に差し出される前にすべてを正しく理解するのは不可能だったのである。また大変革の時でないと十分に差し出されることはないのだ。そのように、天体のほんとうの運行、地球全体の大きさ、地球の住環境、陸と海のすべての位置、事物のすべての種類の変換のための人間の魂の巧みさ、それに関わるその他もろもろ、そういった重大事は、まさにゆっくりと、様々ないわば無限の機会を通して知られることができたのである。偉大なことはゆっくりと出現するものなのだ。

（2）事物の対立（知恵と愚かさの）が次第に高まっている

十七．別の原因がある。事物の完全な認識は、その対立物の十分な認識から来ざるをえないのだから（対立物が相互に生み出されて、そうして物事が非常にうまく説明されるのだから）、人類にとって最高の知恵は最高の愚かさの後でしか認識されなかったし、また最高の光は最高の闇の後にしか昇ることができなかったのである。対立する両者は、神が自己の似姿の畑によき種を撒き、神に敵対する者がドクムギの種を同じ畑に撒いた時から、次第に成長した。この成長は、終末の収穫の時が来るまで終わらないであろう。

（3）事物の微細さは、補助手段の発明がないと感覚から逃げ出す。それは探し求められねばならなかった

十八．事物が多数で多様で微細で複雑に絡み合っているので、ほとんどの事をほとんどの人が見逃している。正確な援助なしに外から眺めているからだ。それらの援助は、様々な機会に、事物と格闘している様々な人々の間で発見された。古代人の目が見逃した多くのものを、後継者たちが時に光のもとに引きずり出した。現代人も引きずり出すのを止めていない。これから続く人たちもその努力を止めないだろう。これは驚くべきことであろうか。

人間の知性の補助手段は七つ[15]

十九．人間が知的な光を増大させる際に役立ててきた援助手段は、これまで主に七つ観察された。それらは時間と時代の経過を通して認識され、活用され始めた。

（1）自分で見る

第一はアウトプシア〔自分で見ること〕だった。創造の時すぐに、まだ孤独だった人間は、自分で見るように命じられた（創世記２―19）。こうして人間は神の知恵の御業を調べるのに成功し、動物が結びついているのを見て、生活の伴侶が不足していることに気づいた。そこで彼には仲間が与えられた（神の善意の常で、神は私たちの欠陥を予期している。あるいは私たちの願望を喚起するため、忍耐を鍛えるために、欠陥を与えたとしても、すぐにそれを補うのだ）。

（2）会話

二十．ここで二人が存在するようになり、二人の間で前とは違った別の方法が使用され始めた。事物の認識をお互いの間で拡大する方法、つまり相互の会話あるいは事物の説明である。それによって、見て用いるのが無理だったことについても、知らせてもらうことができた。

（3）学校

二十一．これをさらに前進させ、（虚しいことに陥った）人間が事物と自己への注意をさらに容易に喚起できるように、学校または公的な集会を祝賀する慣習が導入された。そこでは、優雅な節約によって、多くの人が同時に最善のことを何でも教えてもらうことができるのである（創世記４―26）[16]。

（4）文字

二十二．大洪水の後、人間の年齢は短くなったが、仕事と業務の騒がしさは増大した。そこで発明されたのが、記憶の有効な援助と、記憶できる事柄を後世に伝える確実な手段、すなわち文字である。そのおかげで、不在の人とすら互いに、さらに死者も生者に、必要なことについて何でも知らせることができるのである。

（5）印刷術

二十三．しかし、書物を転写するのは苦労が多く費用のかかることであり、このような成果をすべての人にもたらすことはできなかったので、神はこの時代に人間の勤勉の新しい機会を送ろうと思った。書物を信じがたく素早く増刷するあの驚嘆すべき技術、つまり印刷術が示されたのである。これはいわば人類に光を広める第五の道である。このおかげで、世界は様々な書物と学識ある人々で満たされた。幸福な交流の時代が開かれたのである。まことにこの道によって、闇に埋もれていた古代の遺物がすべて光のもとへ引き出された。その結果、私たちは古代人が知っていたことは何でも知ることができる。そして後世の人々は私たちが知っていることに無知ではありえないだろう。

（6）航海術

二十四. 人類に光を広げる第六の道は、航海術であると私たちは解している。これもこの最近の時代に、磁石のおかげで発見された。これによって、地上の様々な大陸と海上の島々に分散していて（善いことも悪いことも）互いに無知であった人間に、交流が開かれた。そうして、私たちの知識は多くの点でより完全となり、文明化されていない国民に私たちの明かりを伝える機会が、以前は知られていなかったが与えられたのである。

（7）光学の技術

二十五. 磁石の導きによって、地上の隅々へ向かう道を私たちに開くだけでは、至高の神にとって十分ではなかった。天の秘密をすら私たちにあばいたのである。私たちの祖先にはまったくもって知られていなかった神の知恵の驚くべき御業を、見えるようにさせたのだ。これはレンズのおかげである。レンズは、天の物体がこれまで計算されたよりも無限に大きいことや、天体の数、より正確な大きさ、距離、位置、性質、さらにその他事物の自然全体を認識するために作られたものを明らかにした。それはあの精巧な、少し前に記憶に値するようになった、ベルギーで発明され、イタリア、フランス、白ロシアでその効用が増大した、あの光学管〔望遠鏡〕のことだ。それを使えば、天の物体は百倍も拡大され、光線の炎が取り去られて、太陽でさえもそれ自身の輪郭がはっきりと見えるようになったのである。

（8）第八の光の道。それは最も普遍的で、今も広がっている

二十六． そこで、これほど多くの補助を古代人は備えてはいなかったのだから、今では私たちができると確信していることを彼らができなかったとしても、驚くべきことだろうか。古代人には拒まれていた神の好意が、私たちの中にあるのに気づかないとしたら、私たちは恩知らずだ！　これらの偉大な素晴らしいことに魂を高めようという気がないのなら、それらの補助手段は無意味だということになる。いったいそのような偉大な素晴らしいことが存在しうるのだろうか。これらすべての、個々の人類が共有するよう与えられた神の賜物を、普遍的に使用するよう追求し、神の助けでそれを獲得しさえすればいいのではないか。できることならば、すべての人間がこのような光の中で目を開き、神のすべての書を読み、理解し、すべての人が（一つの家の住人のように）互いに交流し、このような善をいっしょに享受し、神の称賛の中ですべての人が解き放たれる、そのようなことを始めようではないか。これが祝福された第八の光の道であろう！

その希望はどれほどか

二十七． そうなることを確信しよう。すべてが希望に満ちている。人類の木はすでに力の限り伸びたのだ。今や実を結ぶのは必然である。時代の終わりが近づいており、私たちはすぐに天の学園へと移っていかねばならない。だから、この世に認識すべきことが残っていれば明らかにする必要がある。闇の隠れ場はすでにほとんどあばかれ、光線をすべてに発する道は見えている。まさに、この光線を一つに集め、闇をどこからも追い払う時が来ている。事物の対立、そして私たちの愚かさ、反抗、悲惨と、神の知恵、力、善意、慈悲の対立は頂点に達した。今や、知恵が愚かさに、力が反抗に、善意が悪意に、すべて勝利するのが必然なのは明らかであろう。

第十四章　今も普遍的光を妨げているように見える障害

今もまだ普遍的光を妨げているように見えるが、けっしてそうではありえない障害についての考察。以下の著作は、パンソフィア、パンパイデイア、パングロッティア、パンオルトシアに区分される。

パンアウギアの目標は三つ

一．以上述べたことから明らかなように、普遍的光に求められているのは次のようなことである。
（1）事物は普遍的に、単一の秩序に戻されねばならない。
（2）人の精神は普遍的に、事物に向けられねばならない。
（3）諸国民は普遍的に、精神が耕作〔教育〕[17]され、そして事物を正当に使用するように呼び戻されねばならない。

障害が三つ立ちはだかっている

二．しかしながらこれらの祈願はひどく妨げられているように思われる。第一に、事物は限りなく多種多様であり、至る所で微細であいまいに構成されている。精神は、すべてを解き明かすのに十分に作られているとは思えない。第二に、人間には任務が無限にある。とりわけ誕生の運命によって奴隷のような状態に落としめられたり、パンを得るのに汲々としている貧しい人々は、精神の教育のために割く時間が十分ではない。第三に、言語の多様さと混乱は数知れない。それが私たちが相互に理性的に結びつくことから遠ざけており、地上の大部分の国民と近づくにはどうしたらよいかを私たちは知らないのである。

障害の除去に取りかからねばならない。これにも同じく三つある

三. それらの障害はほんとうに大きいことを告白せざるをえない。しかし、世界の救済について熟慮するからには、カンヌキを取り除くテコのような、結び目を打ち砕くクサビのような、錠を開ける鍵のようなものを、徹底的に探さねばならない。もしもこれらが神の好意によって見出されるなら、聖なる意図を妨げるものは何もありえないだろう。

（1）事物の結びつきを秩序正しく配置する

四. そこで、明かりの父の名誉にかけて、すでに見出された光に導かれて、三つの努力を試みよう。第一に、事物の普遍性を、一つの恒常的なそれ自身とどこでもつながっている秩序へと戻すことだ。そしてその秩序を明らかにして、これ以後それをいわば広大な混沌だと思う人がいないようにする。むしろ非常に統制のとれた軍隊、どの部隊も連隊・中隊・小隊の秩序の下にあり、内部の確かな規則に従い、他の部隊と結びついているような軍隊と見なされるようにする。これをパンソフィア、普遍的知恵と呼ぼう。

（2）人生の職務の正確な一覧を作り上げる

五. 次に、人間の生活の仕事を一覧表に作り上げるよう努めよう。それによって、人間として生まれた人は誰でも、世界に登場した最初から、役に立つ訓練を受けることができるし、どうしたらいいかが分かるのだ。そして現存の肉体と生命を越えて、魂をみつめ、来世の生活に熱心に仕えることに、一人一人が専念することができて、欲して、知るようになる。これを私たちはパンパイデイア、すなわち魂の普遍的な教育と呼ぼう。

（3）諸国民の間に単一の絆を確立する

六． さらに、言語の研究がもっと容易にできる方法を探求しよう。それは、どの言語が好みであろうと、苦労がどれだけ多かろうと、早く少ない苦労で言語を習得できるようにするためである。または、全世界に共通のある単一の言語がどのようにして作られうるかについても検討しよう。これを私たちはパングロッティア、すなわち言語の普遍的使用と呼ぼう。

そうして事柄の普遍的改善に努める

七． そのようにして私たちは、以上のすべてを結びつけ、使用できるようにするための方法を発見するように努力しよう。つまり人間が神を崇め、光のかくも快い道に従おうと望んだならば、すべての人がもっと良くなれるようにするのだ。熟議のこの部分を、パンオルトシアと呼ぼう。それはすなわち私たちが願望している、人間に関わる事柄の普遍的改善そのものである。

これらの努力の根拠1

八． これらのことを次のように構築し、次のような秩序に置くようにと、すべてが促している。つまり世界が単一であり、事物と秩序に満ちあふれているように、宇宙の像である書物も単一でなければならず、その書物は単一の、連続した、明るい、不動の秩序によって、すべての事物を叙述せねばならない。

根拠2

九． そして、すべての人間にとって精神が単一であるように（つまり精神は才能を事物に服従させるための単一にして同一の装置である）、すべてをすべての人に注ぎ込む方法も単一でなければならない。そうすれば、共通の救済に仕えるすべてのことにおいて、必要なことが身につかないような人は誰もいなくなるだろう。

根拠3

十．そして人類が単一であるように、すべての人がすべての人と共にすべてを交流する、すべてに開かれた道も単一でなければならない。

根拠4

十一．さらに、事物の根拠がすべての人に同一であるように、その根拠を追い求め突き止める哲学も、単一にして同一でなければならない。すべての理性的被造物を結びつけている秩序の根拠が単一で同一であるように、すべての人にとって政治も単一でなければならない。すべての創造主である神が単一で同一であるように、すべての人にとって神の崇拝の根拠、つまり宗教も単一かつ同一でなければならない。

パンソフィア、パンパイデイア、パングロッティア、パンオルトシアの書物の順序の根拠

十二．正しい順序（パンソフィアの後にパンパイデイアが続き、それにパングロッティアが、最後にパンオルトシアが続く）に基づいて、それぞれが正しく配置される。というのは、神は最初に事物にみちた世界を造り、次に精神にみちた人間を作った。それから人間に仲間を与え、人類が社会へと増殖するように命じた。その人間社会の絆は言語である。もしもこれらすべてにおいて何か逸脱が介入したら、さらに大きく逸脱しないように、調和が乱されないように、パンオルトシアにおいて一度に同時に改善がなされねばならない。

各々に固有のかつ同等の目標

十三．パンソフィアは、知りうる全宇宙を単一の精神にまとめる道を追求する。パンパイデイアは、事物のこの知識を一つの精神から多くの精神へ移し替える技を追い求める。パングロッティアは、この光を国民から国民へ広める方法を探す。パンオルトシアは、これらの改善から、単一の十分なすべてにわたって改善された事物の状態を作りあげるよう試みる。

各々の境界

十四．パンソフィアは、才能に関わりなく事物を扱う。パンパイデイアは、言語に関わりなく事物を精神に適らせる道を求める。パングロッティアは、言語の助けによって諸国民のための道を求める。パンオルトシアは、すべてをすべての人に適応させるであろう。

各々の個別の優れた利用法

十五．パンソフィアの目標は、事物から憶測を取り除くことである。パンパイデイアの目標は精神から無知を、パングロッティアの目標は諸国民から野蛮を取り除くことであり、パンオルトシアの目標は、哲学、宗教、政治から闇と騒乱を取り除き、まさに光と平和を回復することである。私たちは、哲学においてほんとうのアリストテレス主義を得ることになる。つまりそれは完成であり、声が響くことだ。宗教においては、ほんとうのキリスト教を得ることになる。それは神聖化であり、言葉と実例で教えたキリストの再来だ。国家においては、ほんとうのプラトン主義を得ることになる。それはほんとうに良い事を共有することであり、プラトンは理解しなかったとはいえ、それを勧めたのである。

これらは可能なのかどうか。普遍的調和の発見によって可能

十六．実にこの試みは可能なのだろうか。熟議が進むにつれて明らかになるだろう。最初にこれだけは言っておく。これらすべての錠を開けるための基本的な鍵は、もうすぐ発見されて光の中に置かれることになるパンハーモニア〔普遍的調和〕であろう、と。その基礎はこうだ、すべてはすべての人にとって同じである、なぜならすべてが同じイデアに従って作られたのだから、と。そこで次のようになる。

パンソフィアの基礎、事物のイデアの発見

十七．もしも事物のイデアを見出した人は、パンソフィアを作り上げることを知った人である。その人は、与えられた一般的な、あらかじめ正しく輪郭が描かれた、事物のイデアに従って、書物を叙述するであろう。すべての個別的なものを、もちろん割れ目なく、順序正しく、しかも簡潔に、一つ一つを基礎から、もちろん本当に、描き出す書物のことだ。すべては一人の建築士の単一の作業なのだから。

パンパイデイアの基礎、人間の精神の構造をあらわに

十八．もしも人間の精神の構造をイデアにおいて知った人は、すべての人間の精神を照らす確実で簡略で好ましい方法を見出すことができる人であろう。というのはすべての人は、同じ神の似姿の形に作られており本質的な相違はないからである。

パングロッティアの基礎、言語のイデアの把握

十九．もしも言語全体のイデアを、それを本質的かつ偶有的に構成しているすべての要件とともに知った人は、すべての言語を教えかつ学ぶ方法を見出すことができるであろう。それだけではなく、新しい言語を作ることもできるであろう。今まで使われてきたどの言語よりも十分でいっそうよい言語、全体に意味がとおり、全体が規則と類似で構成されていて、現実的で、つまり事物の音そのものと、文字・音節・文の構造とによって、事物の構造そのものが表現されている言語だ。

パンオルトシアの基礎、改善のイデア

二十．最後に、もしも事物を改善するほんとうのイデアを知った人は、それを何か一つのあるいは少数のあるいは多数の事物だけではなく、すべての事物を改善する道を知ることができるだろう。実践のための条件が欠けていなければ、この理論によって欺かれることはないだろう。

光の四つの普遍的経路

二十一．そして私たちの熟議のこれらの各部分は、このパンアウギアですでに見出された普遍的光の拡張に他ならないものとなろう。その光は、すべての事へ、すべての人へ、すべての面にわたって広がっていくのだ。パンソフィアは存在の光、パンパイデイアは精神の光、パングロッティアは諸国民の光、パンオルトシアはより良い時代の光、教会の光と称することができよう。

神の泉から広がっていく光を、輝く時代に役立てる

二十二．この光全体は、いかに多くても、神の照明から立ち昇るであろう。それはパンアウギアですでに説明した。いわば公の使用のために燭台を置くようなことなのである。パンソフィアは世界を分析し、パンパイデイアは人間の精神を分析するだろう。パングロッティアは、まさにその究極の目的まで、神託の書がすべての民に開かれることを目指す。それらの民は、なるほど世界と精神を私たちと共通に有している。しかしあの第三のもの〔聖書〕は彼らには未だ未知のものだ。私たちはそれを伝えたいと望んでいる。換言すれば、パンソフィアでは、神の書に含まれるすべての事が説明されるであろう。パンパイデイアでは、その同じことがすべての人に示される。パングロッティアでは、すべての人にすべての面にわたって示される。パンオルトシアでは、人類の悦楽が示されるだろう。それは普遍的光の共有が回復した所から生じてくるはずなのだ。

普遍的改革とはどういうことか

私たちの願望とこの努力が向かっている究極の目標は、時代のいっそうよい改革である。それは私たちすべてが、事

物の法則、事物を管理している神の法則、理性的な相互の共同生活、これらに向かって一致して形成されることである。

パンソフィアは、事物の不動の秩序を求める

二十三. しかし、人間に関わる事柄の改善の希望全体は、正しく確立された事物の秩序に依存しているのだから、パンソフィアは、何よりもまず事物を、事物にとって本質的な秩序に戻すのだ。人間の好みによって変わりうるものではなく、いわば不動の目録になるようにするのだ。

パンパイデイアは、誤りのない教える方法を探し求める

二十四. また人間生活のよりよい状態の希望全体は、年少者の正しい形成に依存しているのだから、パンパイデイアは、正しい教育の王道を探し求めるだろう。誤りや悪の脇道に逸脱することを許さない道だ（故意に悪意でそれを望む人がいないならば）。

パングロッティアは、言語の障害の除去を試みる

二十五. それから人類の交流と相互の普遍的建設の希望は、言語のより十分な方法の正しい確立に依存しているのだから、パングロッティアは、すべての国民の言語が相互に行き交う道を平らにするよう努める。人間社会の全領域で通れない所が何もないようにするのだ。

パンオルトシアは、事柄のほんとうの改善に努める

二十六. そして、事物の形を知っていながら、それを（形作られるべきものが形作られるように）事物に当てはめることをしないのでは、その事物は無用の長物になってしまうのだから、パンオルトシアは、すべての人間の状態の普遍的改善のために、パンソフィア、パンパイデイア、パングロッティアの普遍的使用法を示すように努めることだろう。こう期待するには根拠があるということを、何度も何度も繰り返したい。それは、かくも有益な事柄への大きな願望を目覚めさせるため、また神への嘆願を保持するため、そして熱心な相互の助力で討議を企てるためである。

影、幻影、怪物がどこからも追い出されるまで

二十七． 私が言うのはこうである。パンソフィアは、事物に射し込んだ光の力によって、事物から陰と霧と怪奇な外見が消え去るように願望し求める。パンパイデイアは、精神に射し込んだ光の力によって、精神から無知の闇、憶測の煙、誤りの暗黒が消え去るように願望し求める。パングロッティアは、言語に射し込んだ光の力によって、言語の使用の際の口ごもりや、機械的おしゃべりや、あの諸国民の間の有害で恥ずべき沈黙が消え去るように願望し求める。

事物と事物の秩序、そして利用法がどこでも明らかになるように

二十八． パンソフィアの目標はこうなるだろう。事物が（1）隠れて、（2）混乱して、（3）精神の面前で争うのを止めさせる。パンパイデイアの目標は、人間が（1）自己と事物について無知であり、（2）憶測について争い、（3）自らを滅ぼすのを止めさせる。パングロッティアの目標は、諸国民が（1）自らを知らず、（2）恐れ、憎み、（3）互いに無視しあうことを止めさせることだ。

これが成功する希望がもてる

二十九． 成功が期待できる。パンソフィアが、事物の永遠のイデアを把握して、すべてが必然的に形成されるところまで前進することが。パンパイデイアが、精神の永遠の法則を把握して、すべての人間の精神が呼び戻されるのに喜んで耐えるようなところまで前進することが。またパングロッティアが、事物と概念の平行を把握して、言葉とすべての言語の技巧を快くさせるところまで前進することが。もしもすでに使用されている言語がそうならなければ、ある新しい調和的な言語の成功が期待できる。

しかも本当のことである

三十．そしてこれらすべての書物の重要かつ本質的な要件は、現実性ということであろう。現実性とは、私たちが知っていると主張するようなことが存在すると実際に知ることである。まったく存在していないものを見ることは、誤りの幻影である。そのようにして見られた影像は、実体のない憶測であり、精神の透明さをむなしく満たし、そこから妄想と争いを生むのである。

三十一．そこで、私たちのこの熟議では、すべての事柄が現実的に見通されねばならないだろう。そしてそれは本当に知ることができて、しかも知らねばならないすべてが、三度、通過することになる。

最初は、それ自身に結びついている順序で、パンソフィアにおいて。

二番目は、人間の精神に滴り落ちることが望まれかつ可能である順序で、パンパイデイアにおいて。

三番目は、言語の開発のために人工的な標識を作る順序で、パングロッティアにおいて。

三十二．このように実行されれば、パンソフィアは、私たちに事物の概要を、最高に現実的に提示するようになるだろう。パンパイデイアは、人間の精神の鍵を、人間を照らすために最高に真実に提示するだろう。パングロッティアは、普遍的交流のカンヌキを強力に取り除くだろう。そうして最後に本当のパンオルトシアが、本当に実現可能なものとなろう。

それでも、すべてがただちに最初から完成するわけではない

三十三．しかしここで、私たちはかくも崇高な結果を約束しているのではなく、私たちの目的、意図、希望を述べているのだということを、読者は思い出してほしい。特に最初は、私たちは独力なのだ。私たちは不死の存在ではないのだから、すべてを洞察し、けっして妄想にとらわれず、忠告を与えるだけで受け取らない、そのようなことはない。たしかに、私たちのこの努力の過程では、多くの大きな重大な欠陥は避けがたいだろう。おそらく誤りも少なく

ないだろう。純粋で清い人間でも「すべてをうまくやった」と言ってもらえるような人は誰もいないのだ。自分の欠陥を知り、知らないことを率直に告白し、無知と誤りの治療薬を自分のためと同じく他人のためにも探すというのが、知恵ある人のすることだ。

その間は何を行うべきか

三十四． だから、私たちの光をできる範囲で清めておけばそれで十分であろう。つまり、あの共通の書、神の書の概要が正確に書かれて、これを読む人は誰でも光を注がれ、同意せざるをえず、さらに願望を高めようと燃え立つように感じ、それを楽しむようにすることだ。これが保持されれば、その間は私たちの目的は損なわれなかったと期待しよう。それでも、私たちの光から陰をすっかりなくすことは（それが作られたからには）できないだろう。それは第十一章百節で見た通りである。

第十五章　魂の普遍的光は、普遍的な魂を求める

魂の普遍的光は、偏見のそこひから清められた普遍的魂を求めている。

広く伸びた三段論法[18]、その大前提

一．私たちの熟議のこの作業全体は、単一の三段論法の力をもつことだろう。その大前提は、（最初の覚醒の後で）このパンアウギアに次のように保持されている。

もしも大きな知的光を灯すことができるなら、その光によって（1）すべての事柄の真の秩序があらわにされ、（2）この光で照らされた人間の精神のための真の道が開かれ、（3）このように照らされたすべての国民のための真の入口が開かれ、その結果、事柄の普遍的改善のための真の確実な方法を見出すこともできるようになるだろう。

以上が、このパンアウギアの範囲内で宣言され、その帰結の真理によって一般的に証明された大前提であった。

それに続く各書物の小前提

二．ここから仮定が続いて、各部ごとに証明される。まず最初に、私たちがすでに着手しようとしているパンソフィアにおいて、事物を精神の視野の中に、事物自身の中で結びついている順序に置いて、そこから取り除かれるものは何もなく、それと異なって見られるものは何もなく、それと異なって現れるものは何もないようになるだろう。

妨げられずに通過できるように、三つの障害物がなくなるよう願おう

三． しかし、吟味に取りかかる前に、こう懇願するのがよいだろう。まず私たち皆が、ある事柄について必要性で一致すること。つまり私たちが進んでいるこの光の道において、私たち全員が等しく、次のことに警戒するよう提案する。（1）私たちの前進を妨げる障害物が投げ込まれたり、（2）明るい光を闇や霧が覆ったり、（3）事物の好ましい照明に悲しみが混入したりすることがないように警戒するのだ。

個人の照明、他人の目、むこうみずな感情

四． それらの第一は、もしも私たちの誰かが神が与えてくれた公の照明で満足せずに、何か個人的な照明を無理矢理持ち出すならば起こるだろう。第二は、自分の目を使わず他人の目を信じる続けるなら（たまたまそれに慣れ親しんで）起こる。光は遠ざかり損なわれる。第三は、事物のこの平穏な照明の中を不機嫌に歩きまわり、何についても争い、自分のことも相手のことも十分に理解せずに、あつかましく魂を動かしてそのかそうとすれば、起こってしまうだろう。

そこから、きわめて正当な三つの要請（公準）が生じる

五． そこで、（1）この熟議全体において、私たち全員と各人が、神の書抜きに熟慮することのないようにしよう。（2）私たち全員と各人が、全部と個別を自分の目で調べて、（3）それらを平穏に友好的に熟慮するよう要請する。この要請は正当である。なぜならそのことは熟議する私たち自身にとっても、これを判断するすべての人にとっても、また真理そのものにとっても、非常に重要だからである。

要請1．ただ神の書のみが考察されることが重要

六． 私たちにとっては、この作業をできるだけ容易に完成するために、他の人々にとっては、作業全体についてできるだけ容易に判断するために、真理にとっては、それが清い泉から私たちに清らかに流れ出て自らの武器（単純であらわであるという武器）でできるだけ容易に闇に勝利するために、重要である。

（1）私たちにとっては

七．私たちが、探究の際には神の書のみを原典として参照し、人間による書物や作業や注釈をいわば語彙集としてだけ付け加えたなら、作業はずっと容易に完成したことだろう。注釈者や解説者は無数に存在するのだから、たしかに事態は際限がないだろう。神の書においてはすべてがずっと簡略なので、これを恐れる必要はほとんどない。人間の書では対立と矛盾が果てしない。神意の書には確実な調和が存在する。それは神がすべての唯一のほんとうの著者であり、自ら外れることはありえないからだ。まさしく、安全にやすらうことが許されていない所でやすらうように強制されることはありえない。そして欺かれたくなければ、結局は泉へ向かわなければならないのだから、どうしてまっすぐ向かわないのだろう。誰もが自分の言葉の最良の解説者である。それを人間について認めるなら、神についても認めないわけにはいかない。神の手、神の霊、神の口についてもだ。神の声はどこでも聞こえるが、私たちに道を示して導いたりはしない。とりわけ、私たちが個別の願望や憶測や努力やらですでにまったく分裂してしまったのだから、合意に戻る希望はまったくありえない。ただし、私たちが対立で引き裂かれていなかった所から真理を作り直すならば希望はある。というのは、誰もが自分の感覚、自分の理性の働き、自分の神を信じているのだから。私たちの間で、感じていること、理性を働かせていること、神だと信じていることについて、まず一致させようではないか。感じ、理性を働かせ、信じることを個別ではなくいっしょに行ない、何ごとも同時に進もうではないか。神は事物の同じ真理が私たち皆の感覚、知性、信仰に同じ方法で刻み込まれるようになさることだろう。

（2）監察官にとってはどうか

八．私たちは、これについてはすべての人の判断が必要だと提案しているのだが、大部分の人は無学であり、自分の感覚にあることや自分の精神が語ることしか知らないのだから、すべての人が理解するような方法が必要だと私は述べたのだ。神の書に含まれているような共通の原理からは、感覚にとって明白で合意がずっと容易になるという希望が存在する。そこから、それらの原理について私たちが一致していることは明らかだ。つまり、人々が共通の観念にしたがって話すときは、キリスト教徒もユダヤ人もトルコ人も、みごとに理解し合うのである。感覚で自然の事物を検証するときは、すべてが同じく合致する。キリスト教徒が先入観なしに聖書を読むときは、すべての人がすべてを信じ、誰にも対立は起こらない。それだから、各自の好みに陥って同様の調和を相互に見出さないということがあるだろうか。これは「単一の外に統一を求めても無益」という格言の通りだ。そこで、神の書からのみ話し合いを始めるならどうなるかをためしてみることにしよう。

（3）真理そのものにとってはどうか。

九． 真理のほんとうの土台は、神の中にあり神から由来するもの以外に探すことはできない。神だけが、誰にもできないほど上手に考え、話し、行うのである。そのように考えられたこと、話されたこと、行われたことのみが、模範として利用する上で最も安全な道である。天体の食を正確に観察しようとするならば、手造りの時計は（信頼できないので）使わず、神自身の偉大な時計である天を眺めることが、間違いのないやり方だということを天文学者は知っている。同じようなしかもずっと重要な仕事の際に、これを見習わないということがあろうか。感覚、理性、信仰が人類に欠けているのを観察し、そして誤りなく把握しようと望むなら、願わくは、人間によって作り上げられた指針は当分使わないでおこう！

神意の書のみで十分

十． 神意の書のみで十分であるというのはこういうことだ。それらの書は、人間の好奇心の渇きを満足させるのに十分である。必要なことをすべて明らかにしているからだ。また、その同じ好奇心を抑制し制限するのに十分である。事物の境界を定め、限度を越えてさまようことを許さないからだ。また神意の書は知識を確実にするのに十分である。それのみが光の泉であり、その他のすべてには、天使でさえも何らかの暗黒が混じっている。つまり神意の書のみが、私たちをほんとうに明かりで満たすことができるのである。

写しより原本が安全

十一．私たちは、根本的に堕落していない神の書のほんとうの原本（最初の人間が創造の時に見たのと同じ世界、その同じ最初の人間が神から受け取ったのと同じ魂の衝動、観念、実行能力、預言者と使徒の聖なる口とペンから流れ出たのと同じ言葉）を持っているのだから、どんな写本よりも原本の方が喜ばしいのではないか。実際、人間の書は神意の書の写し、しかもほとんどが歪んだ写しに他ならないのだ。

私たちは神から教えられた存在であることが望まれる

十二．かつてイスラエル人は、神ではなくモーセが語りかけてくれるように頼んだ。私たちは、モーセではなく主が私たちに語りかけてくれる方を選ぼう。モーセは、自分について話すたびに、善でも真でもないことさえ話すことがありうるのだ。だから、地上の教師はみな取り除いておこう。地上の教師のうちで不足や欠点や誤りのない人は誰もいないのだから。天にいるあの一人の方を私たちのために選ぼう。そのお方はすべてを知っておりけっして誤らない。その方は、私たちにどれだけ明らかにしたら良いのか、どのように教えたら良いのかをご存知だ。そしてその方で安心せずにその方に代わる別の教師を探して、その方を侮辱するようなことがあってはならない。神の書から知るということは、最も知恵ある人と共に知るということであり、神から教えられた存在だということになろう。

光の泉がいかに善であるか、経験して知ることが望まれる

十三. しかし、偉大な光の希望のもとに、人間の書を取り除いて神意の書だけに従うという私の願いがかなえられないとすれば、とにかく神意の書が偉大な光の財宝をほんとうにもたらすものかどうか（それを多くの人は投げ捨て、追求しているのは少数だ）、経験によって知るように一度試してみよう。実際このことを一度たしかに知っておくことはとても大切だ。このようにして抱かれた希望が、私たちにとっていつも未決定で宙ぶらりんだったり、他人にとってはいつも疑わしかったりということがないようにしなければならない。これはほんとうに厳格な経験なしでは達成できないのだから、経験してみよう！

要請2. 私たち誰もが自分の目を使用することがまさに必要である。学者も無学の人も

十四. まず、自分の目を利用し、先入観による見方を取り除くことについて、私たちはひたすらお願いする。これが事物の真の知識に至るまさしく平坦な道、行うべきことを自発的に行う道なのだ。つまり、見るためには事物そのものを見て、事物が私たちに向かえば向かうほど私たちが事物そのものに向かわなければならない。これは次のようなことだ。どこかに私たちに助言する人がいるとしても、実は各人が自分に助言しているのだ。すべての事物を自分自身で見て、触れて、自分の裁量で自分と事物について決定しているのだ。というのは、どんな人もどんな単純な人であろうと、他人の目よりも自分の目を信じる方が、簡単で喜ばしい。しかし学者は事物を自ら理解しており、そのため権威に不足はないのだから、学者に相談するのはよいことだろう。すべての事柄をいっしょに考慮しようというのであれば、すべての人に相談するのはよいことだろう。

権威に追随するのは表面的なことである

十五. 次のことをつけ加えよう。人々は権威に導かれるのが慣例になっているとはいえ、私たちは皆この慣例を絶対に止めなければならない。特に、堅実なことが求められている所ではそうである。というのは、権威はほとんどの場合、事柄の表面的なことで安心するよう命じるが、感覚と理性は事物の根本を切望し、探究することを喜ぶからだ。権威はほとんどの場合、物事を包み込み閉じ込めるが、感覚と理性は解き放ち明らかにする。つまり、権威は同意を頼み込むのだが、感覚と理性は同意を誘い出すのである。前者が作るのは信仰であり、後者が作るのは知識なのだ。前者は事物について揺れ動いているが、後者は事物の中に自らを固定している。前者は魂を分派に切り裂くが、後者はすべての人を真理（それはすべての人に同一である）の中心に導き、すべての人を結びつける。

十六．しかも権威は回り道である　この著者、この学校、この教会、この政治が、伝え、命じ、守っていることが、たとえ真で善で有用であるとしても、それらは自分で経験することほどには確実で善で有用ではないだろう。（経験の乏しい者が何を知ろうか（シラ34─10）。）だから、行くべき所があればそこへまっすぐに行くべきではないのか。あるいは経験が様々に分かれているなら、多数の経験の中から多かれ少なかれ真で善で有用なものを識別して、統一した経験によって、この上なく真でこの上なく善でこの上なく有用なことを（つまりどんな人間も、真で善で有用であると思わざるをえないようなことを）確立すべきではないのか。私たちが共通の熱意をもってたどるべき道、この王道をほんとうに目指して、すべての脇道、脱線、矛盾から解放されていることを望むのであれば、私たちの間に疑いを生じさせるすべてのことを当分取り除いておくことが一番安全であろう。いわば完全に偽りあるいは完全に真とせずに、先入観なしに当分の間中間に置く、つまり未決定のままにしておくのだ。

十七．真理と誤りは一つの塊に集められて、すべて同じ審査で検証されるべき　私が言うのは、私たちの真理すべてを、さらに私たちの誤りすべてを、一つの集積場に運び集めようということである。これは私の、これはあなたの、これは彼の、といった区別をつけずにだ。すべてを共通に、いわば人類共通に不確実なものとして集め、個々に確実だとはっきりするまでそうしようと言うのだ。そうすればやがてすべての確実性がすべての人に共通のものとなろう。必然的に真で善で有用なもの以外は受け入れようとは提案しないことにする。このように用心すれば案じる人がいるだろうか。不確実なことに代わって、堅実な真理が見出され受け入れられるようになるだろう。

このような共同の注意深さがあれば、誰にも何の危険もない

十八、そしていかなる人間、国民、宗派も先入観あるいは不名誉なしに、事物の検討を仲間として企てるべきなのに、死すべき定めの誰もが尻込みせざるをえないのはなぜなのか、私はまったく分からない。善で真で有用なものを所有しているとあなたに自信があり、実際にそうであるなら、将来もたしかにそれが維持されて、しかも利子がついて戻ってくるではないか。あなたの財産を公的なテーブルに置けば、他人を真理と美徳の合意に引き付けて、いっそう利益を得るではないか。もっと善い、もっと真の、もっと有用なものを、もしも別なところで見つけるとしたら、それらをあなたのちっぽけなものと交換するのはうれしいではないか。そのようなことを望まないなら、自分に背くことになる。

むしろいっそう利益を得る

十九、光は闇と衝突するのをけっして恐れないし、金も火を恐れない。イスラエルの神は、ダゴンのそばに置かれるのも（サムエル1―5―2）、バアルと共に呼び出されるのも（列王記1―18―24）拒否しなかった。哲学、神学、政治のどの真理も、誤りといっしょに試されるのを恐れるはずがない。真理の普遍的調和の下では真理以外は滅びることになるのだ。だから、光に何か闇が、金に何かスラグが、真理に何か誤りが、神に何か神でないものが混じり込ん

でしまったら、それらが追放され、焼き払われ、消え去り、滅びることを、あなたが望まないはずはない。かつて神が自らの民に教えたことを、私たちの誰もが口にしようではないか、「天と地を造らなかった神々は、地の上、天の下から滅び去る（エレミア10―11）」と。

二十．真理についての推測がすべてに付着している。なんと大きいことか

たしかに人は、すでに真理が見出され、保持されているといとも簡単に想像してしまう。誤っている人にはありがちのことだ。というのは私たちは期待したいことを（しかしすべての人間が誤らないように望んでいるのだが）容易に想像するからである。しかし、思慮深い人は期待するよりも警戒するのが常なのだから、苦労してわざわざ無思慮になりたいと思わないのなら、欺かれないようにいつも心配すべきだろう。そして、確実の代りに不確実で我慢するよりは、確実なものを審査に呼び出す方がずっと安全であろう。私たちの神的な精神の鏡に、事物の美しい像の代りに奇怪な影が映しだされることがあれば、それはあまりにも悲惨だ。

二十一．だからすべてを留保しておかねばならない

願わくは、私たちの誰もが、自分は他人と同じ人間だと認めますように。他人は誤りうるのだろうか。それならあなたは誤らないのか。あなたの目の前にあるのは他の人々と違う世界だというのか。事物の巨大さ、多様さ、複雑さは、他人と同じようにあなたの感覚を曇らせているのではあるまいか。あなたの理性の明かりは他人と違っているのだろうか。あなたの精神には、他人の精神が事物の陰に出会って欠けることがありえたのと同じことが起こったのではないか。あなたは他人と違う別の神の啓示の法典を手にしているのか。もしあなたの場合は他人と違うというなら、示してほしい。さもなくば、あなたの場合も他人と同じに、神の書は閉じた書であるか、またはおそらく十分には開かれずに汚れたままだった可能性がある。というのは、あなたに他の人々とは別な感覚、判断力、信仰が備わっ

ていることはないからだ（私たちは、もっともらしいことに同意してしまう傾向がある）。もしも他人が自分の感覚、自分の判断力、自分の信仰で誤りうるなら、同じ道具が備わっているのだからあなたも誤る可能性がある。あなたが誤らなければ、彼らも誤らない。そうすればどこにも誤りはなくなるだろう。しかし実際誤りは多く、あなたも目撃している通りだ。だから誤りはどこかにある。つまり同じような人には同じような誤りがあるし、ありうるということは、否定しがたい。

確実にならないうちはすべて疑わしいと見なすことは、思慮の土台である

二十二．人間はこのように誰もあてにならないのだから、誰があえて自分を、ましてや他人を信じられるだろうか。実際私たちはある人たちを疑っている。その人たちは知識、宗教、政治を、事柄の真理からではなく、自分や他人の想像から組み立てているのではないかと。しかし、私たちもそれと同様に、他人から疑われているのだ。つまりお互い様であり、誰もが自分に考えていることを、相手も考えているのだ。過去に先導した人、今も先導している人も、同じくそうなのである。

誰もがまず自分を危惧しよう

二十三．もしも私たちが疑われているなら、私たちを危惧するようにしよう。まず私たち自身を危ぶむのだ。私たちの考えが、もしかしたら他の大部分の死すべき者の考えと同じく、夢想のようなものなのではないか、見えているものは実際は存在せず、楽しんでいても満足してはいないのではないか、と。

それからすべての他人を

二十四．もしも賢者が自分を危惧するなら、他人に対しても危惧してほしい。他人とは誰のことか。すべての人間だ。人は誰も弱々しいのだ。「私たちはみな羊のように迷った」と預言者は叫んでいる〔イザヤ53―6〕。人間は人間に従い、羊は羊に従う。迷うのは迷っている人に従うからだ。

神のみに従うのが一番安全

迷わないのは神のみ。神は（全存在、全知なのだから）迷うことはありえない。御業、言葉、命令で導いている神のみに従うのが一番安全なのである。

人間の書いたものは全体としては拒否されない

二十五．しかしながら、人間に関するものをまったく省みないのは好ましくないというのであれば、考慮することにしよう。しかも誰か一人とか多くの人とかではなくすべての人を考慮しよう。指導者や命令者としてではなく、この光の道を歩む共通の同伴者、共通の真理の未来の証人としてだ。そしてこの光の道が完成しないうちは、傾聴に値する人とはみなさない。

むしろただ猶予される

二十六．私が言うのは、共通の真理の公的な道が完成された後に、私たちが陥っていたあの個別の、いわば個人的な真理や憶測の小道を、すべてあるいは個々に調べることが許されるならば、〔人間の書いたものも〕考慮することが許されるだろうということだ。今よりもずっとよく利用されるだろう。というのは、個別に真であり善となりうるものはどれも、容易に識別され、皆に喜んで受け入れられて、真と善の共通の宝をいっそう増大させるだろうからである。

単純な真理に先入観をもたないように、そして多様なせいで光の道を進む人が混乱しないように

二十七．ところで私たちが、先入観を取り除くよう要請しているのは、自分の目をくりぬけとか、すでに確実に有しているものを投げ捨てろとかいうことではない。光の道を進む人誰もが、何かの色に染まったり汚点に汚されたりしない清らかな目を使用するように要請しているだけだ。すべてにおいて、見せかけに（自分のであれ他人のであれ）簡単にだまされたりせずに見つめるように覚悟してほしい。

二十八．それだから、私たちは人間による作業や書物や、受け入れられている憶測や慣習をどれも投げ捨てはしない（そんなことをすれば現在の提案の全体の目標を阻害することになろう）。ただ、神意の光の道具をすべて試してみるまでは、当分の間取り除いておくようお願いしているのだ。実際それらの道具を試し終えるのは、実に簡単だろう。何しろそれらは非常に単純なのだから。またすばやくできるだろう、なにしろ短いのだから。確実であろう、それらはすべてただ神意の権威の道具なのだから。

その後では、（人間の書は）神の書の解説のように読まれることができるだろう

二十九．神意の書について私たちが合意した後には、人間による書物はどれももっと簡単に読んで理解しやすくなり、調和に至ることができるようになるだろう。

哲学者は自然の解説者

三十．哲学の書を読む際は、もしお好みなら、どの学派の書であれ、いわば自然の語彙集として読まれることになろう。それらはずっと容易に判断され、ずっと確実に把握され、あれやこれらの難解語も（すべてがどこでも的を射ているわけではないとしても、全部がどこでも的外れということもないから）いっそう改善されるだろう。

政治家は理性の解説者

三十一．政治の書を読む際は、どの党派の書であれ、いわば理性の語彙集として読まれることになろう。それらはずっと容易に判断され、ずっと確実に把握され、あれやこれらの難解語も目標に近づくだろう。

神学者は聖書の解説者

三十二　神学の書を読む際は、どの宗派の書であれ、いわば神意の書の語彙集として読まれることになろう。それらはずっと容易に判断され、ずっと確実に把握され、あれやこれらの難解語は、聖なる本文、神の精神、神秘の調和にもっと上手に答えてくれることだろう。

もちろんその他の書物ももっと上手に書かれるようになる

三十三　そうしたら私たちも書くであろう。神の光が他のものよりもずっと強く照らすような、神の書についての語彙集と注釈書を。しかも断片的ではなく調和的なものを、普遍的明かりを増大させ、ほんとうに総体的な、哲学、神学、政治を確立するための書物を書くことになろう。

それまでは、神の純粋な光を見るために、ただ純粋な目を使おう

三十四　私たちが神の書を調べているその間は、神の書の他に検討すべき書物はないと（何度もくり返し述べているように）私たちの間で協定しよう。まさに、あたかもこれまで私たちに誰からも何も語られなかったかのように、そして私たちが最近この世界にやってきて、私たちの魂の深さを計っていて、神を向いて私たちに話しかけている言葉を聞いている、そのようなつもりで検討しよう。そうしてやっと私たちは、神が目や耳や魂に注ぎ込み始めたものを、今ようやく受け取り始めるのだ。これは、純粋な魂を神に向けるということであろう。そこには神が自らの純粋な光を注いでくださる。というのは神は、準備が整っていると分かれば光を注ぎ込むのである。そしてすべてについて、神の御業、神の言葉、神の霊感によって私たちを形成するであろう。

このようにうまく前進するだろう

三十五　その時になってヨブが述べたことが実現するだろう。「獣に尋ねるがよい、あなたに教えてくれるだろう。空の鳥もあなたに告げるだろう。大地に問いかけてみよ、あなたに答えるだろう。海の魚もあなたに語るだろう、云々

（ヨブ12—7、8）」また、シラの言葉「高いところから見張る七人の監視役にまさって、人の魂は、その人自身に語りかける（シラ37—14）」しかしこれらすべてにまさるのは「いと高き方は」足もとに座る者から謙虚に呼びかけられて「真理の道を正しく歩むことを止めないだろう（同15）」。

そして合意に至るだろう

三十六．その時になって、私たちは神の唯一の学校で教えを受けて、これまでのような異常な分裂はなくなるだろう。というのは私たちはすでに、かくも対立している死すべき存在がいつかは合意と調和に戻ることが望ましいということでは一致しているからである。望ましいことであるなら、とにかく努力すべきなのだ。しかし、誰もが大騒ぎをしているこのような分裂を、どうすればよいのだろうか。この問題の道が見出せるかどうか、追求しなければならない。合意が望ましいということに合意しているなら、とにかくたしかにすでに合意の始まりに居るわけだ。なるほど確かに私たちは合意したい。しかし、根深い不一致のために合意できないでいる。それではどうすべきなのだろう。

分派的な熱意は当分差し控えて、次のことを始めよう

（1）すべての人に共通の審査、それはどのようなものか

三十七．なすべきことはと言えば、慣例になっているやり方、つまり分派的な熱意で何かに合意したり対立したりするのは止めるということだ。そうしないで、すべてを共通の集積物の中に置くのだ（前にも述べたが、重要なのでくり返す）。そしてその集積物から、誰かが何かを個人的に取り上げるのではなく、各人のすべての感覚を通して、すべての人の合意をあらゆる方法で結びつけて、問題が疑いもなく真で疑いもなく善で疑いもなく容易（あるいはよく言うように実際的）であり、したがって確実であり当然であり共通に役立つものだということが、すべての人の判断によって確立するまでにならないといけない。

（2）共通の善を選択し、悪を拒否する

三十八．すべての人にその通りだと認められたものは何でも、すべての人が分け隔てなく取り上げて、喜んで受け入れ、従うようにしよう。しかし、人類共通の立証によって、その通りではないと評価されたものは、誰も取り上げず、触れないようにして、名誉ある忘却のうちに埋めておくのだ。

（3）同じ基礎の上で合意を得るための共通の熱意

三十九．同じように、分派的な熱意（それは混乱であり、また混乱の原因でもある）は、簡単にやめさせることができると私たちは確信している。それには分派的なことには誰も呼び出さなければよい。ただ呼び出すのは、すべての人にとって同一である神、すべての人にとって同一である事物、そして各個人の内部の導き手であり光であり法である自分の魂だ。これらは誰も拒否できない証人である。

私たちを統一と共同へと導くこの道は、単一で唯一で真実である

四十．これが、真理、合意、調和へと至る、単一の唯一の真の有効な欺きのない道である。それ以外にはけっして何も見出されないだろう。というのは、もしも私たちが神の中に神を、事物の中に事物を、私たち自身の中に私たち自身を見出さないというならば、他の所で探しても無益だからである。

取りかかるようにと私たちが真剣に提案している人々に対して

四十一．そこで私は、すべての事例に先導されて、神の目の前でそれを神聖に受け取り、先入観から引き出された理論からは何も受け取らず、共通の原理から引き出されたものはすべて受け取ることにする。私たちが提示するものはすべて、どこかの国民や宗派や言語や党派の熱意の香りがしないものだ。しかし、数学者が物体から離れて形を考察するように、私も事物の堕落および改善を考察する際には、争いに関することすべてを魂から遠ざけよう。そして絶対的なイデアに従って、最後の励ましの際に、この容易な実践と思われることを、忠告することになろう。そして不一致や逸脱の憎しみを誇張することは止めておこう。私から話すことは何もない。すべては神から、神のために、神の言葉によって話されるのだ。あるいは、神が聖なる預言者と使徒の口を通して語ったこと、あるいは私たち皆の心に書き込んだこと、あるいは創造の偉大な書に刻印したことを、神は私たちの感覚にはっきりと刷り込んでいるのである。そこから受け取られず、ここに書き写されなかったものは、述べられてはならない。しかし逆に、このことがその通りに実行されるのを間違いなく見ているのに、それにもかかわらず背くように決意する人がいれば、明かりの反逆者となって復讐の神を験すがよい。

要請3．事柄のこの考察を、平穏な魂で企てるべきなのはなぜか、またどうすべきか

四十二． 私が約束する最後のことは、賢明な人ビベス[19]が、自然哲学においてどのように探究すべきか忠告したことと同じだ。ここで私たちの提案においても皆に言っておこうと思う。彼は言う、「ここで必要なのは、議論ではなく事物の静かな観想である。もしもあまりはっきりしていないことがあれば、議論によってではなく、いっそう詳細な検討が不可欠だ」。従って、私たちの熟議の作業全体において、提案があまり正しくないと思われるなら、私と争ったりましてや中傷したりしないでほしい。というのは、あなたと私と同等の、そして全員共通の判断で、すべてにわたって真で善で有用で調和していること以外は、何も提案すまい、いわんや験そうとすまいと私は心に決めているのである。もしもそうでないものがあれば、示してほしい。私はすぐに、喜んで退こう。私に対して武装する必要はない。私は目しか携えておらず、それで存在しているものを見、存在していないものは見ないのだ。あなたもあなたの目を使えば、同じものを見るだろうし、私たちに不一致はありえないだろう。なぜなら、事物を創造し、事物の秩序と、あなたと私の目を創造したのは同じ方なのだから。だから、私がほんとうに見ているとすれば、私が見ているものを

あなたが見ないということはありえないし、私も別なように見ることはありえない。あなたがいっそう繊細なものも小さな相違点にわたっていっそう正確に見ることができるとすれば、私が不十分なら私を助けることができる。だからあなたは私と闘うことはできないしそうすべきではない。私は真理の謙虚な弟子であり、いつでもどこでも、真理がはっきりと示されればすぐに喜んで服従する覚悟ができている。ああ、私たち皆に、あの慈悲深いお方がいますように。「あの方は従順な者を裁きに導き、温和な者に自らの道を教える（詩編25―9）」

神意の泉は汚れていない

四十三．神意の書から、泉を推賞する出来事をつけ加えよう。レビ記11章では「汚らわしい動物」が描かれ、それに触れた人間、衣服、食事、飲物は汚れたと書かれている。しかしさらに、「泉の水に落ちた死骸に触れても汚れない（36節）、蒔かれた種も汚れない（37節）」とつけ加えている。これは考えるに値する。神秘的なことが潜んでいるに違いない。いったい何だろう。私たちは神が合図を送っているのを信じないのだろうか。人間のすべてが腐敗しているとしても、私たちの中の神の種と、神の知恵が流れてくる泉は清いままであると。また、恐ろしく逸脱した行為や、様々な異端の憶測や、世界の転倒した慣習は、神の御業を汚しているように見えるけれども、聖書の明かりや私たちの内の神の明かりを汚しているはずはない。そして事物の統一、真理、善は、あの泉から汲みだすしかないのだし、安全に汲みだせるのだ。どうか考えてほしい、上記のモーセの言葉からは、神の知恵にふさわしい、私たちに善を教え、慰めをもたらし、感覚を魅惑する何かを思いつくのではないか、と。

泉から不健康なものが湧き出しているとしても、改善は可能

四十四．エリシャが、不健全な悪意が注がれたのを改善するためにジェリコの水を清めようとして、泉に行ってそこに塩を投げ込んで水を清めたのはどういうことだろう（列王記2―2―21）。これは私たちの堕落を改善すべき方法を教えているのではないだろうか。つまり泉に行くべきだと。泉が完全に清くはないとしても、まだ神の言葉の塩で改善できるのである。

神の水のみが、すべてに広がって生気を与える

四十五．まず最初にエゼキエルの水について考えてみよう。「それは地上の四方に広がり（エゼキエル47─1、2）、膨大な量となり（3、4、5）、海の水をきれいにし（8）、すべての生き物を生き返らせ（9）、葉と果実が食用や薬用となる木を生じさせた（12）」。ところでその水とは何か。それは「神殿の敷居の下から湧き上がってきた（1）」。だから神をたたえよう！　神殿の敷居や、神の手や口や心の泉から、諸国民の救済のために生きた水が流れるのを妨げないようにしよう！

要請の繰り返し

（1）ここにすべての人が歓喜して来てほしい

四十六．願わくは、この時代に生きている人誰もが注目してほしい。世界の普遍的改革を描き出すよう提起されている間中、あの神の声があなた方全員に話しかけているのではないかと。「あなたたちは喜びのうちに救いの泉から水を汲む。その日にはあなたたちは言うであろう。『主に感謝し、御名を呼べ。諸国の民に御業を示し、気高い御名を告げ知らせよ。主にほめ歌をうたえ。主は威厳を示された。全世界にその御業を示せ』（イザヤ12─3、4、5）」だから、水を汲みたまえ、汲みたまえ！　この時代まで運ばれてきたのだから、あなた方にはそうすることが許される！　喜びのうちに汲みたまえ、救いの泉なのだから！　そして神のこれらの御業が世界中の民に告げ知らされますように。

（2）ここで水たまりではなく光の泉を求めてほしい

四十七．来たまえ、親愛なる人たち！　私たちのために泉を開こう。そこから、光の清い小川が私たちと世界のために流れ出ますように！　それができれば、私たちにはもはや水たまりは必要ない。そして、神のこの普遍的太陽が私たちを照らすなら、ひどい煙が出てばかりいる個別のランプは必要ない。泉と太陽を遠ざけていると、いつまでも滓を飲んでいるのが似つかわしい、いつまでも目が煙で被われているのが似つかわしいと思われてしまう。そんなことがないようにしよう。

（3）事物と思考の関連を、同じく言葉との関連をはっきりと見定めてほしい

四十八．来たまえ！　目を見開いて進もう。そして私たちのサタンの闇が、神の御業を通して神意の光の力で粉々になるのを、喜んで見つめるのだ。とにかくここにやって来て光の導きですべてを見るように提示する人は誰でも、思考の混沌を取り除いてすべてをはっきりと見て判断するように努めてほしい。あなたが手にしているこの本の中では、文節、完全文、文章、語、音節、文字がいかにはっきりと相互に繋がり結びついているかが分かる。そしてあなたの精神の概念の中でそれらのものがいかにはっきりとまとまり秩序だっているかが分かるだろう。人間の全知の圏内を通って、事物のすべてと個々の真理を識別してほしい。それをはっきりと明確に触知できるように注意していただきたい。

（4）明かりの父に真剣に従うように、すべての人を信頼して提案する

四十九．来たまえ！　光のこの光景を、すべての事物のかくも明るい光を通して、美しく高められた立派な魂の成功の希望を抱いて、自信をもって進もう！　私たちと光と神とを無視することのない真剣な提案が私たちに欠けていないとすれば、光の泉である神が、光の導きに従おうとしている私たちを見捨てるような危険はないのだ。

（5）そのための、あのお方への絶えざる嘆願

五十．ところで外の太陽を見るには太陽がなければ適わず、太陽が地平線上にある間か、雲の暗さを追い散らして

視界に現れるかしないと拝めない。それと同じように、永遠の光とそこから直接発する精神の光も、それらの光が自ずから私たちの前に現れて視界にあるのでなければ、その光を求める努力は無益である。だから私たち全員が、願望の眼差しをこの光に向けて平伏して崇めよう。そして恵み深い光線の放射を（地上の救済の時に）慎み深く、熱心に懇願しよう。

第十六章　明かりの父への嘆願

十分な光が昇るようにという、明かりの父への嘆願。

一． 神が私たちを憐れみ、祝福してくださいますように！　御顔の輝きを私たちに向けて憐れんでくださいますように！　私たちがあなたの道をこの地で知り、すべての民が救いを知るために（詩編67—2、3）。

二． おお、人間の命と光よ、あなたは闇の中で光り、闇は光を理解しない！　おお、まことの光よ、あなたはこの世に来てすべての人を照らす（ヨハネ1—4、5、9）。あなたの世にすでに住んでいる私たちを見捨てずにさらにさらに照らしますように。

三． おお、明かりの父である神よ、あなたは飾りをまとい、明かりを衣として身を被っておられる（詩編104—2）。そこに光が宿り（ダニエル2—22）、自らは近寄りがたい光の中に住んでおられる（テモテ1—6—16）。私たちにも明かりをまとわせてください、私たちの所にも光を住まわせてください、私たちを光の中に住まわせてください！

四． 主よ、その目はアダムの息子たちの道をすべてご覧になっている（エレミア32—19）。あなたの道に来れるように、私たちの目も開かせてください！

五． あなたが明かりを放ち、その明かりがやって来ますように！　その明かりを呼んで、おののいてあなたに従わせてください！　あなたの星たちをその場で輝かせてください。星たちはあなたに「ここにいます」と言うでしょう。私たちのために喜んで輝くでしょう。あなたが私たちのためにお作りになったのだから（バルク3―33、申命記4―19）。

六．　おお、あなたはかつて闇から明かりが輝き出るよう命じられた。それは神の明るい知識を照らすために私たちの心の中にも輝いています（コリントの信徒への手紙2―4―6）。

七．　おお、私たちの創造主よ、あなたは私たちに目をお与えになった。明かりも与えてください。明かりなしでは何も見えず、私たちも盲目です。明かりは快く、あなたの太陽を見ることは目に楽しい（コレヘト11―7）。

八．　盲目のバルティマイが「何がしてほしいのか」とあなたに尋ねられて「主よ、見えるようになりたいのです」と答えた（マルコ10―46他）。千回も私たちに尋ねてください、「この声で何をしてほしいのか」と。私たちは「主よ、見えるようになりたいのです」と何千回もくり返すでしょう。

九．　別の盲人があなたに癒される際に「何か見えるか」と尋ねられ、「人が見えます。木のようですが歩いています」と答えた。あなたが彼の目に再び手を当てると、すべてがはっきりと見えるようになった（マルコ8―22その他）。主よ、同じような状態の私たちを見てください！　私たちの闇はあなたの慈悲によって照らされ始めたけれども、まだ十分ではありません。回りに動きを感じてはいるものの、どれ一つとしてはっきりとは識別していません。おお、だから私たちを憐れみたまえ、完全に回復したあの人のように！

十．　あなたは好意をもっていっそう輝く光の火花をすでに私たちにお示しになったのですから、ご覧ください、私たちはそれからランプを灯そうと企てているのです！　闇に圧迫され、再び強く圧倒されてしまうような升の下に置くのではなく、家の中の者すべてを照らすために燭台の上に置くのです。あなたがそのように命じられたのです（マタイ5―15）。

十一．　ですから主よ、あなたの命令が実現することを、光を共有するためにすべての人を招待することを、すべての人が光に（つまりあなたの明るい像に）与るように呼び出すことを、禁じないでください。あなたの光と真理によって嘆願します！　おお、明かりの父よ、私たちがここであなたの栄光のみを求めていることをあなたが知らないはずはないのです。あなたは太陽よりも千倍も明るい目ですべてをあらわにしたのです（シラ23―19）。

十二．ああ、主よ、知識なしの熱愛の火、つまり偽りの火で燃えている多くのサウロをあなたはご覧になっている。おお、まことのあなたの光よ、天から来て彼らの周りを照らしてほしい！（使徒9―3）

十三．闇の牢獄の中で座っている多くのペテロをあなたはご覧になっている。おお、光の天使を遣わしてください。その輝きで彼らの心の住まいを照らし、彼らがそれを見て目覚めて闇から解放されますように（使徒12―7）。

十四．闇が地を覆い、暗黒が民を包んでいる（イザヤ60―2）のをあなたはご覧になっている。おお、あなたの力強い天使を天から降りて来るように遣わしてください。地上がその栄光によって照らされますように（ヨハネ黙示録18―1）。そうすれば国々があなたの明かりの中を歩み、王たちがあなたから昇る輝きの中を歩むようになるでしょう（イザヤ60―3）。

十五．おお、遣わしてください、国々へあなたのパウロを遣わしてください、福音伝道の軍隊を再び遣わしてください。彼らが盲人の目を開いて、彼らが闇から光へ、サタンの支配から神へと立ち帰れますように（使徒26―18、詩編68―2）。

十六．おお主よ、全地上の神よ、地上の民はあなたの民です。しかし彼らは闇の中を歩み、死の陰の地域に住んでいるのです。憐れんではいただけないのでしょうか。私たちに偉大な光を見せてくださらないのでしょうか。いいえ、あなたは約束されました（イザヤ9―2）。私たちは偉大な光をあえぎ求めているのです。それはあなたの光、ほんとうの光。おお、あなたはまことの光だ！　私たちのランプの明かりはもうこれ以上輝かなくてもよいのです（エレミア25―10）。

十七．というのは、ご覧ください、これまで私たちは闇の中を歩いていました。私たちには輝きがなかったのです！　私たちの火は、輝くことを望んではいるものの照らす力のない火花にすぎないので（イザヤ50―10、11）、私たちはお願いしているのです、神の栄光が私たちを照らすように、私たちのランプが小羊であるようにと！（黙示録21―23）。

十八．ご覧ください、主よ、私たちの神よ、世界の夕暮れが近づいてきました。あなたの約束を果たしてください、「夕べになっても光がある！」と。　昼もなければ夜もないのですから、私たちの暗い光はもう使われていないのです（ゼカリア14―7）。

十九．おお、明かりの父よ、あなたの光を灯してください！　まことの光、偉大な光、世界中の闇を粉砕するのにそれだけで十分な光を！　私たちのひどく煙ったランプや人間の作り上げた暗い火花は、まことの光に劣るのです！　あるいはもしも人間の火花にまことの光つまりあなたの光が何か含まれていたら、あなたの光につけ加えましょう。

二十．神よ、あなたは火です。火は炎であり、炎は光です。しかし今の世では私たちの罪のために火は燃え尽きています（ヘブライ12―29）。さあ、火を明るくし、あなたのお望み通りに再生した教会の都を照らしてください（黙示録21―23）。都の明かりの中を諸国の民が歩き、地上の王たちが栄光と名誉を携えて都を通りますように。

二十一．主よ、全世界のすべての火花を、火に転化させてください！　そしてすべての火が炎になり、すべての炎が太陽のように輝きますように！　あなたが約束した通り、月の光が太陽の光のようになり、太陽の光が七倍になり、七つの日の光となり、その日に主は、民の傷を包み、重い打ち傷をいやされる（イザヤ30―26）。これがあなたの言葉、あなたの約束であり、またあなたの成就されることでもあるのです！

おお、永遠に、真に、生き、崇められますように。

神よ！

アーメン、アーメン、

アーメン。

パンアウギアの訳注

1 覚醒の第九章とは、パンエゲルシアの第九章のことを指している。

2 ケベスはソクラテスの弟子の一人。サトウルヌスの神殿は、農耕神サトウルヌスを祭った古代ローマの神殿。スフィンクスは神話上の怪物で頭は人間で体はライオン。

3 アコスタ Jose de Acosta (1540-1600) はスペインのイエズス会士。ペルーやメキシコで布教活動を行った。コメニウスが言及しているのはおそらく『新大陸自然文化史』のことであろう。

4 「数、量、重さ」については本書の解説 xxv 頁を参照。『パンパイデイア』でも「世界は数、量、重さに応じて作られた」と述べている(邦訳256頁)。新共同訳の「知恵の書」11―20では「長さや数や重さにおいてすべてに均衡がとれるように計らわれた」と訳されている。

5 懐疑主義は古代ギリシャのピュロンが代表的だが、ここではおそらくプラトンの創始したアカデメイアの紀元前三世紀頃の学頭だったアルケシラオスなどを念頭に置いているのであろう。

6 アウグスティヌス Aurelius Augustinus (354-430) はキリスト教を体系化した中世最大の教父。『神の国』『告白』『教師論』など。この引用は『自由意志論』3―5―13。

7 「良心」の原語 Conscientia (英語では conscience) の元々の意味は「共に con 知る」ということである。

8 動物精気とは古代ギリシャのアリストテレス、古代ローマのガレノスによって提唱された概念で、自然精気、生命精気、動物精気の三形態をとる。デカルトの『情念論』でも動物精気は重要な役割を果たしており、ロックの『人間知性論』でも登場する。

9 プリニウス Gaius Plinius Secundus は古代ローマの博物学者。ここではプリニウスの『博物誌』30―11の記述を指しているのであろう。

10 一般に顕微鏡は一五九〇年にオランダで発明されたとされている。顕微鏡 Microscopia という名称は一六二五年に確立した。

11 定義 definitio、公理 axioma、公準 postulatum、定理 theorema、問題 problema、これらは紀元前三世紀のユークリッド幾

何学で使われた伝統的な用語である。まず定義があり、証明するまでもないまったく自明の基本的命題を公理、証明の前提として要請される基礎的な命題を公準、公理から証明される結論が定理である。定理からただちに引き出される命題を系 corollarium と呼ぶ。何を自明の公理とするかは論者によって違いが生じるわけで、現在の学校の数学では公理や公準という用語は使われていない。なおコメニウスは『光の道』では定理 theorema ではなく公理 axioma という用語を使用していたが、このパンアウギアでは定理に修正されている。このパンアウギアの十一章では定義と定理と系を使って説明が続くが、公準は使われていない。十二章では「問題」を使って説明される。

12 四原因はアリストテレスの形而上学における重要な概念。目的因、形相因、質量因、作用因の四つ。

13 原語は Balaena。ラテン語聖書ではヨブ記40―20で「leviathan」と表記される海中の怪獣である。ヨブ記41章でその姿が詳しく描かれている。ホッブズの『リヴァイアサン』はこの怪獣を指している。口語訳聖書では「わに」、新共同訳では「レビヤタン」とカタカナ表記されている。コメニウスはここで、北の国では捕獲可能になったと述べているのだから、「鯨」と訳しておく。

14 クビトゥム cubitum は肘の長さ、50センチ弱。なお、ここのコメニウスの説明は間違っている。距離と明るさの関係は、距離に比例するのではなく、距離の二乗に比例する。つまり、一クビトゥム離れているのは二クビトゥム離れているよりも二倍ではなく四倍明るいということになる。

15 コメニウスは『光の道』では六つだけ指摘し、七番目の「光学」には触れられていない。

16 コメニウスが指摘している創世記4章26節には「セトにも男の子が生まれた。彼はその子をエノシュと名付けた。主の御名を呼び始めたのは、この時代のことである」とあるだけだが、『光の道』では「公的な集会を挙行する習慣が…セトによって導入され始まった」(13―5)と述べている。

17 原語は cultura。元々は大地を耕すという意味であり、英語のアグリカルチャー(農業)に名残を留めている。人間の心を耕すという意味にも転用され、コメニウスは『パンパイデイア』ではこの語を積極的に使用している。以下、「教育」と訳す。

18 三段論法 syllogismus はアリストテレス以来広まった証明の方法。

一、人間は必ず死ぬ。

二、○○さんは人間である。

三、だから○○さんも死ぬ。

このようにして○○さんがいつまでも生き長らえるものではないことを証明するのが典型的な三段論法で、この場合一を大前提、二を小前提と称する。三が結論となるのだが、ここでコメニウスは三に当たるものを「要請（数学用語では公準）」と呼んでいる。

19 ビベス Juan Luís Vives（1492-1540）は十六世紀の人文学者。ここでコメニウスが引用しているは『学問伝授論』(De tradendis disciplinis) からであろう。

あとがき

二十一世紀には平和で豊かな世の中が訪れると私は期待していたのだが、世界はむしろ混迷を深めているように思えてならない。東西冷戦時代よりも世界の政治的対立は不安定であり、貧困も拡大している。そして宗教に起因する紛争もあとを絶たない。コメニウスの嘆きは今もなくなっていないのだ。

さて、「はしがき」でも述べたように、コメニウスの『熟議』は全七部作である。一九六六年にチェコ科学アカデミーから公刊された本は日本のA４判よりやや縦長のいわゆるフォリオ版の大きさで二巻本、合計千五百頁の大部なものである。目次や付録を除いた本文は二段組となっており、その頁数は二千六百余になる。

試みに各部ごとの頁数（本文の二段組の頁数）を示すと次のようになる。

〔総序文〕　一五
第一部　パンエゲルシア　一〇四
第二部　パンアウギア　一二六
第三部　パンソフィア　一一〇〇
第四部　パンパイデイア　二三五
〔付録〕読み書きの技法　一五
第五部　パングロッティア　一〇五

この数字を見ただけでも、前回と今回の翻訳だけではコメニウスの思想の全容はまだまだ明らかにされていないと言わざるをえない。実を言うと、第五部、六部、七部は故藤田輝夫によってすでにほぼ訳されており、研究者の間では共有されているのである。したがって、第三部のパンソフィア（実はこの部が全体の四割を占めているのだが）を除けば、翻訳出版は不可能なことではないのだが、問題は最近の出版事情だ。

コメニウス・セレクションの第三回配本として今回も東信堂の下田社長にはお世話になった。感謝申し上げる。

二〇一六年八月
太田　光一

プラトン（Platon）　326
プリニウス（Gaius Plinius Secundus）　228
分析、総合、類比（analyticus, syntheticus, syncriticus. synthesis）　243, 248, 249, 251, 258, 260-2, 316
平和（pax）　6, 12, 17, 19, 22, 54, 57-9, 69, 83, 85, 92, 104, 105, 111, 125, 128, 139, 140, 154-7, 160, 162, 240, 326
ペルシャ人（Persae）　163, 242
欲する、知る、できる（velle, scire, posse. velle, nosse, posse.）　61, 68, 106, 126, 133, 136, 152, 154, 194, 207, 208, 216, 254, 323
望遠鏡（telescopium）　245, 247, 248, 250, 302
本業（ἔργα）　50

【ま行】

マキャベリ（Machiavelli）　71
マクロビウス（Ambrosius Theodosius Macrobius）　6
虫けら（vermiculus）　33, 49, 246
無神論（atheismus）　56, 65, 77, 131
めがね　眼鏡（perspicilium）　145, 152, 161
目的、手段、使用（finis, medium, usus）　147
目的、手段、方法（finis, medium, modus）　43, 151, 153
目標、手段、方法（scopus, medium, modus）　43, 45, 143, 146

【や行】

ユダヤ人、ユダヤ教徒（Judaeus）　21, 24, 25, 61, 91, 163, 226-233, 242, 253, 282,336
養育（educatio）　52
養育者（nutricus）　24
養育所（enutriotorium）　312
ヨーロッパ（Europa）　1, 3, 10, 11, 13, 20, 75, 83, 105, 167, 240

【ら行】

ランプ（lampas, lucerna）　93, 103, 139, 270, 291, 308, 315, 351, 354-6
理性、意志、実行能力（ratio, voluntas, facultates operativae）　48, 106, 178
理性的被造物（rationalis creatura）　71, 75, 150, 178, 181, 201, 205, 219, 325
良心（conscientia）　54, 58, 59, 69, 83, 85, 92, 96, 98, 108, 109, 127, 140, 179, 203, 231, 234, 254, 310
ろうそく（candela）　268, 270, 271, 273-5, 278, 284, 294, 297

【わ行】

和平（pax）　57, 58

創造主（creator） 5, 34, 35, 49, 51, 73, 76, 92, 106, 109, 121, 124, 153, 163, 167, 168, 173, 174, 177, 178, 193, 194, 200, 201, 207, 232, 240, 325, 354
相談（consilium） 2, 7, 10, 15, 23, 40, 41, 51, 87, 94, 141, 147, 148, 150, 153, 338
総覧（pandectae） 192, 193
そこひ（glaucoma） 237, 333

【た行】

松明（fax） 38, 103, 178, 179, 195, 196, 201, 232, 270, 275, 282, 308, 316
太陽（sol） 38, 42, 79, 105, 118, 132, 135, 148, 151, 152, 160, 168, 172, 173, 178, 204, 207-9, 212, 254, 265, 267-272, 275, 281, 283, 284, 287, 291, 296, 299, 304, 305, 307, 308, 320
多神教（πολυθεια） 24, 92
単一、単純、自発（unitas, simplicitas, spontaneitas） 117, 119, 126, 187
知恵、思慮、敬神（sapientia, prudentia, pietas）60
知恵、政治、宗教（sapientia, politia, religio） 51, 58, 86
力、知恵、善（potentia, sapientia, bonitas） 50, 53, 121, 159, 193, 197, 201, 246, 321
知識、宗教、権力（scientia, religio, potentia） 60
知識、宗教、政治（scientia, religio, politia） 342
知性、意志、実行能力（intellectus, voluntas, impetus） 48, 49, 58, 101, 109, 123, 157, 182
秩序（ordo） 21, 24, 50, 57, 68, 69, 71, 76, 80, 93, 94, 106, 109, 120, 126, 129, 144, 154, 156, 174, 199, 208, 209, 214, 291, 322-5, 329, 330, 333, 348
哲学、宗教、政治（philosophia, religio, politia） 10, 20, 49, 50, 53-5, 57, 61, 102, 104, 129, 138, 139, 168, 186, 326326
哲学、神学、政治（philosophia, theologia, politia） 15, 340, 345
哲学者、神学者、権力者（philosophus, theologus, potestas） 157
哲学者、政治家、神学者（philosophus, politicus, theologus） 64, 310
デオゲネス（Diogenes） 93
時計（ horologium） 47, 130, 185, 336
図書館（bibliotheca） 62, 88, 315
トルコ人（Turcae） 25, 163, 226, 336

【な行】

人間に関わる事柄（res humanae） 1, 3, 5, 17, 29, 40, 46, 53, 55, 56, 60, 71, 84, 85, 99, 100, 108, 117, 130, 136-9, 149, 157, 171, 187, 324, 329

【は行】

パンアウギア（Panaugia） 5, 171, 180, 322, 328, 333
パンエゲルシア（Panegersia） 5, 29
パンオルトシア（Panorthosia） 6, 322, 324-9, 331
パングロッティア（Panglottia） 6, 322, 324-331
パンソフィア（Pansophia） 5, 322, 323, 325-331,333
パンタクシア（Pantaxia） 5
パンテオン（πάνθειον） 91
パンパイデイア（Pampaedia） 6, 322, 324-331
パンハーモニア、普遍的調和（panharmonia） 253, 255-7, 261-3, 304, 326
火打石（silex） 190, 213, 282
必要、可能、容易（necessitas, possibilitas, facilitas） 135
火花（scintilla, scintillula, igniculus） 13, 75, 101, 103, 177, 213, 246, 250, 282, 354-6
ビベス（Juan Luis Vives） 348
ヒポクラテス（Hippocrates） 311
副業（πάρεργα） 50
普遍、単純、自発（universitas, simplicitas, spontaneitas） 129, 140, 151

奇怪(monstruosus) 74, 96, 98, 101, 127, 183, 341
奇形(monstrum) 47
キケロ(Marcus Tullius Cicero) 12, 17, 65
教育(cultura) 6, 322, 323
教育(institutio) 329
協議(consilium) 8, 16, 22, 23, 29, 39, 41-44
教授学者(didacticus) 89
偶像、偶像崇拝(idola, idololatra) 61, 65, 66, 74, 91, 221, 231
クラテス(Crates) 9
クリュソストムス(Ioannes Chrysostomus) 9
君主政、貴族政、民主政(monarchia, aristocratia, democratia) 61, 94
解毒剤(antidotum) 60, 135, 136, 255, 258, 299, 304
ケベス(Cebes) 183
獣(brutus, jumentum) 32, 47, 53, 59, 63, 64, 70, 71, 76, 77, 93, 201, 204, 205, 345
原型(idea) 5, 54, 56, 57, 119, 122, 125, 141, 193, 239, 240, 249, 261, 267, 271, 283, 314, 330
『言語の扉』(Janua linguarum) 13
顕微鏡(microscopium) 245, 247, 248
権力、知識、宗教(potentia, scientia, religio) 60
コーラン(Alcoran) 226, 232, 234, 235, 242
子育て(educatio) 9
ゴルディオスの結び目(Gordius) 17

【さ行】

才能(ingenium) 58, 63, 83, 86, 88, 89, 98, 111, 132, 140, 192, 222, 223, 224, 245, 264, 270, 287, 290, 302, 303, 305, 311, 315, 324, 326
裁量(arbitrium) 48, 49, 68, 69, 125, 150, 222, 313, 338
サタン(satan) 32, 106, 107, 108, 153, 156, 224, 351, 355
死ぬ定めの、死に定められた(mortalis) 8, 19, 23, 33, 34, 36-8, 42, 62, 74, 85, 105, 179, 180, 218, 221, 307, 340, 342, 346
試金石(ludius lapis, obrussa) 210, 218
自然、精神、聖書(natura, mens, scriptura) 237
職人(opifex, artifex) 64, 67, 202
思慮(prudentia) 17, 21, 24, 57, 60, 85, 86, 112, 135, 142, 143, 145-8, 159, 181, 228, 306, 341, 342
真、善、義務(verum, bonum, debitum) 207, 208, 211
真、善、有用(vera, bona, utilia) 339, 340, 348
真、善、容易(verum, bonum, facilis) 101, 346
審議(consultare, consultatio) 3, 8, 23, 44, 157
真理、合意、調和(veritas, consensus, harmonia) 347
実例、教示、改善(exempla, praecepta, emendatio) 191
熟議(consultatio) 1, 6, 23, 24, 29, 40, 41, 43, 44, 55, 56, 141-9, 150, 150-2, 160-2, 171, 174, 324, 326, 328, 331, 333, 334, 348
熟慮(consulere, consultare, deliberare) 8, 17, 18, 29, 39, 84, 99, 141, 142, 144, 146-9, 157, 171, 173, 174, 234, 323, 324
スカリゲル(Joseph Justus Scaliger) 19
スフィンクス(Sphinx) 183
すべての人、すべての事、すべての方法(omnes, omnia, omnimode) 129, 141
すべての人、すべての事、すべての面(omnes, omnia, omnino) 30, 171, 189, 194
精気(spiritus) 105, 111, 208, 290, 302
世界全体会議(concilium orbis, concilium oecumenicum) 42, 43
世界、精神、聖書(mundus, mens, scriptura) 244, 258, 259, 271
セネカ(Lucius Annaeus Seneca) 59, 88, 203
戦争(bellum) 11, 19, 59, 68, 69, 76, 82, 83, 95, 96, 104, 136, 139, 163, 215, 234, 240, 311
全知、全意志、全能(omniscientia, omnivolentia, omnipotentia) 123
先入観(praejudicium) 19, 20, 152, 160, 188, 227, 273, 303, 336, 338, 339, 340, 343, 347

索　引

重要事項であっても、あまりにも頻度の多い単語（神、天使、光、火、自然、理性、人間など）は索引の項目に掲げていない。人名については、聖書からの引用人物は割愛した。

【あ行】

アウグスティヌス (Aurelius Augustinus) 21, 124, 200
アウトプシア (αὐτοφία) 318
アカデメイア (Academia) 198
悪徳 (vitium) 62, 94, 152, 234
悪魔 (diabolus) 36, 76, 111, 164, 188, 227
悪霊 (daemon) 75
アコスタ (Acosta) 187
アジア、アジア人 10, 13, 105, 163, 167
遊び (ludus) 160, 313
アフリカ、アフリカ人 10, 105, 167, 242
アメリカ、アメリカ人 10, 105, 167
アリストテレス (Aristoteles) 248, 326
アレオパゴス (Areopagos) 3, 18, 19
異教徒 (gentilis, paganus) 21, 25, 61, 83, 228, 282, 314
イスラム教 (Mahomedana) 21, 61, 91, 163, 226, 232-5, 242, 292
異端 (haeresis) 21, 91, 349
イデア (idea) 327, 328
印刷術 (typographicus) 88, 315, 319, 320
ウェルギリウス (Publius Vergilius Maro) 7
エピクロス派 (Epicureismus) 65, 77
円形劇場 (Amphitheatrum) 198, 254
憶測 (opinio) 20, 25, 74, 97, 128, 136, 139, 161, 162

【か行】

怪奇 (monstrum) 330
怪物 (monstrum) 52, 61, 77, 123 183, 280, 330
鏡 (speculum) 50, 73, 114, 123, 192, 237-9, 244-8, 267-9, 278, 279, 281, 285, 287, 288, 305, 306, 341
鍵 (clavis) 47, 263, 316, 323, 326, 331
学識者、宗教者、権力者 (eruditus, religiosus, potestas) 1, 6
学識者、政治家、神学者 (eruditus, politicus, theologus) 80
学問、権力、宗教 (eruditio, potentia, religio) 53
学問、宗教、支配 (scientia, religio, dominium) 181
学問、宗教、政治 (eruditio, religio, politia) 5, 6, 46, 55, 60, 73, 79, 310
数、量、重さ (numerus, mensura, pondus) 193, 205, 208, 239
学校 (schola) 15, 57, 78, 87, 88, 89, 126-128, 131, 158
学校教育 (scholasticus) 89
神の書 (libri Dei) 192, 194, 200, 226, 253, 254, 258, 259, 261,0262, 315, 316, 328, 332, 334-7, 341, 344, 345
神の似姿 (imago Dei) 36, 48, 50, 60, 62, 114, 121, 122, 125, 152, 198, 201, 203, 210-212, 214, 225, 239, 246, 313, 318, 327
神の御業 (opera Dei) 7, 50, 84, 100, 107, 113, 121, 122, 159, 163, 173, 190, 194, 197, 200, 205, 211, 225, 234, 246, 254, 259, 263, 270, 301, 314, 319, 320, 343,345, 349, 350, 351
感覚、精神、手 (sensus, mens, manus) 54
感覚、知性、信仰 (sensus, intellectus, fides) 335
感覚、理性、意志 (sensus, ratio, voluntas) 237
感覚、理性、信仰 (sensus, ratio, fides) 237, 239, 240, 242, 245, 258, 259, 262, 336
感情 (affectus) 5, 11, 20, 125, 144, 159, 160, 162, 178, 184, 334
観念、衝動、実行能力 (notitia, instinctus, facultas) 58, 100, 102, 123, 125, 128, 136, 138, 139, 151, 152, 192, 194, 206, 208, 212, 215, 239, 249, 261, 337
カンパネラ (Tommaso Campanella) 14

訳者紹介

太田光一（おおた　こういち）

1949 年福島県生まれ。1972 年東京大学教育学部卒。高知大学、福島県立会津短期大学、公立大学法人会津大学勤務を経て、2015 年 3 月定年退職、横浜市在住。『パンパイデイア　生涯にわたる教育の改善』（東信堂、2015 年）、科学研究費報告書『コメニウスの総合的研究』（課題番号 03301034、平成 5 年）、同『コメニウスのパンソフィアの総合的研究』（課題番号 11610276、平成 14 年）、その他。

覚醒から光へ：学問、宗教、政治の改善　**コメニウスセレクション3**

2016年 10月15日　初 版 第1刷発行　〔検印省略〕
定価はカバーに表示してあります。

訳者©太田光一／発行者 下田勝司　印刷・製本／中央精版印刷

東京都文京区向丘 1-20-6　郵便振替 00110-6-37828
〒 113-0023　TEL (03) 3818-5521　FAX (03) 3818-5514

発 行 所
株式会社 東 信 堂

Published by TOSHINDO PUBLISHING CO., LTD.
1-20-6, Mukougaoka, Bunkyo-ku, Tokyo, 113-0023, Japan
E-mail : tk203444@fsinet.or.jp　http://www.toshindo-pub.com

ISBN978-4-7989-1388-9　C3310

東信堂

子どもが生きられる空間—生・経験・意味生成	高橋勝	二四〇〇円
流動する生の自己生成—教育人間学の視界	高橋勝	二四〇〇円
子ども・若者の自己形成空間—教育人間学の視線から	高橋勝編著	二七〇〇円
文化変容のなかの子ども—経験・他者・関係性	高橋勝	二三〇〇円
関係性の教育倫理—教育哲学的考察	川久保学	二八〇〇円
マナーと作法の社会学	加野芳正編著	二四〇〇円
マナーと作法の人間学	矢野智司編著	二〇〇〇円
学びを支える活動へ—存在論の深みから	田中智志編著	二〇〇〇円
グローバルな学びへ—協同と刷新の教育	田中智志編著	二〇〇〇円
教育の共生体へ—ボディエデュケーショナルの思想圏	田中智志編	三五〇〇円
人格形成概念の誕生—近代アメリカの教育概念史	田中智志	三六〇〇円
社会性概念の構築—アメリカ進歩主義教育の概念史	田中智志	三八〇〇円
教員養成を哲学する—教育哲学に何ができるか	林泰成・山名淳・下司晶・古屋恵太編著	四二〇〇円
大学教育の臨床的研究—臨床的人間形成論第1部	田中毎実	二八〇〇円
臨床的人間形成論の構築—臨床的人間形成論第2部	田中毎実	二八〇〇円
君は自分と通話できるケータイを持っているか—「現代の諸課題と学校教育」講義	小西正雄	二〇〇〇円
教育文化人間論—知の逍遥／論の越境	小西正雄	二四〇〇円
アメリカ 間違いがまかり通っている時代—公立学校の企業型改革への批判と解決法	D・ラヴィッチ著 末藤美津子訳	三八〇〇円
教育による社会的正義の実現—アメリカの挑戦(1945-1980)	D・ラヴィッチ著 末藤美津子訳	五六〇〇円
学校改革抗争の100年—20世紀アメリカ教育史	D・ラヴィッチ著 末藤・宮本・佐藤訳	六四〇〇円
〔コメニウスセレクション〕		
地上の迷宮と心の楽園	J・コメニウス 藤田輝夫訳	三六〇〇円
パンパイデイア—生涯にわたる教育の改善	J・コメニウス 太田光一訳	五八〇〇円
覚醒から光へ：学問、宗教、政治の改善	J・コメニウス 太田光一訳	四六〇〇円

〒113-0023 東京都文京区向丘 1-20-6 TEL 03-3818-5521 FAX03-3818-5514 振替 00110-6-37828
Email tk203444@fsinet.or.jp URL:http://www.toshindo-pub.com/
※定価：表示価格（本体）＋税

東信堂

転換期を読み解く―潮木守一時評・書評集	潮木守一	二六〇〇円
大学再生への具体像〔第2版〕	潮木守一	二四〇〇円
フンボルト理念の終焉?―現代大学の新次元	潮木守一	二五〇〇円
「大学の死」、そして復活	絹川正吉	二八〇〇円
大学教育の思想―学士課程教育のデザイン	絹川正吉	二八〇〇円
大学教育の在り方を問う	山田宣夫	二三〇〇円
北大 教養教育のすべて―エクセレンスの共有を目指して	小笠原正明・安藤厚・細川敏幸 編著	二四〇〇円
国立大学法人の形成	大﨑仁	二六〇〇円
国立大学・法人化の行方―自立と格差のはざまで	天野郁夫	三六〇〇円
大学は社会の希望か―大学改革の実態からその先を読む	江原武一	二〇〇〇円
転換期日本の大学改革―アメリカと日本	江原武一	三六〇〇円
大学の管理運営改革―日本の行方と諸外国の動向	江原武一・杉本均 編著	三六〇〇円
新自由主義大学改革―国際機関と各国の動向	細井克彦編集代表	三八〇〇円
新興国家の世界水準大学戦略―世界水準をめざすアジア・中南米と日本	米澤彰純監訳	四八〇〇円
大学経営とマネジメント	新藤豊久	二五〇〇円
大学の財政と経営	丸山文裕	三二〇〇円
私立大学マネジメント	㈳私立大学連盟編	四七〇〇円
私立大学の経営と拡大・再編―一九八〇年代後半以降の動態	両角亜希子	四二〇〇円
東京帝国大学の真実―日本近代大学形成の検証と洞察	舘昭	四六〇〇円
原理・原則を踏まえた大学改革を―場当たり策からの脱却こそグローバル化の条件	舘昭	二〇〇〇円
大学の自己変革とオートノミー―点検から創造へ	寺﨑昌男	二五〇〇円
大学教育の創造―歴史・システム・カリキュラム	寺﨑昌男	二五〇〇円
大学教育の可能性―教養教育・評価・実践	寺﨑昌男	二五〇〇円
大学は歴史の思想で変わる―FD・評価・私学	寺﨑昌男	二八〇〇円
大学改革 その先を読む	寺﨑昌男	一三〇〇円
大学自らの総合力―理念とFD そしてSD	寺﨑昌男	二〇〇〇円
大学自らの総合力Ⅱ―大学再生への構想力	寺﨑昌男	二四〇〇円

〒113-0023 東京都文京区向丘 1-20-6　TEL 03-3818-5521　FAX03-3818-5514　振替 00110-6-37828
Email tk203444@fsinet.or.jp　URL:http://www.toshindo-pub.com/

※定価：表示価格（本体）＋税